리더십 개발 프로그램

- 이론과 사례 -

리더십 개발 프로그램

- 이론과 사례 -

최 은 수

KNOWLEDGE COMMUNITY 공동체

급변하는 현대사회에서 가장 의미 있는 화두 가운데 하나는 '리더십'이다. 우리 사회의 변화의 흐름은 빠르고 다양하다. 다양한 대중매체를 통한 정보의 대중화 등으로 특징지을 수 있는 현대사회 변화의 물결은 '리더십'에 관한 종전의 관점을 변화시키고 있다. 새 술에 새 부대가 필요하듯이, 필자는 현재의 시간과 공간에 유의미하고 변화의 흐름에 적합한 '리더십' 개념을 구축해 나가는 작업을 계속하고 있다. '리더십'에 대한 관점은 시대와 영역에 따라 변화되어 왔고 앞으로도 그러한 변화는 계속될 것이다. 하지만 봉건시대에도 리더의 '리더십'은 태생적이라기보다는 절차탁마의 고된 수양의 결과물이었다. 조선시대의 왕자는 태자가 되면 태자시강원에서 제왕학 수업을 받았다. 이런 예비 과정을 거치지 않고 갑작스럽게 왕이 된 성종은 신숙주가 강의계획서를 작성하고 할머니 정희왕후가 승인한 '리더십 아카데미'를 왕위에 오른 후 10년 동안 하루도 빠짐없이 수강하여야만 했다. 누구도 자신이 태어날 시대를 선택할 수는 없다. 우리 시대에 산적한 문제들은 이 시대에 걸맞은 '리더십'을 준비한 리더에 의하여 해결될 것이라고 생각한다. 이 책은 그런 평소의 고민과 사색의 중간 결과물이다.

이 책은 리더십 개발과 관련된 많은 분들에게 다양한 현장에서 조금이나마 도움이 되길 바라는 마음으로 집필하였다. 필자는 그동안 리더십 관련 논문들을 준비하는 과정과 더불어 교육현장에서 리더십을 주제로 강의하면서 리더십 이론이 실제로 프로그램으로 개발된다면 개인이나 조직에게 바람직한 변화를 일으킬 수 있다는 확신을 갖게 되었다. 그동안 발간된 리더십에 대한 책들은 주로 리더십 이론을 정리하거나 분석하는 것이 대부분으로 리더십 이론이 실제로 조직에서 어떻게 활용되고 있는지에 대한 저서는 거의 없다.

급변하는 환경에서 생존과 발전을 도모하기 위하여 조직들은 구성원들이 가진 리더십을 키워나가며 조직역량을 최대화시킬 수 있는 적합한 프로그램을 개발하여 교육시켜야 한다는 요구들이 점차 증대되고 있는 것이 작금의 현실이다. 필자는 이러한 시대적 요구에 부응하고자 이 책을 저술하게 되었다. 이 책은 '리더십 개발 프로그램 이론과 사례'라는 제목하에 리더십 개발을 위한 프로그램의 이론을 정리하고, 실제 교육현장에서 다양한 리더십 이론을 적용하여 개발된 프로그램 사례들을 소개하였다.

이 책은 전체 3부 10장으로 구성되었는데, 제1부에서는 리더십 개발의 새로운 관점과 함께 리더십 개발에의 접근이 기술된다. 제2부에서는 리더십 개발 프로그램의 이론적 접근으로서 리더십 개발 프로그램의 개념, 리더십 개발 프로그램의 기획, 리더십 개발 프로그램의 요구분석, 리더십 개발 프로그램의 설계, 리더십 개발 프로그램의 마케팅, 리더십 개발 프로그램의 실행, 그리고 마지막으로 리더십 개발 프로그램의 평가 내용이 서술된다. 제3부에서는 리더십 개발 프로그램의 실제적 접근으로서 리더십 개발 프로그램의 사례들이 소개된다.

앞으로 이 책이 일반인의 자기 주도적 리더십 개발 과정과 대학에서의 교재로, 그리고 다양한 리더십 기관에서 꼭 필요한 서적으로 자리매김할 수 있게 되기를 기대한다.

이 책을 집필하는 데 있어서 전체적인 원고 정리 등 헌신적인 도움을 준 김미자 박사, 리더십 개발에 대한 문헌적 고찰을 제공한 최연희, 이재남, 윤한수 선생, 그리고 리더십 개발 프로그램 사례에 대하여 공동조사를 수행한 연구자들에게 감사의 마음을 전한다. 끝으로 이 책의 출판을 맡아주신 공동체 김동훈 사장님과 공동체 가족 여러분께 감사의 말씀을 전한다.

2016년 6월

상도동 연구실에서

최 은 수

차 · 례

Contents

PART 01

리더십 개발의 이해

chapter 01 리더십 개발의 새로운 관점

1. 리더십

현대의 시대적 현상을 설명하는 핵심 단어 중 하나는 불확실성이다. 현대인은 실시간의 세계정보를 접하면서 복잡하고 급변하는 세상에서 살아가고 있다. 세상이 점점 더 급변하고 복잡해짐에 따라 혼돈이 심화되고 미래에 대한 불확실성이 높아지고 있다. 이러한 혼돈과 불확실성을 헤쳐가기 위한 방법의 하나로 사람들은 리더와 리더십에 대해 관심을 갖게 된다.

국가와 사회 발전을 가능하게 할 대통령과 국회의원 그리고 자치단체장에 대한 투표에 관심이 커지고 있고, 기업이나 공공조직도 조직의 미래를 성공적으로 이끌어 줄 리더를 찾고자 노력하고 있다. 개인 자신도 효과적인 리더십을 발휘하는 훌륭한 리더가 되고자 리더십 개발을 위해 많은 시간과 돈을 투자하고 있다. 이와 같이 리더와 리더십 개발에 대한 대중적인 관심이 고조됨에 따라 서점에서는 리더십과 관련된 책이나 잡지가 하루를 거르지 않고 출간되고 있는 실정이다.

이러한 관심과 노력에도 불구하고 리더를 꿈꾸는 사람들은 리더십에 대한 이해와 리더십 개발의 부족함을 절실히 느끼고 있다. 하루가 다르게 변화하는 상황에서 "나는 최고의 리더십을 발휘하고 있다"라고 자신 있게 말할 수 있는 사람은 아무도 없기 때문이다. 이에 리더십의 의미를 다시금 생각해 보고 역사적으로 의미가 있었던 전통적 리더십 이론과 리더십 개발을 위한 방법을 생각해 보고자 한다.

수많은 학자들이 리더십을 연구하면서 느끼는 공통된 생각은 리더십에 대하여 통일된 정의를 내릴 수 없다는 점이다. 우리는 리더십이라는 말이 무엇인가는 직관적으로는 알 수가 있지만 서로가 이야기를 나누다 보면 사람마다, 또는 학자마다 그 의미하는 바가 각기 다르다는 사실을 금방 알게 된다. 하지만 과거 50년 동안의 리더십 연구에서 리더십을 개념화하는 다양한 정의에 힘입어 리더십을 설명할 수 있는 몇 가지 핵심적인 요소를 찾아낼 수 있다.

리더십의 핵심적인 요소는 인간관계, 변화 성과, 리더의 특성 등 세 가지이다. 인간과 관련된 것으로 관계의 구축, 신뢰의 형성, 의사소통, 설득력, 영향력이라는 주제가 리더십의 주요 관심사가 된다. 변화 성과와 관련된 것으로 비전, 창의적 아이디어, 혁신과 변화 등이 리더십에서는 빠지지 않는 핵심 사안이다. 그리고 리더의 특성과 관련되어 핵심 가치, 진정성, 권력, 리더십 행동, 카리스마, 전문성 등이다.

이 같은 리더십 구성요소를 근거로 하여 리더십을 정의하자면 리더가 자신의 특성, 즉 카리스마, 전문성, 성품 등을 바탕으로 이해 관계자와 구성원에게 신뢰 관계를 구축하고, 의사소통을 하며, 영향력을 미쳐서 조직의 변화를 모색하여 비전을 달성하고 성과를 창출하는 과정이라고 설명할 수 있을 것이다. 이를 체제론적 입장에서 다시 기술하면, 리더십이란 다양한 인간관계를 기초로 한 사회적 과정을 거쳐 결과로서 나타나는 목표 성취를 위한 에너지이자 영향력이다. 이것은 마치 물질이 산화되어 힘이 발생하는 과정과 흡사하다. 단순한 물질이 변화하여 힘이 발생되는 과정에서 내외적 요인들이 영향을 미치게 된다. 리더십도 동일한 현상이다. 일정한 상황에서 리더와 추종자 간의 역학적 작용이 리더십의 과정과 결과를 결정하게 하는 것이다(최은수 외, 2013).

2. 리더십 개발의 전제 조건

1) 21세기 지식정보화 사회와 새로운 리더십의 개념

도전과 혼돈 그리고 불확실성이 지배하는 21세기 지식정보화 시대에서는 지난 세기 강조되던 관리가 점차 퇴색하고 변화 혁신 그리고 창조를 위한 리더십의 새로운 패러다임이 요청되고 있다. 즉, 20세기에는 조직에서의 생산성을 높이기 위한 과학적 관리기법이나 관료제와 같은 조직운영의 패러다임과 원리가 강조되었다. 그러나 21세기 지식정보화 시대에서는 관리보다도 리더십이 조직운영의 원리로 강조되는 추세라 할 수 있다. 오늘날과 같이 변화와 도전이 굽이치는 경영 환경 속에서는 미래 예측에 기반을 둔 계획과 통제, 조정 요소보다는 조직원들이 지식근로자로서 그들의 자율과 헌신, 창의성이 발휘되도록 하는 권한위임 등이 더욱 요청되고 있기 때문이다. 지난 세기에는 계획, 조직화, 통제, 조정 등 수직적인 위계나 합리적 의사결정 등 하드 측면이 강조되었다면, 오늘날에는 리더와 팔로우 간의 동반자적 관계나 소통과 학습이 강조되는 소프트 측면의 리더십이 부상하고 있다.

21세기에는 이러한 변화에 부합한 새로운 패러다임의 리더십 정의가 필요하다는 관점에서 Rost(1993)는 '리더십은 공유된 목표를 갖고 실질적인 변화를 이루고자 리더와 추종자 간의 영향력을 교환하는 관계다'라고 정의하였다. 이러한 리더십에 대한 관점은 리더가 추종자에게 하향적, 일방적으로 영향력을 행사하여 조직의 목표를 성취하는 과정으로 보아왔던 종래의 리더십 관점과는 근본적으로 차이가 있다. Rost(1993)의 리더십 정의는 리더십이 리더와 추종자 간의 영향력이 교환되므로 추종자도 리더에게 영향력을 행사할 수 있다는 의미이다. 이는 리더십의 패러다임이 수직적 개념에서 수평적 개념으로 전환됨을 나타낸다. 이러한 개념은 우리 모두가 리더이자 추종자가 되며, 공식적 직위를 불문하고 누구나 리더십을 발휘할 수 있으며, 훌륭한 리더는 팔로우의 역할도 잘해야 함을 시사한다(Harter,2006).

Rost(1993)가 제창한 21세기형 리더십의 정의 외에도 다양한 정의나 모델이 존재하지만 리더십의 정의에는 네 가지 공통적인 요소가 존재한다(Harter, 2006). 첫째, 리더십은 대인관계적이다(interpersonal). 모두가 그렇지는 않다 하더라도 대부분의 사람은 적어도 관계라는 형태의 두 사람을 상상한다. 둘째, 리더십은 귀인(attribution)의 현상을 포함하게 된다. 우리가 지칭하는 리더는 추종자로 하여금 그가 없었더라면 이루지 못할 일을 성취하였다고 보고, 그것을 특정 리더에게 돌리게 되는 현상을 가져온다. 셋째, 리더십은 변화를 가져온다. 변화가 없다면 리더십도 없는 것이다. 넷째, 변화는 구체적인 방향성이 있어야 한다. 그러한 방향은 많은 이름으로 불리는데 목적, 미션, 혹은 비전과 같은 것이다.

2) 리더십 개발의 필요성

인간은 더불어 사는 사회적 존재이다. 그런데 인간관계에서 어떠한 형태이든 완전히 중립적이고 수평적인 관계는 결코 있을 수 없다. 공자는 3인이 있으면 그중에 나의 선생이 있다고 했다. 2인 이상이 모여 있는 조직과 사회에서 누군가는 영향을 미치고 따르는 관계가 형성되기 마련이다.

리더십은 여러 형태의 조직에서 필요하다. 작게는 가정, 동료집단, 비공식적 집단, 크게는 사회단체, 정부조직에 이르기까지 조직운영에 필수적인 요소가 되고 있다. 심지어 스포츠, 예술, 문화, 종교계에서도 리더십의 발휘 정도에 따라 그 분야의 위상과 발전의 모습이 달라질 수 있다. 대부분의 사람들은 어떠한 형태로든 리더와 추종자의 역할을 동시에 수행하며 살아간다고 할 수 있다. 예컨대 기업체에서 부장이나 이사는 부하직원에게는 리더가 되고 리더십을 발휘해야 할 위치에 서 있지만, 사장이나 회장을 모시고 따라야 하는 추종자의 입장도 동시에 가지고 있다. 또한 리더십은 공식화된 조직 외에 곳곳에서 살아 움직이고 있다는 사실을 확인할 수 있다. 가정의 예를 들어보면, 가정은 가풍과 규범이 있다. 그리고 가족 간의 사랑과 신뢰, 가족 구성원으로서 공동체 의식으로 결속되어 있을 뿐만 아니라 나름대로 가정관리의 목표가 있다. 특히 자녀 교육의 경우 부모의 역할 모델이나 비전 제시나 솔선수범 등을 통하여 교육적 리더십을 발휘해 나가야 한다. 리더십은 사회곳곳에서 필요하지만 가장 원초적으로 발휘해야 할 곳이 바로 가정이라고 말할 수 있다. 가정이 바로 서야 사회가 바로 선다. 가정의 행복과 건전한 환경의 뿌리는 남편과 아내의 자녀에 대한 리더십이고 이러한 역할은 가정을 가진 성인 누구에게나 요청된다.

기업과 조직에서 리더십의 중요성은 아무리 강조해도 지나치지 않을 것이다. 오늘날 기업은 치열한 국제경쟁 속에서 변신을 위한 노력에 온갖 힘을 쏟고 있다. 최근의 연구들을 보면, 초우량 기업은 기업의 이념과 문화가 구성원들에게 체질화되어 있다는 것을 알 수 있다.

조직의 문화는 리더의 위기 시의 반응, 역할 모델, 충원과 선발, 스토리 등 다양한 기제를 통해 창조된다(Schein,2004). 기업과 조직에서 각 계층의 관리자는 직무와 역할에 따른 리더십이 필요하다. 조직의 혁신이나 기업의 성공적인 전략은 최고경영자나 상위층의 리더십에 의해 크게 좌우된다. 그러나 조직의 응집력과 조직력을 높이기 위해서는 기업의 사명, 비전, 전략이 모든 구성원에게 파급되어 전체 계층의 구성원과 함께 리더십이 공유되어야 한다.

이상과 같이 가정의 행복, 조직과 사회의 혁신, 정치, 경제, 교육, 문화 등 모든 분야의 변화의 원동력은 리더십이라 할 수 있다. 리더십은 보다 나은 사회의 비전과 목표를 갖고 있으며 이러한 방향으로 사회성원의 관심과 에너지를 모으고 투입하는 과정이기 때문이다. 평범한 가정의 부모에서부터 기업의 관리자, 최고경영자, 학교장, 국회의원, 군인, 경찰, 자원봉사자에 이르기까지 모든 사람에게 리더십이 필요하다. 리더십의 개발은 우리 모두가 평생을 통하여 이루어야 할 일이며 학습의 과제이자 성취해야 할 목표이기 때문이다.

3) 리더십 개발의 단계

리더는 선천적으로 타고난 것인지 아니면 후천적으로 개발되는 것인지에 대한 논란은 끊임없이 제기되고 있으나 지금까지 명쾌히 결론을 내리지 못하고 있다. 인류 역사상 영웅이나 걸출한 인물들의 비범한 능력을 과연 리더십 교육이나 훈련으로 육성시킬 수 있을 것인지 회의적 시각이 존재하는 것도 사실이다. 탁월한 리더들의 자질이나 특성은 범인으로서는 상상할 수 없는 위대함이 있었기에 리더란 타고나는 것이라는 주장도 그럴듯하다. 그러나 일반적으로 리더는 타고나는 측면도 없지 않지만 후천적인 노력으로 개발된다고 보는 것이 보다 온건한 견해로 여겨지고 있다.

대부분의 리더들이 날 때부터 그 위대함을 유산으로 받은 것은 아니다. 물론 남다른 개인적인 지능이나 성격적 특성과 같은 유전적인 요소가 무시될 수는 없을지라도 그러한 능력을 갈고 닦는 남다른 비상한 노력과 준비가 없었다면 불가능했을 것이다. 대부분의 리더십에 관한 저술물이나 연구물들을 보면 교육과 훈련으로 리더십이 개발될 수 있다고 밝히고 있다.

교육은 인간의 잠재력의 발현과 성장의 가능성을 전제하고 있다. 그렇다고 인간의 능력과 기술 그리고 개성과 인격은 교육이나 훈련만으로 개발이 가능한 것은 아니다. 인간은 종교, 친구관계, 매스컴, 사회생활 등 여러 가지 삶의 영역과 활동에서 영향을 받아 리더십을 개발하게 된다. 그러나 가장 확실한 리더십의 개발은 인간행동의 계획적인 변화로 정의되는 교육에 크게 의존할 수밖에 없다.

리더십의 개발은 교육의 중요한 내용이며 대상이다. 리더십의 개발이 피아노를 치는 기술이나 수학공부와 달리 교육훈련의 대상이 될 수 없다는 생각은 불합리하다. 다만, 리더십의 개발이 단순한 훈련을 통해 단기간에 습득 가능한 것이 아니라는 점은 인정해야 한다. 리더십과 관련된 내용은 커뮤니케이션, 의사결정, 정보처리, 대인관계 등 여러 요소가 포함된 복잡한 것이다. 그러므로 리더십을 개발하기 위해서는 많은 경험, 교육 프로그램과 시간을 요하며 도전적 과제 수행과 리더의 후원이 요청된다. 특히 사회지도급 인사인 경우는 그들의 영향력이 갖는 사회적 파장을 생각할 때 보다 체계적인 훈련이 요구된다. 리더십이 있었기에 우리 사회의 리더 위치에 올랐다고 볼 수 있는 지도층이 리더십을 효과적으로 발휘하지 못하고 조직을 망치고 사회발전에 걸림돌이 되는 현상은 일종의 리더십의 역설적 현상이 아닐 수 없다. 그러한 리더십의 역설적 현상이 발생하는 원인은 그 조직과 사회의 풍토나 문화적 요인 때문이기도 하지만, 리더 자신이 리더십을 발휘하기 위한 교육훈련 참여기회의 부족이나 스스로의 노력 부족에서도 찾을 수 있을 것이다. 보석도 갈고 닦아야 빛을 발휘할 수 있듯이 개인의 타고난 유전적인 요소 못지않게 리더십 능력도 평생학습의 의지를 가지고 개발하고자 하는 노력이 있어야 효과성이 발휘된다. 리더십 개발을 위한 노력이 절대적으로 요망된다고 하겠다.

리더십을 개발한다는 것은 리더십을 이해한다는 것과는 다른 문제다. 실제적으로 리더십을 연구하고 리더십에 대한 박식한 지식을 가지고 있는 사람이라도 리더십을 효과적으로 발휘하지 못하는 사람들이 많다. 물론, 리더십을 이해한다는 것은 리더십을 개발하기 위한 기본적인 조건은 된다. 왜냐하면 리더십을 이해함으로 해서 어떤 리더십 특성을 개발해야 하는지, 어떤 행동을 해야 할 것인지, 나에게 주어진 상황에 적합한 행동은 무엇인지, 그리고 나는 어떤 스타일의 리더인지 등에 대하여 알 수 있기 때문이다.

그렇다면 리더십 이해를 넘어서 리더십을 개발할 수 있는 방법은 무엇일까? 먼저 리더가 되고자 하는 사람은 자기 자신에 대한 이해와 자신이 당면한 상황에 대해 가급적이면 자세하게 파악하고 명확화할 필요가 있다. 나는 어떤 성격을 가진 사람인가? 나 자신이 삶에 있어서 중요하게 생각하는 핵심 가치와 미래에 되고자 하는 비전은 무엇인가? 권력의 유형과 권력의 수준은 어느 정도이며 그리고 나의 업무적 특성과 내가 처한 상황은 무엇이고, 의욕과 능력적인 면에서 어느 정도의 성숙한 사람들과 함께 일하고 있는가 등에 대한 이해가 필요하다. 특히 핵심 가치는 내 자신에게 현재 하는 일과 하고자 하는 일에 대한 의미와 목적을 부여하고 내가 내린 결정에 대해 자신감을 주기 때문에 주기적으로 성찰의 시간을 가져서 핵심 가치와 리더십 원칙을 정리할 필요가 있다.

이러한 나의 핵심 가치에 대한 정리와 자신이 처한 상황 판단을 근거하여 우리는 효과적이라고 생각되는 나만의 리더십 원칙과 상황에 적합한 리더십이 무엇인지를 정의할 수 있을 것이다. 리더십 개발이 혼란스럽고 어려운 이유는 지금 나에게 효과적인 리더십이 무엇인가에 대한 명확한 정의가 되어 있지 않아서인 경우가 많다. 따라서 나의 핵심 가치를 명확히 하고 당면한 상황에 적합한 나의 리더십을 정의하는 것은 리더십 개발로 가는 첫번째 문이다.

다음은 내가 정의한 바람직한 리더십을 근거로 하여 현재의 나의 리더십을 진단하는 것이다. 리더십 진단을 통해서 현재 상태의 리더십 수준을 확인할 수 있다. 이러한 진단 과정에서 발견된 리더십 문제에 근거하여 의식적으로 필요한 리더십 행동을 수행하는 것이다. 예를 들어, 진단 결과 자신의 리더십 행동이 과업 중심적이었다면 의식적으로 직원과 대화 시간을 갖고 그들의 말을 경청하는 행동을 시도해 보는 것이다.

리더십 행동 개발은 인식과 무인식, 유능과 무능의 네 가지의 요소의 조합을 통해서 4단계 수준으로 진행된다(최은수 외, 2013). 먼저 인식하지 못하고 행동하지 못하는 단계에서, 둘째로 인식은 하지만 유능하게 행동하지 못하는 단계로 발전하게 된다. 셋째는 인식하면서 유능하게 행동하는 단계이다. 어떤 리더십 행동이 필요한지를 알게 되면 우리는 필요한 리더십 행동을 의식적으로 인식하면서 유능하게 행동할 수 있다. 마지막으로 무의식적으로 유능하게 행동하는 단계이다. 리더십 개발의 최종 목표는 네번째 단계로, 인식 없이 유능하게 행동하는 단계이다. 4단계까지 가기 위해서는 먼저 3단계를 거쳐야 한다. 즉, 효과적인 리더십 발휘를 위해서 의식적으로 유능하게 행동하는 것이다. 그리고 이러한 행동을 반복함으로써 우리는 무의식 상태에서 습관적으로 유능한 리더십 행동을 하게 된다. 개발이 필요한 리더십 행동을 의도적으로 인식하고 유능하게 행동하는 것은 리더십 개발로 가는 두 번째 문이다.

다음 단계는 리더십 개발을 위해서 기본적인 스킬과 역량을 개발하는 것이다. 리더십이 효과적이기 위해서는 기본적인 스킬을 필요로 한다. 예를 들어, 상대방 말을 경청하는 기술, 효과적으로 말하고 설득하는 기술, 공동의 이해를 기반으로 창의적으로 문제를 해결하고 합의를 이끄는 기술, 상황을 파악하고 문제의 우선순위를 정하는 기술, 당면한 사안에 대하여 효과적으로 의사 결정하는 기술, 다양한 지식 습득을 통해 미래를 예견하는 기술, 일을 위임하고 사람들의 참여를 촉진하는 기술, 사람들에게 피드백을 하거나 코칭하는 기술 등이다. 이러한 기술들은 개념을 이해하고 반복된 연습을 통한 이해 습득을 필요로 한다. 이를 위해 리더십 세미나나 리더십 개발 프로그램에 참여하여 필요한 교육 훈련을 받는 것도 하나의 방법이다. 이상과 같이 리더십 교육 훈련 프로그램에 참여하여 스킬을 훈련하는 것은 리더십 개발을 위한 세 번째 문이다.

다음은 리더십 스킬을 현장에서 시행하고 그 결과를 경험해 보고 성찰하는 것이다. 리더십이 이해되고, 리더십 스킬이 개발되었다 할지라도 리더십을 현장에서 발휘하는 것은 다른 문제이다. 실제적으로 리더십을 경험해 봄으로써 자신의 리더십이 효과적인지 그렇지 않은지를 알 수 있다. 효과적이지 않다고 판단되면 상황을 재파악하여 자신의 리더십 발휘에 무슨 문제가 있는지를 분석할 수 있다. 이를 통하여 자신에게 적합한 리더십을 개발하기 위한 리더십 개선점을 찾을 수 있다. 리더십 개발을 위해서는 경험한 것을 성찰할 수 있는 시간적 여유를 갖는 것이 아주 중요한 일이다.

Senge(1990)는 학습 수레바퀴 이론에서 행동과 성찰, 연관과 적용이라는 4단계 경험학습 방법론을 제시하고 있다. 행동하고 경험한 것에 대한 진정한 반성과 성찰이 없다면 우리는 습관적으로 반복된 행동을 하게 된다. 아무리 리더십 개발에 대한 의욕이 넘친다 하더라도 경험한 것에 대한 성찰과 반성이 없다면 리더십 수준은 현재 상태에서 머물게 된다. 그러므로 상황에 적합하게 리더십을 정의하고, 필요한 스킬을 개발하여 업무 현장에서 직접 경험해 보는 것, 그리고 경험한 것을 성찰하는 것이 리더십 개발을 위한 네 번째 문이다.

다음은 다른 사람으로부터 피드백을 받는 것이다. 리더가 안다는 것은 결국 자신이 인식하고 관심을 갖고 있는 한정된 부분에 관한 것일 뿐이다. 그렇기 때문에 여러 가지 이유로 자신이 알지 못하는 부분 그러나 리더십 발휘에 있어 중요한 부분에 대한 인식을 도와줄 누군가가 필요하다. 실제적으로 아무리 훌륭한 리더라고 할지라고 모든 것을 알고 있다고 자신 있게 말할 수 있는 사람은 이 지구상에 한 사람도 없기 때문이다. 하지만 현실적으로 다른 사람의 피드백을 받는 것은 어려운 일이다. 왜냐하면 리더는 자신의 부하직원으로부터 피드백을 받아야 하는데 조직의 속성상 상사에게 솔직하게 피드백을 해줄 수 있는 용기 있는 사람이 그리 많지 않기 때문이다.

이상과 같은 이유로 피드백을 받기 위해서는 의식적인 노력이 필요하다. 리더는 부하직원을 만나서 자신의 진정성을 보여주고 피드백을 요청해야 한다. 그리고 어렵게 구한 피드백에 대하여 자신을 변명하거나 행동을 방어하지 말고 수용 여부를 심사숙고하여 결정하여야 한다. 물론 피드백을 준 사람에게 감사를 표현하는 것은 당연한 일이다. 만약 후배로부터 피드백을 받는 것이 어렵다고 한다면 리더십 개발에 관심이 있는 사람들과 네트워크를 형성하여 서로가 피드백을 주고받는 방법도 있다. 즉, 리더십 개발 프로그램에 참여한 사람들과 모임을 결성하여 주기적으로 만나서 서로가 피드백을 나누는 것이다. 리더십 개발에 관심을 가지고 있는 사람들이기 때문에 서로가 상대를 이해하고 솔직한 마음으로 피드백을 주고받을 수 있을 것이다. 이상과 같이 자신의 리더십 행동에 대하여 피드백을 받는 것이 다섯 번째 단계이다.

리더십을 개발한다는 것은 지속적인 관심과 노력이 필요한 지난한 과정이다. 그러나 그 결과는 달콤하고 아름답다. 효과적인 리더십을 발휘하여 내가 살고 있는 세상을 더 살기 좋은 곳으로 변화시키며, 구성원을 건강하고 행복하게 만들고, 리더 자신의 삶의 의미를 점검하고 자신의 존재 가치를 확인할 수 있다.

이상과 같은 다섯 가지 리더십 개발 단계를 정리하면, 나의 핵심 가치를 명확히 하고, 자신이 처한 상황에 적합한 리더십 정의하기, 정의에 따른 나의 리더십을 진단하고 의식적으로 행동하기, 리더십 발휘에 필요한 기본적인 스킬을 개발하기, 현장에서 리더십을 경험하고 그 결과를 반성하고 성찰하기, 그리고 타인으로부터 피드백을 받거나 모임에 참여하여 상호적으로 리더십 피드백을 받는 것이다.

3. 리더십 개발과정 모델

리더십 개발과정 모델은 Velsor와 McCauley(2010)를 중심으로 살펴보면 다음과 같다.

우선 '리더 개발'(leader development)이란 리더십 역할과 리더십 과정에서 성공적으로 사람의 능력을 확장하는 것을 말한다. 리더십 역할과 과정이란 함께 작업하는 사람들과 방향을 정하고, 서로의 지지를 이끌어 내며, 책임감을 유지하는 것이 가능함을 의미한다. 리더 개발 경험과 배우는 능력이 서로 직접적인 영향을 끼치고, 개발경험에 참여한다는 것은 배우는 능력을 증가시키며, 배우는 능력은 다시 어떤 경험으로부터 발전을 가능하게 하는 선순환 고리를 만든다. 그런데 이러한 리더십 개발 과정은 어느 특정한 리더십의 맥락 안에서 일어난다. 여기서 맥락이란 국가, 정서, 나이, 성별, 경제상황, 조직의 목적과 미션, 경영 방침 등을 포함하며, 리더 개인과 관련된 리더의 수준, 사회적 정체성, 직면하고 있는 과제 등을 포함한다. 이와 같은 리더십 맥락이 리더십 개발 과정을 구성하는 배경이 된다. 다시 말해서 리더십 개발 경험은 특정의 리더십 상황(leadership context)에서 리더의 배우는 능력(ability to learn)을 통해 리더십 개발 과정을 만들어 낸다.

그림 1-1 Velsor와 McCauley(2010)의 리더십 개발과정 모델

1) 리더십 개발 경험(Leadership Developmental Experiences) – ACS 모델

리더십 개발 경험은 ACS 모델로 설명된다. ACS 모델에는 세 가지 요소가 있는데, 측정(Assessment), 도전(Challenge), 지원(Support)이 효과적으로 이루어질 때 리더십 개발 경험이 일어나게 된다.

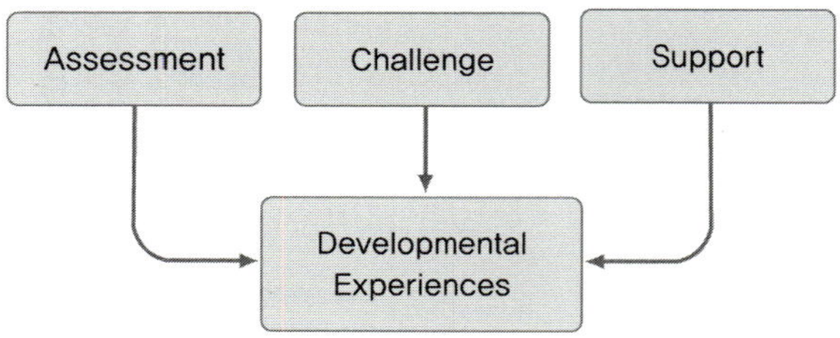

(1) 측정(Assessment)

리더는 측정을 통해 자신의 장점과 수행 정도, 리더십 효과성, 문제점 등을 알게 된다. 이 측정 데이터는 미래 개발을 위한 기준을 제공하며, 또한 스스로를 평가하도록 자극을 준다. 리더는 측정을 통해 다음과 같은 질문에 답하게 된다. "나는 무엇을 잘하는가? 나는 무엇을 개선할 필요가 있는가? 나에 대한 다른 사람의 관점은? 나의 행동이 어떻게 다른 사람에게 영향을 주는가? 나의 목표와 관련하여 어떻게 행동할 것인가?"

훌륭한 리더십 개발 경험은 본인 또는 다른 사람을 통한 측정 데이터를 통해 얻게 된다. 타인의 공식적인 평가로는 성과 평가, 고객 평가, 360도 피드백, 조직적 설문조사 평가, 전문가의 평가와 제언이 있고, 비공식적인 평가는 타인의 생각이나 행동에 대한 반응을 관찰하거나, 동료의 피드백을 요청하거나, 문제 해결에 대한 아이디어를 타인에게 구할 때, 또는 상사로부터 원하지 않은 피드백을 받는 과정 등이 있다. 측정 데이터는 리더의 현재 능력 또는 성과와 기대하는 상태, 또는 이상적인 능력 수준과의 간격을 보여준다. 사람들은 이 간격을 메우기 위해 발전하게 된다.

(2) 도전(Challenge)

사람들이 도전을 경험하게 되면 안전지대 밖으로 나오면서, 기존의 기술과 틀, 그리고 접근 방식의 적합성에 대한 의문을 제기하는 불균형의 상태를 만들어 낸다. 이러한 도전의 경험을 성공적으로 극복하게 되면, 리더는 새로운 능력을 개발할 수 있게 된다.

리더들은 새로움을 추구하는 경향, 또는 고난이도의 목적 달성, 갈등과 역경을 극복하기 위해 도전에 직면한다. 리더는 새로운 경험을 통해 새로운 기술과 방법을 모색하게 되고, 어려운 목적을 달성하기 위해 보다 노력하게 되며, 또는 다른 방법을 모색하기도 한다. 또한 리더는 다른 사람들과의 갈등을 극복하기 위해 타인의 심리와 행동을 이해하고 대안을 찾게 된다. 세상의 훌륭한 수많은 리더들이 갈등과 역경이라는 도전으로 만들어졌다.

(3) 지원(Support)

리더십 개발 경험은 측정과 도전뿐만 아니라, 지원적 요소가 가미될 때 가장 유용한 형태가 된다. 도전이 변화를 위한 동기를 부여한다면, 경험에 대한 지원은 배우고 성장하고자 하는 노력이 가치 있다는 것을 알려준다. 만약 지원적 요소가 배제된다면 리더십 개발 경험은 내적인 도전들을 극복하지 못할 수도 있다.

지원의 가장 중요한 요소는 가족, 친구, 상사, 동료, 전문가, 코치나 멘토와 같은 사람들이다. 그들은 도전의 이야기를 서로 나누고, 도전 정신을 확인해 주며, 좋은 전략을 제시하고, 의문이 드는 부분에 대해 확신을 주며, 작은 성취를 축하하고 격려해 준다.

4. 리더 개발

리더의 개발에 대해서는 Ellen과Velsor(2010)가 제시한 것을 중심으로 살펴보면 다음과 같다.

조직은 유능한 리더를 얻기 위해 신규채용이나 고용의 과정을 거치지만, 상당 부분은 리더를 개발함으로써 해결 가능한데, 리더의 개발이란 넓은 의미로 리더십 발휘 과정에서 개인의 유능한 능력이 확장되는 것이다. 발전하는 리더는 현재의 역할에서 그들의 업무수행을 고양시키고, 변화하는 조직현실과 조화롭게 과업수행능력을 향상시키며, 더 높은 지위를 향한 그들의 능력을 확장시키는 사람이다(Ellen & Velsor, 2010). 리더 개발의 목적은 과업 향상(performance improvement), 후임승계 경영(succession management), 그리고 조직 분위기 변화(organizational change)이다.

이를 구체적으로 살펴보면 다음과 같다.

〈표 1-1〉 리더 개발의 목적

구 분	내 용
과업 향상	현재 맡고 있는 역할에 효과성 높은 리더를 원하기 때문에 이러한 관점에서 리더 개발을 위한 전략 투자(예 갓 부임한 감독관에게 새로운 역할 이해와 스킬개발을 위한 특별 훈련과정 투입/ 과업 향상 과정 운영을 통해 리더들의 발전 도움)
후임승계 경영	복잡해져 가는 더 높은 수준의 조직을 떠맡을 리더가 필요함 → 높은 잠재성 지닌 리더를 찾아내 그들을 개발하고자 하며, bench strength와 리더의 튼튼한 pipeline에 관심
조직 분위기 변화	조직은 경쟁력 있는, 정교한 business 전략으로 승산 있는 조직체로 살아남기 위해 적응과 reshape를 거침 → 이러한 조직의 변화는 리더의 새로운 행동양식, 스킬, 능력 요구 → 리더의 이러한 능력을 개발하고 지원하기 위해 개발과정 마련함

출처 : Velsor, McCauley, & Ruderman(Eds.)(2010), pp. 31-34.

리더십 능력은 첫째, 리더가 자신의 생각, 감정, 행동을 어떻게 관리하느냐, 다시 말해 자기 자신을 어떻게 이끌어 가느냐의 개인관리능력(self management), 둘째, 사회조직에서 어떻게 함께 일하는지, 다시 말해 타인을 어떻게 이끌어 가는지에 대한 사회적 역량(social capability), 셋째, 조직적인 일을 잘 수행할 수 있도록 사람들을 잘 촉진하는지, 다시 말해 조직을 어떻게 이끌어 가는지에 대한 조직촉진능력(work-facilitation capability)으로 구분할 수 있다.

1) 개인관리능력(Self Management) – "Leading oneself"

개인관리능력은 자기를 인식하는 것, 상충되는 요구를 균형 있게 조율할 수 있는 능력, 배우는 능력, 리더십의 가치들을 포함한다.

첫째, 자기인식(self-awareness)의 핵심은 본인의 장점과 약점을 인식하는 것이다. 자신의 장단점이 만들어진 상황적 요인과 경험, 체득되어 내재된 선호성 등 현재 자신이 어떤 사람이고, 왜 이런 사람이 되었는지를 이해하는 것을 말한다. 더불어 장단점이 타인에게 미치는 영향을 인식하고, 더 나아가 자신의 문화적인 가정들과 편견을 인식하고 자신이 속한 문화적 환경 가운데 나의 정체성이 어떻게 형성되었는지를 이해하는 것을 포함한다.

둘째, 상충되는 요구의 균형을 조율할 수 능력(ability to balance conflicting demands)은 조직에서 직면하는 다양한 갈등과 상황 속에서 원인을 파악하여 균형을 맞추고, 통합할 수 있는 전략을 세우는 능력이다.

셋째, 배우는 능력(ability to learn)은 요구되는 새로운 행동, 기술, 태도를 인식하고 자기개발에 대한 책임을 수용하며, 자신의 장단점을 인지하고, 새로운 관점과 행동을 배우는 실험적인 기회에 참여하여 다양한 학습전략을 개발하고 학습과정에 참여하는 것을 말한다.

넷째, 리더십의 가치는 타인으로부터 믿음과 신뢰성을 갖게 하는 정직과 진실성, 강한 주도성, 추진력, 긍정적인 태도 등이 있다.

2) 사회적 역량(Social Capability) – "Leading others"

사회적 역량은 관계를 만들고 유지하는 능력, 효과적인 직무그룹을 만드는 능력, 의사소통능력, 사람들을 발전시키는 능력을 포함한다.

첫째, 관계를 형성하고 유지하는 능력(ability to build and maintain relationships)의 핵심은 협조적인 관계를 개발하는 능력이다. 이러한 능력의 기본은 다양한 배경을 가진 사람들을 존중하면서 다양한 관점들을 가치 있게 여기는 것이다.

둘째, 효과적인 직무그룹을 만드는 능력(ability to build effective work group)은 함께 일하는 사람들과 긍정적인 관계가 될 수 있도록 촉진시키는 것이다.

셋째, 의사소통능력(communication skills)은 서로 다른 매체에서 정보와 생각, 아이디어를 명확하게 전달하고 전달받을 수 있는 능력과 대인관계에서 의사소통을 효과적으로 사용할 수 있는 능력이다.

넷째, 타인을 발전시키는 능력(ability to develop others)은 사람들이 의미 있는 방법으로 생산성을 높이면서 함께 일할 수 있도록 서로를 발전시키는 능력이다. 이 능력은 리더십 개발의 욕구를 진단하는 것, 학습기회와 코칭 등 적합한 피드백을 제공하는 것, 행동을 변화시키도록 격려하는 것 등을 포함한다.

3) 조직촉진능력(Work-facilitation Capability) – "Leading organization"

조직은 조직의 목표와 성과를 달성하도록 상호 의존적으로 일하는 개인, 집단, 하부조직들로 이루어져 있다. 이 능력은 경영능력, 전략적으로 생각하고 행동하는 능력, 창의적으로 생각하는 능력, 변화를 주도하는 능력을 포함한다.

관리경영기술(management skills)은 일상적인 일을 조정하고 수행하는 일과 관련된 넓은 의미의 역량들, 즉 목표를 이루기 위해 목표를 세우고 수정하는 것, 과정을 모니터링 하는 것, 일을 수행하기 위한 시스템을 발전시키는 것, 문제를 해결하고 결정하는 능력들을 포함한다.

첫째, 전략적으로 생각하고 행동하는 능력(ability to think and act strategically)은 일상의 일이 조직에서 목표로 하는 장기적 비전과 사명감과 같은 포괄적인 조직의 목적들과 맥락을 같이하여 수행하는 능력이다. 전략적인 사람은 조직의 바람직한 미래상을 분명히 공유한다. 그들은 결정을 내리고 우선순위를 정해서 주도하면서 원하는 미래를 보다 가까운 현실로 실현시키는 역할을 한다.

둘째, 창의적으로 생각하는 능력(ability to think creatively)이 필요하다. 창의성은 새로운 가능성을 찾는 것이고, 다양한 생각들 안에 연관성을 찾는 것이며, 어떤 문제에 대하여 생각의 방법을 재고하는 것을 포함한다.

셋째, 변화를 주도하고 실현하는 능력(ability to initiate and implement change)은 조직적인 체계와 현장에서 주요한 변화들을 만들어 낼 수 있는 능력이다. 이런 능력들을 개발하려면 동기고취, 피드백, 결심하기, 실행하기, 그리고 새로운 상황에서 더욱 도전해 보기 등이 필요하다.

chapter 02

리더십 개발에의 접근

리더십을 개발한다는 것은 리더십을 이해한다는 것과는 다른 문제로, 리더십을 개발한다는 것은 지속적인 관심과 노력이 필요한 지극히 어려운 과정이다. 리더십 개발에 대해서는 최은수 외(2013)가 제시한 것을 중심으로 살펴보면 다음과 같다.

1. 개인적 차원에서의 리더십 개발

1) 온정적 합리주의 리더십

온정적 합리주의 리더십의 개념과 개발은 최은수(2006)가 제시한 것을 중심으로 살펴보면 다음과 같다. 온정적 합리주의 리더십이란 온정주의가 가미된 합리주의 리더십을 뜻한다. 이러한 온정적 합리주의 리더십의 개념을 파악하기 위해서는 우선 합리주의 패러다임과 온정주의 패러다임을 이해하는 것이 필요하다.

(1) 합리주의 패러다임

합리주의의 기본적 가정은 인간 행동이 기본적으로 이성(reason)의 활동에 의해 이루어진다는 것이다. 철학적인 측면에서 인간의 이성은 상황을 판단하는 데 있어서 독단을 물리칠 수 있는 도구이며, 나아가 합리적인 의사결정에 도달하게 해주는 수단이라는 점이다(Hogwood&Gunn, 1984). 그리고 합리주의에 근거한 미래 계획에 대한 한 가지 관점은 예측과 통제 원리에 의해서 만들어진다는 점이다(Mintzberg, 1990). 합리주의적 관점 중 또 하나는 문제 해결에 대한 답이 있다면 논리적으로 답을 찾는 것이 우리의 일이라는 생각이다. 그렇다면 합리주의가 추구하는 가치관은 과연 무엇일까?

첫째는 이성적 상황 판단이다. 모든 리더십을 포함한 인간 행위는 매 순간 현재의 판단에 기초한 결정 과정을 필요로 한다. 이때의 판단은 어떠한 감정에도 치우치지 않는 중립적이고도 객관적인 이성적 사고를 바탕으로 이루어져야 한다. 그렇게 해야만이 인간은 환경과 상황을 정확하게 판단하고 이를 바탕으로 가장 효율적인 방향과 대안을 결정하며 문제에 대응할 수가 있을 것이다. 실제로 합리주의 리더는 불확실하고 정보가 불충분한 상황에서도 신중하게 상황을 판단한다. 또한 예기치 않은 위기 상황에서도 당황하지 않고 신속하게 대응해 나가며, 해야 할 일들을 결정하고 실행에 옮기는 데 주저하지 않는다.

둘째는 전략적 예측이다. 전략을 수립하는 것은 실행 목표를 달성하기 위한 것이다. 합리주의적 전략 수립은 조직의 목표, 즉 비전 설정에서부터 시작된다. 비전의 설정은 조직의 사명과 밀접한 관계성을 갖는다. 합리주의적 리더의 다음 과제는 사명에서 전략적 목표를 끌어낸 다음 조직의 맥락적 환경에 관심을 갖는다. 그런 다음 분석을 통해서 실행 가능한 목표가 만들어진다(Heidjen, 2001). 따라서 합리주의 리더는 미래를 내다보면서 여러 가지 계획을 평가하는 데 기준이 될 수 있는 미래의 모습을 예측해야 한다. 물론 미래는 불확실성을 담고 있어서 정확한 예측이 불가능하다는 것은 누구나 알고 있다. 그러나 예측에 숨어 있는 기본 가정은 다른 사람들보다 예측을 잘하는 전문가가 존재한다는 것, 그리고 우리가 할 수 있는 최선은 앞으로 어떤 일이 생길 것인지에 대해서 그들의 개인적 혹은 집단적인 의견을 구하는 것이다. 합리주의적 리더의 최종 결과물은 미래 세상의 모습 중 한 가지를 묘사하면서 자신이 최선을 다해서 추정한 미래의 조직 환경을 구체적으로 열거하는 것이다. 이렇게 하기 위해서는 합리주의적 리더는 우선 내·외부 환경 변화에 대하여 치밀하게 예측하여 대응한다. 그리고 현재의 인적 및 물적 자원 등을 충분히 고려하여 그 범위 내에서 달성 가능한 목표를 결정한다. 이때 그는 예기치 못한 일이 발생할 가능성을 항상 염두에 두어야 하며, 단기적인 성과뿐만 아니라 장기적 안목을 가지고 미래에 미칠 영향을 함께 고려하면서 행동한다.

셋째는 논리적인 문제해결이다. 합리주의 관점 중 하나는 우리 주변에서 일어나는 문제를 해결할 때에는 반드시 여러 대안들이 있으며, 우리가 할 일은 그 대안들 중에서 최적안을 논리적으로 찾을 수 있다는 믿음에서 출발한다. 따라서 합리주의 리더는 현상의 복잡한 문제를 인식할 때에 동시 다발적으로 그 문제점과 원인을 정확하게 분석하고, 핵심적인 정보를 얻으며, 이에 대한 문제해결의 실마리를 찾고자 한다. 합리주의 리더는 결국 그것을 바탕으로 구체적인 해결 방안을 제시하고자 한다. 이때에 합리주의 리더의 전략적 관점은 그 최적안에 가능한 한 가까이 접근해 가는 것이다. 즉, 일반적으로 검토해야 할 대안들이 몇 가지가 있다면 합리주의 리더들은 그중에서 가장 효과적인 대안을 선택하는 것이다. 실제적으로 여러 가지 전략적 대안들이 그 환경에 비추어서 평가되고, 각 대안의 효용성이 면밀히 검토된 후에 가장 효용이 큰 대안이 선택된다. 합리주의자에게 있어서 자신 스스로의 관점은 그리 크게 중요시되지 않는다. 정말 그 최적안이 있고 올바른 자원이 주어졌을 때는 누구라도 결국에는 그 최적안을 찾을 수 있기 때문이다. 물론 리더가 그것을 찾을 수도 있지만 지적 능력이 뛰어난 부하에게 위임하는 것이 합리적인 사고능력 증진에 유익하다면 규정에 따라 위임하는 것도 가능하다. 의사결정 과정에 있어서 전통적인 방법 중 하나는 시나리오 기획이다(Heidjen, 2001). 시나리오기획의 목적은 여러 가지 대안들을 검토하는 단일 기준을 만들고, 논리의 방향을 설정하여 적용한 결과로서 최적안을 산출하는 데 있다. 조직 현장에서 조직 목표에 도달할 수 있는 최고 및 최저 수준을 설정하는 것은 이 접근법의 전형적인 예이다. 따라서 여러 가지 정책적 대안의 결과를 그 시나리오를 기준으로 측정하고(일반적으로 최고, 최저, 가장 가능성이 높음의 세 가지를 지정), 각각의 실현 가능성 확률에 따라서 가중치를 부여하게 된다. 이렇게 하면 각각의 대안마다 하나의 종합 평가가 이루어지고, 그 결과 가장 좋은 대안이 선택된다. 이것이 바로 일종의 논리적 문제해결 방식이다. 이러한 의미에서 시나리오 기획은 합리주의 패러다임과 일치한다.

마지막으로 합리주의적 가치는 최적화 통제관리에 둔다. 최적화 통제관리는 다양한 자원을 최적의 상태로 통제하여 효율성을 극대화함으로써 성과의 질을 높이는 것을 의미한다. 이러한 개념하에 합리주의 리더는 업무의 효율성을 극대화하기 위해 연관성이 있는 일들을 분리 또는 통합하고, 이를 바탕으로 구성원의 특성을 고려하여 최대한 역량을 발휘할 수 있는 업무를 할당하고 객관적으로 평가하고 보상한다. 물적 자원도 업무 상황에 맞게 적절하게 분배하여 업무 효율성을 높인다. 따라서 전체적인 업무처리 과정에서 인력배치와 직무 등을 적절히 조합하여 효율성을 높인다.

위에서 보는 것처럼, 합리주의 패러다임에 입각한 리더십은 효율성을 비롯한 여러 준거 가치를 합리적으로 추구할 수 있는 기본적인 틀을 제공한다. 하지만 합리주의 패러다임은 다음과 같은 이유로 그 한계성이 있다. 첫째, 인간의 선택은 항상 완전하거나 합리적으로만 이루어지는 것이 아니기 때문에 합리성의 완벽성에 있어서 한계를 보여준다. 그것은 사람의 인식 정도, 계산 능력, 지식 소유, 기술 연마, 그리고 일관된 가치 보유 등에 있어서 매우 제한적이기 때문이다(Hogwood&Gunn, 1984). 둘째, 개인적 합리성보다는 집단적 합리성에서 내재적 가치 추구가 어려워진다. 따라서 이익 갈등을 순수한 합리성만으로는 해결하기 어렵다(Niebuhr, 1988). 셋째, 조직 행동이나 조치는 항상 완벽한 것은 아니다. 따라서 개인이 어느 정도 자신의 합리성에 대한 제한점을 극복한다고 할지라도 그 개인이 조직에서 일을 할 때에는 조직의 일부가 되기 때문에 완벽한 합리성을 발휘하기가 어려워진다(Niebuhr, 1988). 넷째, 합리성은 보통 절차나 관례, 혹은 주변 환경과 상황에 따라 변하게 된다(Hogwood & Gunn, 1984). 다섯째, 합리성을 완벽하게 추구하기에는 자원이 항상 부족하기 마련이다. 즉, 합리성을 추구할 때에는 이에 필요한 시간, 돈과 에너지가 필수적이다. 만약 합리성을 추구하는 과정에서 비용이 이익보다 클 때에는 비합리성이 작용할 수밖에 없다. 여섯째, 조직의 의사결정 시에 이성의 활동을 바탕으로 한 합리주의적 패러다임의 적용이 지나칠 경우에는 조직 현장에서의 구성원의 심리적 및 사회적 요인이 무시될 가능성이 높다. 이렇게 되면 조직은 구성원의 적절한 동기유발이나 충성심을 기대할 수가 없을 것이다. 결국 조직의 분위기는 메마르게 되고, 비인간적인 문화가 형성되어 오히려 의도하지 않았던 비합리적인 요인들과 환경 형성이 지배적일 수도 있다.

위와 같은 합리주의 패러다임의 한계점을 보완하고, 예측과 통제가 어려운 21세기 조직 운영의 난맥상을 극복하기 위한 패러다임이 바로 온정주의이다.

(2) 온정주의 패러다임

온정(compassion)이라는 단어는 라틴어 'com-'(함께)이라는 접두어와 'passire'(고통)이라는 동사로 시작된 것으로서 이 단어의 문자적 의미는 '누구와 고통을 나눈다' 혹은 '누구와 고통을 함께한다'라는 것이다.

온정주의란 온정을 가지고 행동하는 사람이 온정을 베풀고자 하는 대상에게 행하는 행동을 통하여 특성화된다. 온정주의는 기본적으로 타인의 고통이나 괴로움을 완화시키는 데 중점을 둔다는 점에서 단순히 타인에게 도움을 주거나 인간적인 다른 여타의 행위와 행태와는 다르다. 예컨대 고통이나 괴로움을 완화시키기보다는 어떠한 이익을 주고자 하는 데 목적을 두는 친절함은 박애주의 행동으로 분류하는 것이 더 낫다.

온정주의란 머리보다는 가슴으로 사람들에게 영향력을 행사하는 과정이다. 구성원에게 좀 더 배려하고 동정심을 갖는 리더가 되려는 움직임은 우리 자신들에게 다음과 같은 질문을 갖게 한다. 온정주의에 맞는 가치는 어떤 것일까? 온정적 리더의 특성은 무엇인가? 온정적 가치관을 실행하기 위해서 리더는 어떤 행동양식을 보이는 것일까?

아마도 온정주의의 가장 중요한 가치 중의 하나는 포용적 겸손일 것이다. 포용적 겸손이란 다른 사람들에 비해서 태생적 혹은 운명적으로 우월하지 않다고 믿는 마음가짐을 바탕으로 사고방식이나 행동 양식이 자신과 맞지 않는 사람까지도 긍정적으로 받아들이는 것이다. 이 가치를 실천하는 것은 자신에게 부여된 리더의 특권을 포기하는 것을 의미할 수도 있다. 포용적 겸손이라는 가치는 타인에 대한 존중과 아울러 자기 자신을 낮추는 자세와 맥락을 같이한다. 우리가 리더의 위치에 있더라도 모든 사람을 존중하고 그들이 인간으로서 가지고 있는 고유한 존엄성을 지켜주어야 한다(Raelin, 2003). 실제로 온정적 리더는 자신의 결정과 행동 방식이 항상 옳다고 생각하지 않는다. 따라서 그는 타인의 어떠한 비판적인 피드백도 겸허하면서도 긍정적으로 받아들이며, 동시에 다양한 사람들의 생각과 행동을 이해하고 수용하고자 한다. 나아가 그는 항상 자신을 돌아보고 자기 성찰의 시간을 갖고자 노력한다.

온정주의의 또 다른 가치는 타인에 대한 공감적 배려이다. 원래 온정이란 한마디로 타인이나 자신의 정서를 이해하고 감정을 같이하는 것이다. 온정이라는 말이 감정이입(empathy)이라는 단어와 유사하게 사용되기도 하지만, 온정이라는 것은 한 개인이 다른 사람들과의 감정이입을 느끼도록 유도하기도 한다(Zwillick, 2004). 동시에 온정은 다른 사람들의 고통을 완화 내지는 감소시킴으로써 고통을 겪고 있는 사람들에게 특별한 배려를 하기 위한 욕구(desire)로도 사용된다. 실제로 온정주의 리더는 상대방의 표정이나 감정 상태를 충분히 파악하면서 대화를 나누고, 자신의 말과 행동이 남에게 어떤 영향을 주는지를 심사숙고한다. 이때에 자신의 입장만을 내세우기보다는 상대방의 입장을 배려하여 행동한다.

더불어 온정주의 가치관에서 신뢰에 기반한 임파워먼트가 빠질 수는 없다. 조직 차원에서 보면 신뢰는 믿음과 확신 사이의 중간에 위치한다고 볼 수 있다. 실질적인 증거에 따라 리더를 믿는다는 것은 확신을 의미한다. 조직 내 누군가의 리더십을 믿는 것은 실질적인 증거가 없는 상태에서도 그들의 결정을 정서적으로 수용하는 것을 뜻한다. 신뢰한다는 것은 증거가 불충분하더라도 리더의 행동을 수용하는 것이다(Raelin, 2003). 리더는 구성원들의 지위 혹은 신분과 상관없이 구성원 각자를 조직에 공헌할 수 있는 잠재력을 가진 존재로 인정해 주면서 임파워먼트 과정을 거쳐 힘을 실어준다. 실제적으로 온정주의 리더는 구성원의 특성과 능력을 제대로 파악하여 실질적인 업무 수행자에게 명확한 자율성과 권한, 그리고 책임을 부여하고, 구성원 스스로 역량을 발휘하고 업무를 완수함으로써 성취감을 갖도록 격려와 지원을 아끼지 않는다.

온정주의의 마지막 가치관은 이타적인 협력이다. 온정주의 리더는 자신의 이익을 충족시키기 위해서 다른 사람들을 통제하려 하지 않는다. 오히려 그는 공동체에서 자신에게 주어진 업무 외에도 상대방을 위해 자기희생적인 행동을 취하고, 자신에게 이득이 되지 않는 일이라도 기꺼이 솔선수범하여 구성원의 필요한 부분에 도움을 제공한다. 아울러 그는 자신의 자아를 초월하여 다른 사람들을 더 높은 수준으로 향상시켜서 조직 전체에 도움이 되도록 한다. 이를 바탕으로 온정주의 리더는 견해의 다양성을 인정하는 협력적 커뮤니티를 형성한다.

다음으로 온정적 가치관을 실행하기 위해서 리더는 어떤 특성의 행동양식을 보이는 것일까? 첫째는 경청능력이다. 다른 사람들이 중요하게 생각하는 것에 진정으로 관심을 갖고 충분히 이야기를 듣기 전에는 자신이 어떻게 응대할 것인지를 결정하지 않는다. 그들은 자신의 생각과 감정을 정리하고 표현하는 과정에서 상대방에게 완벽하게 집중한다. 또한 상대방의 생각이나 감정을 충분히 이해하고 있다는 것을 알리고 상대방이 자신을 충분하게 표현할 수 있도록 적극적 경청 기법을 사용하기도 한다.

둘째는 진정성이다. 그들은 숨겨진 동기나 의도가 없는 진정한 자신을 드러낸다. 그들은 단순한 이미지가 아니라 실제로 다른 사람들에 대해서 진정한 관심을 갖는다. 또한 사람들과 커뮤니티를 보살피면서 전체를 위해서 자신의 이익을 마지막으로 돌린다. 자신의 권위는 자신이 대표하는 사람들로부터 나온다는 청지기 윤리에 입각하여 동료들을 위해 헌신한다.

셋째는 내면의 평화이다. 그들은 자신의 삶뿐만 아니라 다른 사람들의 삶도 경이로운 마음으로 대한다. 그리고 미래를 긍정적으로 바라보고 자신이 세상에 존재하는 것에 대해서 감사한다. 그들의 내면적인 평화가 그들의 발걸음을 가볍게 한다.

넷째는 즐거운 마음이다. 그들은 아무리 곤란한 상황에서도 유머 감각을 발휘함으로써 복잡한 문제 앞에서 자신이 부족한 존재라는 것을 인정한다. 또한 세상을 완전히 안다는 것은 궁극적으로 불가능하다는 것을 인정하고 오직 다른 사람들과 힘을 모아야만 인간의 한계를 극복하고 전진할 수 있다는 것을 받아들인다. 유머는 또한 그들도 인간이라는 것, 그래서 접근할 수 있는 대상이라는 것을 알려준다.

이상에서 논의한 바와 같이, 온정주의 패러다임은 다분히 인간 중심적이다. 이러한 인간 중심 접근은 인간이라는 존재가 더 이상 기계 부품이 아니며, 인간을 열심히 일하게 하는 것은 경제적 보상이 아니라 사회 심리적 보상이라는 가정을 바탕으로 하고 있다. 하지만 이러한 온정주의 가치가 조직을 이끌어 가는 데 있어서 지나치게 되면 주관주의가 팽배함으로써 객관주의가 상실되고, 기존 질서와 규범이 무너지면서 오히려 온정주의가 추구하고자 하였던 준거 가치인 평등성이나 공정성이 훼손될 가능성이 농후해진다.

(3) 온정적 합리주의의 생성

합리주의와 온정주의의 장점과 한계점을 함께 고려할 때에 결국은 조직의 성과가 충분히 실현되기 위해서는 합리주의와 온정주의, 양 패러다임이 통합의 수순을 밟아서 일명 '온정적 합리주의'의 리더십이 발휘되어야 함이 자명해진다. 말 그대로 온정적 합리주의는 온정주의와 합리주의를 통합한 신조어이다. 이러한 양 패러다임의 통합 시도는 온정주의와 합리주의 각각의 장점들을 강화시키면서 동시에 각각의 한계점을 보완하고자 하는 노력의 일환이다. 하지만 이 두 가지 리더십 패러다임의 상대적 비중은 조직 리더십의 관점에서는 동등하지 않다. 오히려 합리적 리더십 패러다임이 주를 이루고, 온정적 리더십 패러다임은 부분을 차지한다.

온정적 합리주의 리더는 인간만을 배려하는 사람 중심의 온정성에 치우치지도 않고, 그렇다고 과제와 조직 중심의 합리성에만 매몰되지 않으면서 상황에 적합한 행동과 말을 함으로써 모두가 만족하는 성과를 만들어 내는 사람이다. 상황에 적합한 조치란 장·단기적 관점에서 성과를 창출하기 위한 것이며 궁극적으로 관계된 사람들 모두를 위한 것이다. 이러한 조치에 대한 의사결정의 기준은 바로 온정성과 합리성이다. 이 의사결정 기준에서 두 가지 모두 중요하지만 상대적으로 중요도를 고려하지 않을 수 없다. 그렇다면 먼저 고려해야 할 것은 무엇일까? 그것은 합리성이다. 이유는 인간도 자연의 일부이며 자연과학의 원칙에 반하여 생존할 수가 없기 때문이다. 따라서 온정적 합리적 리더십은 합리를 기반으로 하는 리더십이다. 자연과학의 과학적이며 인과적 원리 원칙의 합리성을 따르면서 만물의 영장이며 자연의 일부가 되는 인간을 배려한 리더십을 발휘하는 것이다. 하지만 인간 본인이 이성적이기도 하지만 감정적이며 한시적 존재이기 때문에 상황에 적합한 리더십을 발휘한다는 것은 그리 쉬운 일이 아니다. 상황이라는 것은 수시로 변화하며 유동적이기 때문이다. 당연히 변화하는 상황에서 합리성과 온정성의 최적의 균형을 찾기란 쉽지 않다. 그렇다고 해서 불가능한 것도 아니다. 그렇게 하기 위해서는 부단한 자기성찰의 노력을 하면 된다. 역사적으로 많은 리더들이 작은 실수와 실패에도 불구하고 온정과 합리의 균형을 취함으로써 나름의 성과를 창출한 기록이 이를 증명하고 있다. 리더가 합리주의를 추구하되 경우에 따라 온정적이 된다는 것은 매우 인간적이어서 자연스러우며 온정과 합리성을 모두 지닌 것이므로 구조적으로 거의 완벽한 리더십으로 보인다. 온정적 합리주의는 합리주의가 우선이고 온정적이라는 용어는 수식어에 불과해 보이지만 이는 비타민과 미네랄이 우리 몸에 미량 필요하더라도 필수불가결한 것과 마찬가지로 온정적 리더십에서 온정이 없는 합리주의는 생각할 수 없다.

요약컨대 온정적 합리주의로 리더십 개념의 외연이 확대된 것은 조직의 리더가 리더십을 발휘해야 하는 영역이 매우 다양하고 복잡하며, 조직성과를 위한 다양한 준거 가치에 따라 다면적이고도 복합적인 리더십 발휘가 요구되기 때문이다. 즉, 조직에서 온정적 합리주의 리더들은 조직 경영에 필수적인 효율성 및 효과성을 증대함과 동시에 그들의 추종자들에게 윤리적 책임을 다함으로써 조직을 이끌어 가는 준거 가치를 실현해야만 하는 것이다. Schein(1991)은 조직의 문화는 리더에 의하여 만들어진다고 주장한다. 결국 리더의 주요한 역할은 문화를 창조하고 조직에 내재된 문화를 변화시켜 성숙한 조직을 만드는 것이다(Rose, 1992). 즉, 온정적 합리주의 리더는 조직이 합리주의를 바탕으로 하여 온정주의 가치관이 정착될 수 있도록 훌륭하게 새로운 문화를 창조하고 확산시킬 것이다.

(4) 온정적 합리주의 리더십

합리주의를 바탕으로 하면서도 상황에 따라 온정주의를 적용하는 온정적 합리주의 리더십은 인간 세상의 자연성(naturality)을 기반하고 있다고 할 수 있다. 자연성에 기반하고 있다는 말은 본래부터 자명하게 갖추고 있는 인간 삶의 원리에 부합된다는 의미다. 성서의 창세기에 나타난 인간사회의 창조원리는 이러한 자연성을 대표하는 것 중에 하나이다. 창조원리에 나타나는 "태초에 빛이 있으라"라는 명제는 이 세상이 이성적 합리주의로부터 시작되고 기초가 되었음을 명시해 주는 일종의 선언이다. 그러나 신(神)은 인간을 비롯한 피조물의 세계가 완성될 즈음에는 자신의 기쁨과 만족, 인간에 대한 애정을 표시하는데, 이는 바로 감성적 온정주의의 적용을 뜻한다. 이러한 온정적 합리주의의 특성 중 하나인 자연성은 유교의 성리학 원리에서도 발견된다. 유학에 의하면, 우주적 원리는 이기론(理氣論)으로, 인간의 원리는 성정론(性情論)으로 설명한다. 이기론이 이기이원론(理氣二元論), 이기일원론(理氣一元論) 등으로 논의되었지만, 이 두 가지 이론도 이(理)가 기(氣)를 다스리면서 인간 세상의 방향과 원리를 제시하여 간다는 것이 공통된 입장이다. 따라서 성리학의 관점에서 보면 온정적 합리주의는 理에 기반한 것이라 할 수 있으며, 결국 인간 세상의 기본적 원리를 따라가는 자연성에 기초한 것이라고 할 수 있을 것이다.

인간에 대한 관점에서 온정적 합리주의 리더십은 일단 리더십에 대한 홀리스틱(holistic)한 접근으로 볼 수 있다. 홀리스틱한 접근이란 인간을 전인(全人)으로 보고 접근하는 것이다. 전인이란 인간을 신체, 마음, 영 또는 이성, 감성, 영성이 통합된 인격체로 보는 것으로서 홀리스틱 접근은 인간의 일부만을 강조하는 부분적 접근과는 다르다. 온정적 합리주의 리더십은 인간의 이성뿐만 아니라 감성과 영성의 영역까지 포함하고 있다. 언뜻 보면, 아픔을 같이 나누는 것을 공감능력 내지 타인 이해능력의 일부로서 Goleman(1995)이 말하는 감성지능의 영역으로 보기 쉽겠지만, 온정적 합리주의 리더십에서의 온정주의에는 포용적 겸손, 공감적 배려, 신뢰 기반 임파워먼트뿐만 아니라 이타적 협력이 포함되어 있다. 이러한 능력들은 기본적으로 개체적인 자아를 초월할 때 가능한 것으로 영성의 영역에 속한다.

온정적 합리주의 리더는 경제학자 Alfred Marshall(1842~1924)이 제시한 바 있는 '찬 이성, 뜨거운 가슴'을 지닌 인재상과도 일맥상통한다. 경제는 치밀한 논리와 엄밀한 계산이 필요하지만 궁극적으로 세상이 더 조화롭고 행복한 것이 되기 위해서는 차가운 이성과 더불어 뜨거운 가슴을 지닌 경제 운용이 필요하다는 요지이다. 마샬의 시대는 자유로운 기업의 성장으로 국부가 증대되고 영국 자본주의 황금기로 국민의 생활수준이 월등히 좋아진 시대였다. 마샬은 당시의 자본주의는 최적의 경제 제도라는 확신을 갖고 있었다. 그러나 그는 경제적 풍요 속에서도 그늘진 사회의 비참한 노동자들의 삶을 보면서 부자들은 공공 복리에 헌신하고 나아가 가난한 사람들에게 베풀어야 함을 인식하게 되었다. 마샬의 경제학 이론을 모두가 이해하고 동의하는 것은 어렵지만, 그가 주장한 '찬 이성, 뜨거운 가슴'은, 이윤의 극대화를 추구하는 경제학의 보편적 가치가 뜨거운 가슴을 가진 경제학으로 보완이 되어야 한다는 것에는 이의가 있을 수 없으며, 그것은 온정을 가진 합리주의 리더십과 같은 맥락으로 볼 수 있을 것이다.

온정적 합리주의 리더십은 다음 <표 2-1>에 제시된 바와 같은 8가지 요인들로 구성된다.

〈표 2-1〉 온정적 합리주의 리더십의 구성요인

차 원	하위영역	정 의
합리주의 패러다임	이성적 상황판단	이성적 사고를 바탕으로 중요한 의사결정을 내려야 할 때 가장 효율적인 방향과 대안을 신속하게 판단하고 결정하여 대응함
	전략적 예측	장기적 관점으로 문제를 바라보고, 이를 바탕으로 불확실한 미래의 변화를 치밀하게 예측하며, 선택과 집중을 통해 실현 가능한 전략적 목표를 계획함
	논리적 문제해결	주어진 상황이나 업무 관련 이슈를 다양한 관점 및 방법으로 분석하여 문제의 발생 원인과 핵심을 냉철하게 판단하고, 문제해결을 위해 논리적 맥락을 파악하여 해결방안을 제시함
	최적화 통제관리	다양한 인적·물적 자원을 최적의 상태로 유지 또는 관리·통제하여 효율성을 극대화하여 성과의 질을 높임
온정주의 패러다임	포용적 겸손	자신의 생각과 행동에 대해 성찰적인 관점을 지니고, 다른 사람들의 비판적인 피드백에 대해서도 겸허한 자세를 가지며, 상대방의 다양한 의견을 경청하고 긍정적으로 수용함
	공감적 배려	상대방의 감정과 심리상태에 많은 관심을 가지고 세밀히 파악하려고 하며, 상대방의 입장에서 생각하고, 처한 상황에 따라 배려함
	신뢰 기반 임파워먼트	구성원들과 진정성 있는 신뢰를 바탕으로 스스로 역량을 향상시킬 수 있도록 다양한 경험과 기회를 제공함과 동시에 이에 걸맞은 권한을 부여하면서 구성원들에게 성취감을 가질 수 있도록 지원함
	이타적 협력	상대방을 위해 자기희생적 행동을 취하고, 자발적으로 구성원들이 필요한 부분을 도와주며, 자신에게 이득이 되지 않는 일이라도 기꺼이 솔선수범함

온정적 합리주의 리더십을 효과적으로 발휘하기 위해서는 우선 합리주의가 일반적으로 적용이 되면서 그 부족한 부분을 온정주의가 채워주어야 할 것이다. 따라서 온정주의는 합리주의의 일부로서 자리를 잡아야 한다. 합리주의 패러다임에서는 먼저 상황을 파악하고(이성적 상황판단), 전략적 관점에서 다양한 가능성을 고려하여 과제를 도출(전략적 예측)하여 창의적이며 논리적으로 해결한다(논리적 문제해결). 문제해결을 통한 성과창출을 위해 리더는 수행과제를 적재적소에 분담하여 조직화하고 업무수행을 효율적으로 관리하고 통제한다(최적화 통제관리). 그런데 성과 창출과 목표달성을 위하여 가장 중요한 자

원은 바로 사람이다. 따라서 리더는 끝까지 겸손한 자세로 변화를 수용하고 유연해야 하며(포용적 겸손), 흥미, 가치관, 성장배경, 생활환경이 서로 다른 구성원 개개인을 존중 배려하고(공감적 배려), 구성원에 대한 신뢰를 기반으로 구성원의 역량이 개발되도록(신뢰 기반 임파워먼트) 노력하며, 업무를 수행하는 과정에서 구성원의 참여와 협력을 촉진하고, 본인이 먼저 솔선하는 모습(이타적 협력)을 보여야 한다.

(5) 온정적 합리주의 리더십의 개발

리더십 개발이란 개인의 다양한 리더십의 역할과 과정에 있어서 효과적일 수 있도록 능력을 확장하는 것으로 정의를 내릴 수 있다. 리더십의 능력을 확장하기 위해서는 우선 개발 경험이 있어야 한다. 개발 경험을 이루는 주요 요소들은 측정, 도전, 그리고 지원이다. 측정은 리더십 측정 데이터를 통하여 얻을 수 있다. 도전은 리더로서의 업무에 도전하는 경험이며, 지원은 상사, 동료, 가족, 친구, 전문가 집단, 코치, 혹은 멘토와 같은 타인들의 심리적 및 언어적 지원을 받는 것이다. 이러한 다양한 리더십 개발 경험들은 개인의 학습 능력과 어우러져서 리더십이 개발을 돕는다. 개발 경험을 바탕으로 하는 학습은 세 가지 별도의 활동들을 포함한다. 그것들은 첫째, 새로운 행동, 기술, 태도가 언제 요구되는가를 인식하는 것, 둘째, 새로운 기술과 행동을 배우고 시험하기 위한 기회를 제공하는 활동에 참여하는 것, 셋째, 필요한 기술과 행동을 얻기 위해 다양한 학습전략을 개발하고 이를 실제적으로 활용하는 것이다.

온정적 합리주의 리더십의 개발도 이러한 맥락에서 가능하다. 리더는 우선 자신의 온정적 합리주의 리더십이 어느 정도인지 360도 피드백 등 객관적인 데이터를 통하여 측정하고, 온정주의와 합리주의를 따라 실천할 수 있는 과업, 예를 들면 일상 직무의 효율성을 추구하면서도 추종자들의 아픔을 같이하고 자신을 희생할 수 있는 활동에 도전해 볼 수 있다. 이러한 과정에서 주변 사람들에게서 적절한 코칭이나 멘토링을 받음으로써 심리적 및 실제적인 지원을 받을 수 있다. 그리고 이러한 경험적 활동들을 바탕으로 리더는 자신의 학습 활동의 목적과 프로그램을 설계하며, 리더십 개발 학습 프로그램에 참여하고, 전략적인 마인드를 가지고 학습의 결과를 활용하게 되면 온정적 합리주의 리더십은 상당할 정도로 개발이 가능해질 것이다.

2) 셀프 리더십

(1) 셀프 리더십의 중요성

최근 국내외를 막론하고 리더의 위치에 있으면서도 부도덕한 사생활로 인해 리더의 자격에 관해 논란이 일고 있는 일이 많아지고 있다. 리더가 개인적이고 사적인 생활을 영위하는 것과 공적 리더십을 수행하는 것 사이에 이분법이 있을까? 개인적 약속을 지키지 못하는 리더가 리더로서 조직이나 사회, 국가에 한 약속을 지킬 수 있을까? 개인적인 자기관리를 제대로 하지 못하고 개인적 갈등을 만족스럽게 해결하지 못하는 리더가 리더 역할을 잘할 수 있을까?

전통적으로 리더십 연구가 개인 자신보다는 조직이나 집단들에 미치는 영향력에 보다 중점을 두고 진행되어 온 결과 개인이 자신의 삶을 영위하는 데 있어서 필요한 원리나 기술 등에 관한 셀프 리더십에 관한 연구 결과물들이 상대적으로 많지 않다. 그러나 리더뿐만 아니라 모든 개인들도 자신의 삶을 영위하는 데 있어서 주의를 기울이고 스스로에게 영향력을 발휘할 수 있어야 개인의 사명과 목적을 성취할 수 있고 나아가 집단과 조직 등에 리더십을 발휘하는 데 있어서도 진정성을 가져올 수 있을 것이다. 이러한 맥락에서 셀프 리더십은 모든 리더십의 기초가 되는 중요한 리더십의 영역이라 할 수 있다.

(2) 셀프 리더십의 개념

셀프 리더십은 행동의 자기관리 방법이 발전된 형태로 "자신에게 영향을 주는 과정"이라고 정의할 수 있는데, 1980년대 중반 자기통제이론에 근간을 두고 리더십의 대체 개념으로 처음 등장하였다(Neck & Houghton, 2006).

자기통제는 조직에서 리더십 대체로 적용되어 오던 행동전략으로 이후 자기관리로 불리다가 셀프 리더십 이론의 기초가 되었다(Manz & Sims, 1980). Manz와Sims(2001)에 의하면 전통적으로 경영혁신을 추진하기 위해 조직을 관리할 때 조직 구성원 외부적인 요소에 중점을 두어왔다. 즉, 주어진 비전, 주어진 목표, 주어진 직무, 과업수행에 대한 외적 보상 등을 말한다. 그러나 셀프 리더십에서는 그러한 전통적 조직 관리와 달리 조직 구성원 스스로에게 초점을 둔다. 즉, 구성원이 함께 만든 비전, 자기목표 설정, 자기강화, 비판적 자기성찰, 스스로 문제 해결 및 계획 수립 등이다. 이렇게 사람들은 자기 주도적인 사고와 행동방식으로 자율과 책임이 주어질 때 스스로 책임지고 행동하게 되며, 스스로 설정한 목표를 달성하기 위해 단서를 찾아 끊임없이 노력하는 등 자율성과 열정을 수반하는 셀프 리더십을 발휘하게 된다는 것이다(최은수 외, 2014). 이와 같이 다른 리더십 개념이 외적 관점이라면, 셀프 리더십의 자기영향력 과정은 자신의 내면에서 이끌어 내는 내적인 관점으로서 자신이 하고자 하는 일을 실천하기 위한 내적 과정이라 할 수 있다(Manz & Neck, 2004).

사람들은 자신의 목표를 정하고 추구하기 위하여 내적·외적 자기통제의 과정이 필요하다. 일반적으로 목표 중심적 행동은 환경적 요인뿐만 아니라 개인의 신념과 목표의 영향을 받으며, 자신의 목표를 향하여 자신의 행동을 수정하기 위해 노력한다. 또한 자신이 정한 목표가 성공했느냐 또는 실패했느냐에 따라 자기를 평가하고 삶의 질의 결과에도 영향을 줄 수 있다고 생각한다(Aspnes, 2008).

이와 같이, 셀프 리더십은 자신이 하고자 하는 일이 무엇인지를 발견하고 자신이 하고자 하는 일을 실행하기 위해 노력하는 과정이다. 그러므로 셀프 리더십은 자아발견과 자기만족을 향한 여행이고, 자신에게 영향력을 행사하는 방법이며, 또 자아완성을 위한 학습과정이다(Manz, 1986).

(3) 셀프 리더십의 구성요소

Houghton과 Neck(2002)은 셀프 리더십의 영역을 세 가지로 나눈다. 즉, 행동기반 전략(behavior-focused strategies), 내적 자기보상 전략(natural reward strategies), 건설적 사고 구축 전략(constructive thought pattern strategies)이다.

첫째, 행동 기반 전략은 Bandura(1971)의 사회 인지 학습 이론에 근거를 두고 있으며 인간이 자신과 타인의 행동과 그 결과를 관찰하고 행동하는 이유와 목적을 스스로 인식, 행동을 변화시키는 전략으로서 자기관찰, 자기설정 목표, 자기암시, 리허설, 자기보상, 자기비판 등의 하위요인이 있다. 자기관찰은 목표성취 과정에서 불일치나 목표의 진전 과정을 통제하는 적합한 수단이다. 자기보상과 자기비판은 시스템적으로 바람직하고 바람직하지 않은 행동을 강화시킨다. 자기암시(단서에 의한 관리)는 메모나 포스트잇, 동기 관련 포스터 등과 같은 눈에 보이는 것을 기저로 하여 자신이 하고자 하는 행동을 용이하게 하려고 작업장 주위에 설치 또는 변경하는 것 등이다.

둘째, 인지전략으로 내적 자기보상 전략을 들 수 있는데 이는 내재적 동기에 기저를 두고 과업이나 활동에 있어서 '즐거움'에 중점을 두는 전략이다. 하고 있는 일이 즐겁다면 이미 그 사람은 내적 보상을 받고 있다는 것이다. 이를 증진시키기 위해, 과업의 재설계, 시간, 장소 등의 작업환경의 변화 등을 포함하는 전략을 말한다.

내재적 동기를 높여주는 두 가지 전략은 불만족을 제거해서 만족에 집중하는 것과 하는 일에 즐거움을 계속 증가시켜 주는 방법이 있으며 이러한 전략은 자기결정력과도 관련되어 있다.

마지막으로, 건설적 사고 구축 전략은 자기영향력과 습관적인 사고의 패턴을 통제하는 것과 관련되어 있다. 개인의 동기는 성공적인 수행을 상상하는 과정을 통해 개선되고 유지될 수 있다. 이 성공적인 수행을 상상하는 과정은 그들의 신념이나 가정에 긍정적인 영향이나 평가를 주거나, 목표를 이루는 과정에 관한 자기대화 등을 통해 건설적이고 효과적인 습관을 기르는 것이다.

〈표 2-2〉 **셀프 리더십의 구성요소**

전략	구성요소	내용
행동 기반 전략 (behavior-focused strategies)	자기관찰 self-observation	자신의 업무활동 중 효율적이지 못했던 것을 수정하여 행동 변화를 하기 위해 자신의 행동에 대한 정보를 수집, 관찰하는 전략
	자기목표 설정 self-goal setting	목표를 스스로 세움
	자기단서 self-cueing	자신의 행동을 용이하게 하기 위해 단서(암시)가 되는 것들을 작업장 주위에 설치, 변경하는 것
	자기보상 self-reward	바람직한 행동을 완수했을 때 개인적으로 가치 있는 보상을 스스로에게 제공함으로써 스스로의 사기를 진작하고 의욕을 북돋우는 전략
	자기비판 self-punishment	바람직하지 못한 행동을 했을 때 자신에게 일정한 처벌이나 비판을 가함으로써 실수를 줄이는 데 도움을 주고자 하는 것
내적 자기보상 전략 (natural reward strategies)	자연적 보상	주어진 수행 목표를 성취하기 위해 과업과 관련된 긍정적 인식을 증진시키려고 노력하며 이를 위해 시간, 장소, 작업환경에 변화를 주며 이를 통해 자아 존중감을 증진시킴
건설적 사고 구축 전략 (constructive thought pattern strategies)	건설적 사고 패턴 확립	성취에 대한 건설적이고 효과적인 자기암시, 긍정적인 자기 자신과의 내적 대화(self-talk), 비합리적인 개인적인 신념과 가정을 재평가

(4) 셀프 리더십 개발 훈련

Neck과 Manz(1996)에 의한 셀프 리더십 개발 훈련 프로그램은 6주 동안 일주일에 두 시간 이루어졌고 U.S 항공사의 회계부서 48명이 연구에 참가했다. 통제그룹 24명과 트레이닝 그룹 24명은 무작위로 정해졌다. 훈련은 건설적 사고 구축 전략(3번째 영역)에 초점을 맞추어 첫째, 비주얼라이징, 둘째, 자기대화, 셋째, 신념과 가정에 대한 재평가로 구성되었다.

결과는 통제그룹과 비교하여 훈련 후 정신적·인지적 수행이 질이 증가했다. 특히 하위 카테고리인 신념과 가정에 대한 평가에서 성공과 기회에 관해 많은 개선이 이루어졌다. 나아가 훈련그룹은 강한 자기 효능감이 나타났는데, 이것은 사실 셀프 리더십과 과업수행 사이의 중요한 매개변인이다. 이 외에도 이러한 셀프 리더십 개발 훈련 연구는 셀프 리더십 전략의 효과성과 습득에 대한 새로운 통찰을 가져다주었다. 특히 학생들 사이의 인지적 전략을 통한 자기 영향력(내재적으로 유발된 동기)은 유망한 결과를 보여준다. 성공적 수행 상상하기와 자기대화, 자기보상, 자기암시(cueing) 항목에서 가장 큰 훈련 효과를 나타냈다. 인적 개발과 조직의 리더십 개발도 점점 셀프 리더십의 중요성이 더해지고 있는 것으로 나타났다. 모든 셀프 리더십 스킬은 특정 훈련을 통하여 최적화되고 발전될 수 있다. 증가하는 자기 책임성과 자기 결정력은 자신들의 내재적 동기에 긍정적 영향을 미친다.

결론적으로 셀프 리더십은 또한 개인의 경력개발과 관련해서도 높고 의미심장한 관련성을 보여준다. 세계적으로 광범위한 고용시장의 불안으로 인해 사람들은 스스로 정한 방향의 경력을 높이기 위하여 한층 고양된 셀프 리더십 스킬을 필요로 한다.

3) 오센틱 리더십

(1) 오센틱 리더십의 개념

오센틱 리더십의 핵심 개념인 오센틱에 대한 논의는 고대 그리스 철학에서 시작하여 실존주의 철학과 인본주의 심리학에 이어 긍정 심리학으로 이어져 왔다. 고대 그리스 철학자들의 '너 자신을 알라'와 '너 자신에게 진실하라'는 명제는 오센틱한 자신을 돌아보는 본원적인 질문이다(최은수 외, 2013).

하지만 오센틱의 개념에 관한 오랜 논의와는 달리 '오센틱 리더십'은 리더십 연구에서 가장 최근에 나타나고 있는 연구 분야의 하나이다. 이러한 '오센틱 리더십'에 대한 개념은 겉보기에는 정의하기가 쉬울 것 같지만, 실제적으로 그 특성을 기술하기가 매우 어려운 복잡한 과정이다. 리더십을 연구하는 학자들 중에 '오센틱 리더십'에 대해 일반적으로 수용되고 있는 정의를 내리고 있는 사람은 한 사람도 없다(Northouse, 2013).

오센틱 리더십에 대한 연구는 크게 이론적 접근과 실무적 접근으로 나누어진다(Northouse, 2010, 최은수 외, 2013 재인용). Chan(2005)의 연구는 이론적 연구자들을 인간 내적 관점, 개발적 관점, 관계적 관점으로 구분하였는데, 인간 내적 관점의 연구자인 Shamir와 Eilam(2005)은 오센틱 리더를 '자아 개념의 핵심 요소이고, 명확한 자아 개념을 가지고 있으며, 자아와 일치하는 목표가 있고, 행동이 자기 표현적인 사람'이라 정의하였고, 개발적 관점의 연구자인 Walumbwa와 Avolio, Gardner, Wemsing, Peterson(2008)은 긍정적 심리 자본과 긍정적 조직 풍토의 증진을 통해서 추종자들과 함께 일하면서 자기인식, 내면화된 도덕적 시각, 균형 잡힌 정보 처리, 관계의 투명성을 육성하고 긍정적 자기계발을 이루는 행동 양식이라고 정의하였다. 관계적 관점의 Illies, Morgeson, Nahrgang (2005)은 자기인식, 균형 잡힌 정보 처리, 오센틱 행동, 오센틱 관계 지향의 리더로 정의하였다(최은수 외, 2013 : 88-89).

실무적 접근법의 연구자인 Terry는 리더십이 요구되는 어떤 상황에서나 리더십의 두 가지 핵심적인 문제에 초점을 맞추어야 한다고 주장하였다. 첫째는 실제로 무슨 일이 일어나고 있는가이고, 둘째는 그 일어나고 있는 일에 대해 무슨 조치를 취하려고 하는가이다. Terry의 연구가 문제가 되는 부분이 어디냐에 초점을 맞추고 있는 데 비하여, George는 리더의 특성에 초점을 맞추어 오센틱 리더들은 다음과 같은 다섯 가지 기본적인 특성을 가지고 있다고 주장하였다. ① 그들은 그들의 목표를 잘 이해하고 있다. ② 그들은 해야 할 올바른 일에 대한 강한 가치관을 가지고 있다. ③ 그들은 다른 사람들과 신뢰 관계를 확립하고 있다. ④ 그들은 자제력을 보이고 가치관에 따라 행동한다. ⑤ 그들은 그들의 사명에 대해 열정적이다(Northouse, 2013).

Luthans와 Avolio(2003)는 오센틱 리더십의 구성요소로 긍정적 심리자본, 긍정적 심리풍토, 자기인식, 자기규제를 제시하였다. 그러나 Shamir와Eilam(2005)은 리더 역할에 초점을 맞춘 정체성, 명확한 자아 개념, 가치관과 일치하는 목표, 가치관과 일치하는 행동을 예로 들었다. Illies 등(2005)은 자기인식, 균형 잡힌 정보 처리, 오센틱 행동, 오센틱 관계 지향을 들었고, Gardner 등(2005)은 내적 규제, 균형 잡힌 정보 처리, 관계적 투명성, 진정성 있는 행동 등을 포함한 자기규제와 자기인식으로 설명하였다(최은수 외, 2013).

오센틱 리더십의 개념과 중요성을 주장하는 학자들의 의견을 종합하면, 다음과 같이 그 구성요소를 정리할 수 있다. 우선 긍정 심리학적 자신이 있다. 최근의 긍정 심리학, 긍정 조직학적 행동(POB), 그리고 긍정 심리학적 자산에 관한 연구에서는 이러한 긍정 심리학적 자산이 발전이나 변화에 개방적이기 때문에, 개인, 팀, 조직, 그리고 커뮤니티가 번성하고 풍요로워질 수 있도록 하는 데 중요한 역할을 한다고 주장된다. 두 번째는 긍정 도덕적 관점이다. 오센틱 리더십과 그 개발은 내재적인 윤리·도덕적 구성요소를 내포한다고 말했다. 세 번째는 리더의 자아인식이다. 자아인식은 목적이 아니고 오히려 자신의 독특한 재능, 강점, 목적의식, 핵심 가치, 믿음, 소망 등을 점차적으로 알게 되는 일련의 과정이다(김승철, 2008). 네 번째는 리더의 자아규율이다. 자아규율은 사람들이 내부기준을 정립하고, 기준과 실제와의 차이를 평가하고, 이러한 차이를 좁히기 위해 의도적으로 노력하며 자아를 통제하는 과정을 포함한다. 다섯 번째는 리더십 과정·행동이다. Avolio와 그의 동료들(2004)은 개인적·사회적 동일화 과정이란 구성원이 진정 리더, 그리고 리더의 가치와 점점 동일화되는 것이라고 기술했다. 여섯 번째는 구성원의 자아인식 및 규율이다. 이 과정을 통해 구성원은 본인의 가치, 정체성, 감정을 명확히 이해하고, 이에 따라 내면화된 규율의 과정, 조화로운 정보처리, 리더 및 동료와의 투명한 관계, 그리고 진정한 행동을 가지게 된다(Gardner et al., 2005). 일곱 번째는 구성원 개발이다. 구성원이 자신이 누구인지 알게 됨을 통해 리더와 좀 더 투명한 관계를 쌓고, 리더의 발전으로부터 긍정적인 영향을 받게 된다. 여덟 번째는 조직의 환경이다. 모든 리더십의 상호작용이 역동적인 환경에서 일어나기 때문에 연구자들이 환경적 맥락을 리더십 개발과 효과성의 예측에 통합하는 것은 매우 중요하다(Avolio & Gardner, 2005). 마지막으로 진정한(veritable) 지속적 성과이다. 지속적인 성과는 조직의 능력이 오랫동안 높은 수준의 성과와 성장을 성취하는 것이라고 할 수 있다(Luthans & Avolio, 2003, 최항석·이지숙, 2010 재인용).

(2) 오센틱 리더십과 조직 성과

오센틱 리더십은 아직 개발 단계에 있지만 몇 가지 강점을 가지고 있다. 첫째, 우리 사회가 요구하고 있는 신뢰할 만한 리더십의 요구를 충족해 주고 있다. 둘째, 오센틱 리더십은 정직한 리더가 되고자 하는 사람들에게 광범위한 지침을 제공하고 있다. 셋째, 변혁적 리더십이나 섬김의 리더십과 마찬가지로 오센틱 리더십도 명확한 도덕적 차원을 가지고 있다. 넷째, 오센틱 리더십은 정직한 가치관과 정직한 행동은 장시간에 걸쳐 리더의 내부에서 발전(형성)될 수 있다고 강조한다. 마지막으로 오센틱 리더십은 리더십 설문지(ALQ : Authentic Leadership Questionnaire)를 사용하여 측정할 수 있다(Northouse, 2013).

오센틱 리더십이 조직 성과에 미치는 효과를 정리하면 다음과 같다.

첫째, 개발된 자기 인식으로 가치와 정체성 파악을 통한 업무의 의미를 새롭게 찾는다. 둘째, 내면화된 도덕적 시각으로 사람을 존중하고 포용하는 조직 풍토를 조성한다. 셋째, 균형 잡힌 정보 처리를 통하여 합리적으로 올바른 의사결정을 한다. 넷째, 투명한 관계 형성을 통하여 구성원의 신뢰와 헌신을 이끌어 내 업무의 몰입을 유도하고 일터의 행복을 느낀다. 결국 이러한 효과는 구성원의 성과를 지속하여 실제로 유지해 주며, 이것이 궁극적으로 기업의 재무적인 성과도 높여줄 것이다(최은수 외, 2013).

4) 감성 리더십

(1) 감성 리더십의 개념

훌륭한 리더는 조직 구성원의 마음을 쉽게 움직이고 열정에 불을 붙이고 구성원들이 가지고 있는 최고의 것을 끄집어낸다(최석기, 2009). 그리고 그는 '감성'을 통해 리더십을 행사한다(Goleman & Mckee, 2002, 최석기, 2009 재인용). Goleman(2002)은 위대한 리더십의 도구로서 감성지능을 제시하였는데, 이는 차세대 리더가 갖추어야 하는 중요한 요소라고 인식하였다. 그는 뛰어난 리더를 결정짓는 요소 중에 인지적 능력과 감성적 능력의 비율을 따져보면 조직의 상취 계층으로 갈수록 기술적인 능력보다는 감성적인 능력에 기초한 능력이 더욱 중요하다고 인식하였다(최은수 외, 2013).

(2) 감성 리더십의 구성요소

Goleman, Boyatizs와 Mckee(2002)에 의하면, 감성 리더십을 발휘하기 위해서는 우선 자기 자신을 객관적이고 냉철하게 평가하고 자신에게 솔직해질 수 있는 자아인식능력(self-awareness)이 높아야 하고, 자신의 감정을 통제할 수 있는 자기관리(self-management)능력이 필요하며, 타인에 대한 배려와 애정을 가지고 적극적으로 관심을 표할 수 있는 사회적 인식(social-awareness)능력이 필요하며, 또한 부하에게 영향력을 주고 갈등을 원만히 해결할 수 있으며 팀을 조직하고 팀워크를 이끌어 내는 능력을 의미하는 관계관리(relationship-management)능력이 필요하다. 이를 구체적으로 살펴보면 다음과 같다(최석기, 2009).

① 자기인식능력

자아인식(self-awareness)능력은 자신의 감정, 능력 한계, 가치, 목적에 대해 깊이 이해하는 것을 말하며, 이러한 자기인식능력 요인으로는 감성적 자기인식능력, 정확한 자기평가능력 및 자기확신능력이 있다(김수경, 2013; 최석기, 2009). 또한 자신의 감정을 이해하고 자신의 감정이 타인에게 미치는 영향을 이해하는 능력을 말한다. 정확한 자기평가능력이 있는 리더는 자신의 능력과 한계에 대한 인식이 뚜렷하며 자신에게 부족한 것을 배움에 있어 겸허하며 건설적인 비판과 의견도 기꺼이 받아들인다(최은수 외, 2013).

② 자기관리능력

자기관리(self-management)능력이란 리더가 목표를 성취하기 위해 갖추어야 할 보다 구체화된 힘으로(최석기, 2009), 자기관리능력은 감정적 자기제어능력, 솔직할 수 있는 능력, 적응력, 성취력, 진취성, 낙천성의 요소를 포함하는 것으로, 리더로 하여금 자제력, 책임감, 변화에 대한 개방성 및 적응력을 갖게 한다(최은수 외, 2013). 그리고 자기관리능력은 리더를 솔직할 수 있도록 만들어 주고, 자신의 마음 상태를 다스리게 한다(최석기, 2009).

③ 사회적 인식능력

사회적 인식(social-awareness)능력은 감정이입의 능력을 말하는 것으로, 집단을 하나로 휘어잡을 수 있는 능력이 여기서 비롯되는데, 감정이입능력이 감성적 리더가 갖추어야 할 꼭 필요한 요소 중에 하나임은 분명하지만, 리더가 다른 사람들의 마음을 움직이기 위해 자신의 메시지를 잘 표현하는 능력 또한 간과해서는 안 된다(최석기, 2009). 사회적 인식능력은 타인의 감정을 이해하고, 타인의 감정을 대응하여 처리할 수 있는 능력을 말하며, 감정이입의 능력, 조직적 인식능력, 서비스 능력을 포함한다(최은수, 2013).

④ 관계관리능력

관계관리(relationship-management)능력은 자기인식, 자기관리, 사회적 인식능력의 세 요소가 종합된 능력을 말한다(최석기, 2009). 관계관리능력은 확고한 전망으로 사람들을 이끌고 동기 부여하여 리더로 하여금 자신이 다른 사람에게 요구하는 바를 스스로 직접 보여주어 다른 사람들이 기꺼이 따르는 공동의 사명을 제시하는 것을 가능하게 한다(최은수 외, 2013).

(3) 감성 리더십 개발

감성 리더십 개발에 관해서는 최은수 외(2013)가 제시한 것을 중심으로 살펴보면 다음과 같다. 감성 리더십을 본격적으로 이해하고 효과적으로 개발하기 위해서는 감성지능 개발이 필수적이라 할 수 있는데, 무엇보다 리더 스스로가 감성지능을 구성하는 다양한 감성 역량을 갖추기 위해 노력하는 것이 중요하다. 이를 위해 리더는 냉철하게 자아를 관찰하고 이해해야 하며, 자신의 감정을 통제할 수 있어야 하고, 타인에 대한 배려와 애정이 있어야 하며, 도전정신과 열정이 뒷받침되어야 한다(신정길 외, 2004, 최은수 외, 2013 재인용). 리더로서 좀 더 깊이 있는 감성 역량을 개발하기 위해서는 이상적 자아와 삶에 대한 전망을 확고히 갖게 되었을 때 발현되는 자신의 현실적 자아의 솔직한 모습을 드러내야 한다.

5) 영성 리더십

(1) 영성 리더십(Spiritual Leadership)의 개념

일반적으로 영성(spirituality)은 종교적 용어로 사용되어 왔다. 그러나 인간에게 보편적으로 내재되어 있는 영성은 생명력을 불어넣는 기본적 원리이며 개인의 행동 또는 인식으로 표현되는 모습이다(김하나 · 유규창 · 김정은 · 이혜정, 2012). 영성 리더십은 인간을 전인적 관점에서 보며, 영성 또는 영성지능을 발현시키고 내재적 동기 부여를 하는 데 중점을 두고 있다. 영성 리더십은 동기 부여에 초점을 두었던 Fry(2003)의 연구에서 영성지능에 초점을 두는 Zohar(2005)의 연구 등 다양한 연구가 진행되었다(최은수 외, 2013).

종교적 관점에서 벗어나서 일터에서 영성과 리더십이라는 개념을 처음으로 소개한 사람은 Fairholm(1996)이다(Fernando, 2011). Fairholm(1997)은 영성은 모든 존재에 내재하여 생명을 주는 힘으로서, 자기 정체성의 본질이고, 도덕의 근원이라고 하였다. 또한 공감과 소통의 기초가 되기 때문에 리더십의 진수이다(강찬석 · 최은수, 2014). Fairholm(1997)의 연구에서 응답자의 84%가 조직의 변화를 이끌어 내는 능력과 영성 사이에 중요한 관련성이 있다고 응답하였다. 또한 자신의 영성에 대한 명확한 감각을 가지고 있는 리더나 구성원들이 조직을 더 크게 변화시킬 수 있다고 보았다(김하나 · 유규창 · 김정은 · 이혜정, 2012).

Fry(2003)는 영성 리더십을 "조직 구성원이 삶의 의미와 변화를 가져오는 소명의식을 경험하는 비전을 창출하고, 리더와 구성원 간의 진실된 돌봄을 통하여 이타적 사랑이 기초된 사회적 조직 문화를 확립하는"(p. 695) 것으로 정의하였다. Fry(2005)의 영성 리더십 모델은 내적 동기 유발과 학습 조직을 통하여 조직 변화와 발전에 관심을 두고 있다(Fry, 2005; Fernando, 2011). Fry의 영성 리더십 모델(Fry, 2003; 2005b; 2008; 2009)은 중 · 고등학교, 대학교, 군대, 지방정부, 경찰, 영리기관 등 다양한 조직에서 검증되었다. 연구 결과 영성 리더십은 구성원 만족도, 조직 몰입, 생산성, 다양한 직무수행, 판매량 향상 등에 긍정적 영향을 주는 것으로 나타났다(Sweeney & Fry, 2012).

Zohar는 1997년 영성지능(SQ)을 처음으로 개념화하였다. 이성지능(IQ), 감성지능(EQ), 영성지능(SQ)은 생존을 위해서 모두 필요하지만(Zohar, 2005), 영성지능은 근원적이며 궁극적 지능으로서(Zohar & Marshall, 1999), 모든 지능의 중심이다(Covey, 2005, 강찬석 · 최은수, 2014 재인용).

(2) 영성 리더십의 구성 요소

Fry(2003)는 영적 잔존(spritual survival)이라는 개념을 통해서 영성 리더십에 접근하고 있다. Fry는 일터 영성(workplace spirituality)에서는 두 가지 차원으로 영적 잔존이 나타난다고 하였다. 하나는 자아를 초월하는 초월감(sense of transcendence)으로 직업적 소명의식을 말하고, 다른 하나는 사회적 연결(social connection) 또는 멤버십을 말한다(최은수 외, 2013). Fry(2003)는 영성 리더십의 구성요소로 신념, 이타적 사랑, 비전 등 세 가지 요인을 제시하였다.

Sanders, Hopkins 그리고 Geroy(2003)는 세 가지 차원의 영성(양심, 도덕성, 신념)으로 이루어진 영성 리더십을 제안하였다. 이 모델에서는 거래적 리더십, 변혁적 리더십, 초월적 리더십이 연속체로 연결된다. 리더는 외적에서 내적 통제 영역으로, 낮은 영성에서 높은 영성의 과정을 거치며 거래적 리더십에서 변혁적 리더십으로, 그리고 초월적 리더십으로 옮겨간다는 것이다(Fernando, 2011).

Zohar(2005)는 영성지능을 기르는 열두 가지 원리를 적용하여 영성지능을 길러주는 리더십으로 영성 리더십을 정의한다. Zohar가 제시한 영성지능을 기르는 열두 가지 원리는 영성지능의 특징이기도 하다. 자기인식(self-awareness), 자발성(spontaneity), 비전과 가치가 끌어가는 삶(being vision and value-led), 전일성(holism), 연민(compassion), 다양성의 존중(celebration of diversity), 휩쓸리지 않음－군중에 맞서 확신을 지키는 것(field independence), 겸손(humility), 근본적인 질문을 던지는 경향성(tendency to ask fundamental 'why' questions), 기존의 틀을 전환하여 재구성하는 능력(ability to reframe), 소명 의식(sense of vocation)이다(최은수 외, 2013). 영성의 세계를 아는 능력을 영성지능이라 한다.

White(2006)는 영성지능의 일곱 가지 인지적 특징을 제시하였다. 첫째, 이성적으로 보다 높은 수준의 의식, 둘째, 정서지능 개발 역량, 셋째, 궁극적 목적에 녹아들어 있는 비전을 만드는 능력, 넷째, 관념과 현실경험 간의 연결을 직관적으로 볼 수 있는 능력, 다섯째, 다른 사람에 대한 공감적 이해와 결부된 자기효능감의 토대를 제공한다는 점, 여섯째, 눈에 안 보이는 연결관계를 알고, 이론을 지지하는 답을 찾아가는 성향, 일곱째, 뇌의 생리적 조직은 영적 사고를 만들어 내기 위해 설계되었다는 점이다(강찬석 · 최은수, 2014).

(3) 영성 리더십 개발

영성 리더십 개발은 영성 지능이나 영성 리더십 구성요소를 분석하고 찾아서 그것을 개발하는 분석 과학적 방법이 있고, 영성 체험을 통해 영성을 발현시키는 방법이 있다. Wolman(2001)은 영성을 측정하는 지표로 '심리 매트릭스 영성 목록(PSI : Psychomatrix Sprituality Inventory)'을 개발하고, 일곱 가지 영성 요인(spiritual factors)를 제시하였다. 신성함(divinity), 마음챙김(mindfulness), 지성(intellectuality), 함께 움직임(community), 초지각(extrasensory perception), 아동적 영성(childhood sprituality), 영성을 알아차리게 하는 자극으로서의 트라우마(trauma)이다(최은수 외, 2013).

White(2006)는 대학생들이 대학 교육을 통해서 영성을 기를 수 있는 처방적 모델(prescriptive model)을 제시하고 있다. White의 모델은 첫째, 학문적 교과 활동, 둘째, 성찰적 시간과 공간, 셋째, 사회적 봉사 활동의 세 가지 개념을 중심으로 구성되어 있다(최은수 외, 2013).

영성은 영성 체험을 통하여 개발될 수 있다. 이춘호(2012)는 명상을 통해 얻어질 수 있는 최고의 의식수준을 절정체험이라 정의하였다. 그리고 절정체험자들의 공통된 특징을 밝혔는데, 그것들은 White(2006)의 영성지능의 특징과 거의 유사하다. Woods(2007)는 영성 체험의 정수에 해당하는 유형으로 초월적 힘을 감지하는 것, 순수지성의 성질, 윤리적 성질, 삶을 향상시키는 성질, 심오함을 제시하였다. 영성 체험을 통하여 리더는 내면의 자원을 더 잘 공급받고, 보다 깊은 의미를 발견한다. 그러므로 학교에서의 교육 리더십에서 영성 체험의 의의와 영향이 매우 크다고 할 수 있다(강찬석 · 최은수, 2014).

6) 여성 리더십

(1) 여성 리더십의 도래

흔히 21세기는 여성의 시대라는 말이 있다. 여성이 가진 장점이 21세기에 적절하게 요구된다는 의미다. 그런데도 '여자는 리더십이 별로야', '여자는 책임감이 없어', '글쎄, 여자는 좀 미덥지 않잖아' 하는 오랜 사회적 편견이 우리 사회에 존재한다. 이는 기대와 편견, 구체적인 리더십의 양상이 어지럽게 섞여 있는 것이다(김양희, 2006; 권춘오, 2006).

오늘날 대중들은 왜 여성 리더십에 주목하는가? 무엇보다, 새로운 리더십에 대한 갈망 때문이다. 남성 위주의 하드 파워 리더십의 허상에 염오심(厭惡心)을 드러내면서, 여성 위주의 소프트 파워 리더십의 실상에 호기심을 갖기 시작한 것이다(박희택, 2010). 여성이 사회활동을 하고 리더가 되기 위해서는 동등한 능력을 가진 남성은 겪지 않아도 되는 다양한 어려움을 경험하게 되는데, 관리직이나 임원으로 가는 데 걸리는 시간이 남성에 비해 길어지거나 유리천장(glass celling)이라고 하는 벽에 가로막혀 더 이상 고위직으로 오르지 못하는 경우가 허다하다(최은수 외, 2015). 그럼에도 사회 각 분야에서 여성의 사회진출이 활발하고 역사적으로 그 어느 때보다도 많은 여성이 의사결정권을 가지는 위치에서 리더로서 활약하고 있다(최은수 외, 2015).

왜 오늘날 여성 리더십이 필요한가? 그것은 우리가 수많은 도전에 직면해 있기 때문인데, 세계는 빠르게 변화하고 경쟁은 그 어느 때보다 치열하다. 이러한 세계에서 생존하기 위해 각 조직은 빈번한 감원과 구조조정, 기업 통합의 길을 모색하는 것이 필요한데, 조직 내 인적 구성의 변화를 통해 창조적이고 혁신적 사고를 촉진하기 위해서다(김양희, 2006).

(2) 여성 리더십의 개념

여성 리더십과 관련하여 흔히 세 종류의 리더십 개념이 혼용되고 있는데, 그것은 성에 근거한 여성 리더십, 젠더에 근거한 여성적 리더십, 여성운동적 가치를 담은 여성주의적 리더십이다. 보통 '여성 리더십'이라 하면 리더십에 수식어가 붙어 리더십의 성격을 드러내는 여러 리더십의 하나처럼 인식되기 쉬운데, '여성 리더십'은 리더십으로서의 일정한 성격을 갖는 용어는 아니며 실제로 여성이 지닌 리더십을 지칭한다(최은수 외, 2014). 여성 리더십은 남성과 대별되는 여성의 독특한 특성을 가지고 리더십의 내용을 채워서 차이의 정치학으로 특화된 리더 행동을 채택하는 것으로, 이 리더십은 배타적 이원론을 강화하고, 여성의 모든 차이를 옹호하는 한편, 여성 자신에 대한 성찰을 하기 어렵게 한다는 점에서 위험성을 안고 있다(박희택, 2010).

'여성적 리더십'은 Loden(1985)이 처음으로 제기하였으며, 리더십의 젠더에 관한 개념으로, '여성성'이라고 하는 여성적 요소를 리더십에 활용하는 개념으로 로덴은 '여성적 리더십'은 기존의 남성의 리더십 개념과는 달리 사랑, 배려, 헌신, 공감, 관계성, 포용성, 부드러움, 감성과 같은 여성적 가치가 리더십의 유력한 요소라고 하여 주목받게 되었다(최은수 외, 2014).

이에 반해 여성주의적 리더십은 여성운동의 관점을 리더십에 포함한 개념으로 사회 변화를 위한 행동과 실천을 포함하는 리더십으로 다양한 '여성주의'의 공통분모를 담고 있는데 그것은 양성 평등한 사회를 향한 가치와 실천이라 할 수 있다(최은수 외, 2014).

(3) 여성 리더십의 접근법과 여성 리더십에 대한 관심이 증대된 이유

여성 리더십의 접근법과 여성 리더십에 대한 관심이 증대된 이유에 관해서는 Apps(2004)와 최은수 외(2013)의 자료를 중심으로 정리하면 다음과 같다. Apps(1994)는 '성과 리더십 접근법'에서 최근 여성들의 역할이 직장에서 두드러지면서 대두된 '여성과 남성을 다르게 이끌어야 하는가'에 대한 문제들을 선행연구들을 통해 정리했는데 이는 다음과 같다.

Helgeson(1990)은 네 명의 여성 이사들을 심층 연구했는데, 그들 중 한 명은 비영리 단체 이사이고 세 명은 영리 회사의 중역이었다. 그녀는 나아가 여성의 리더십 스타일에 관한 주제를 연구한 최근의 문헌을 검토했다. 연구를 통해 그녀는 여성들은 예상보다 훨씬 더 깊이 리더십의 과정에 관심을 가짐을 발견했다. 여성들은 자신들의 행동이 다른 사람들에게 어떤 영향을 미칠지 신경을 쓰고 공동체의 보다 폭넓은 요구에 관심을 가지며 다양성을 존중한다. 또한 여성들은 "함께 일하는 사람들을 구분하고 따라서 위계질서를 강화하는 의식과 절차들"을 못 견뎌 하며 불만으로 여긴다.

Desjardins와 Brown(1991)은 72명의 지역사회 대학 총장을 대상으로 연구를 실시했고 성에 기초한 몇 가지의 유사점과 함께 성에 기초한 중요한 차이점도 발견했다. 정치의식과 정보 수집과 같은 범주에서는 성의 차이가 존재하지 않았다. 그러나 위의 연구자들이 보고하는 바와 같이, 여성들은 존재감(열정과 의지의 투사)과 낙관주의, 진취성, 결단력, 설득력, 사람들의 발전에 대한 관심에서 단연 뛰어났다. 남성들은 자기 존중감, 자신감, 도전의식, 자제력, 변화에의 동참, 지역사회 봉사에 대한 헌신에서 탁월함을 보였다.

전 세계의 다양한 직업 분야에서 일하는 여성 지도자들로 구성된 기구인 국제 여성 포럼에서 후원한 연구조사를 실시했던 Rosener(1990)에 따르면, 남성들은 직무 성과를 부하직원들과의 일련의 거래로 본다. 즉, 그들은 일한 대가에 대해 보상을 주거나 부적절한 성과에 대해 벌을 주는 관점에서 직무 성과를 판단했다. 남성들은 또한 조직 내의 지위에서 비롯되는 권력과 공식적인 권한을 사용할 가능성이 아주 높다. 이에 반해 여성들은 보다 포괄적인 목표를 중요시하기 때문에 자신의 관심을 집단의 관심으로 대체할 가능성이 아주 높다. 이 연구에서 여성들은 개인적인 접촉과 카리스마, 대인관계 기술과 같은 원천을 통해 자신이 권력을 얻었다고 대답했다.

Rosener(1990)는 이 연구에서 몇 사람의 여성들과 인터뷰를 진행했는데, 인터뷰에서 그녀는 여성 지도자들은 참여를 장려하고 권력과 정보의 공유를 권장함을 발견했다. 그녀는 또한 이러한 여성 지도자들은 참여의 일반적인 정의를 훨씬 넘어선다고 밝혔다. 이러한 여성 지도자들이 우월한 것은 다른 사람들의 자아 가치 감각을 높이고자 노력하고 따르는 자들에게 열정을 북돋워 주려고 노력하기 때문이다. 대체적으로 이러한 (여성) 지도자들은 사람들이 스스로에 대해 그리고 자신의 일에 대해 만족감을 느낄 때 최선의 성과를 낸다고 믿으며, 이런 감정을 만들어 내는 상황의 조성을 위해 노력한다.

Astin과Leland(1991)는 교육 분야에 종사하는 여성 지도자들을 대상으로 한 연구에서 여성들은 열정적인 헌신과 지속적인 실행이 요구되는 집단적인 행동으로 리더십을 본다는 점을 밝혔다. 이 연구의 특별히 흥미로운 결과는 사회 정의와 변화에 대한 여성들의 헌신이었다. 여성들의 열정은 일부분은 직접적인 개인적 경험에서 나온다. 차별을 경험하거나 혹은 목격한 개인적 경험에서 나오는 것이다. 여성들의 가치관은 그들의 뿌리, 즉 조부모, 부모, 혹은 사회 정의를 위해 열정적으로 살았던 다른 친척들로부터 기원한다.

여성들은 성공적인 지도자가 되고자 한다면 남자처럼 생각하고 행동해야 한다는 가르침을 받을 때가 있다. Helgeson(1990)은 여성들이 군인 마인드로 스스로를 무장하고 축구와 같은 경기의 기본 규칙과 구조를 연구해야 한다고 말했던 작가들을 인용한다. 여기서 전제는 대부분의 조직은 군대와 유사하게 조직되어 있고 상하관계의 피라미드 구조로 되어 있으며 사용되는 리더십 전략은 대체로 축구와 같은 스포츠 경기와 유사하다는 것이다.

그러나 오늘날 다수의 리더십 접근법은 여성들에게 자연스럽게 와 닿는다. 즉, 정신이 아니라 마음으로 이끌기, 타인들의 발전을 위한 배려, 리더십의 공유, 군대식 조직을 문제시하기 등등이 새로운 시대의 리더십에 본질적인 요소들이다.

Helgeson(1990)은 세계적인 경쟁과 유연성과 혁신이 특징인 급변하는 기술의 압력을 받고 있는 기업들은 낡은 문화적 가치관을 폐기하고 피라미드 구조를 수정하며 복잡한 관료주의적 구조를 근절시키고 있다. 불문율과 무언의 법칙에 의해 움직이는 낡은 명령 체계의 고리는 오늘날의 경제에는 시대착오적이며 거추장스럽고 탄력성이 없다고 하였다. 그가 기업을 상대로 말한 많은 내용은 물론 성인 교육 기관에도 통용될 수 있다. 많은 측면에서 요즘의 성인 교육 기관은 기업의 조직 패턴과 리더십 전략을 따르기 때문이다.

그렇다면 과거에 비해 사회적으로나 학문적으로 여성 리더십에 대한 관심이 증대된 이유는 무엇일까? 첫째는 여성 리더의 희소성 때문인데, 여성 리더가 아직 소수인 가운데 리더의 위치에 오르는 여성이 증가하면서 자연스레 갖게 되는 일반의 관심이다.

둘째는 사회환경의 변화로 조직에 필요한 리더십의 유형도 변화하고 있기 때문이다. 셋째는 과거에 비해 여성 리더의 수가 빠르게 증가하고 있기 때문이다.

(4) 여성 리더십의 개발

여성 리더십은 조직 내부뿐만 아니라 외부적으로도 중요한데, 오늘날의 리더는 조직 외부의 다양한 이해관계자들과의 문제도 다루어야 하기 때문이다. 여기에는 세계 경제와 시장의 동향뿐만 아니라 해당 지역의 사람, 그리고 문화까지 포괄적 이해 대상들이 포함된다. 이는 관계 지향적인 리더십이 필수인데, 여성 리더십이 바로 그에 해당된다(김양희, 2006; 권춘오, 2006).

여성 리더십의 개발은 여성 개인이 노력하는 것만으로는 한계가 있기 때문에, 사회적으로 여성을 리더로 훈련하고 여성의 리더십 개발을 위한 정책적 노력을 하여야 할 것이다. 여성 리더십 개발에 관해 최은수 외(2014)가 제시한 것을 중심으로 살펴보면 다음과 같다.

① 정치 · 사회적인 노력

여성의 리더십 개발을 위한 정치 · 사회적인 노력은 첫째, 유치원에서부터 시작되는 형식교육에서 성역할 고정관념적인 내용이 다루어지지 않도록 하고 양성 평등한 교육을 실시하는 것이 필요하며, 둘째, 성인교육 과정에서도 여성에게 리더십 교육을 강화하여 사회 변화에 따른 능동적 대처능력과 리더십을 배양할 수 있도록 하는 것이다. 셋째, 공무원, 공공기관, 정부위원회, 각급 학교 등의 공공부문에서부터 관리직 여성 비율에 대한 목표제를 실시하고 이를 경영 평가에 반영하고, 이러한 제도가 민간에까지 확대될 수 있도록 하는 것이다.

② 기업 등 조직 내에서의 노력

조직 내의 남녀 차별적 관행이 조직 시스템의 불평등을 지속시키고 있는데, 조직에서 여성 리더를 육성하기 위해서는 이러한 점에 대한 인식을 분명하게 하는 것이 필요하다. 그러므로 조직 내에서 여성의 삶과 일이 조화되도록 조직 문화를 변화시키는 노력을 해야 하고, 여성 전용 훈련 프로그램이 갖는 독자적인 중요성을 인식해야 하며, 불리한 위치에 있는 여성에게 편의를 제공하기 위해 여성을 중심으로 멘토링 제도를 도입하는 것이 필요하고, 기업도 공공기관과 마찬가지로 여성 임원 비율을 일정 수준 이상으로 높이는 정책을 펴야 한다. 또한 탄력근무제, 재택근무, 파트타임제와 같은 유연 근무제는 여성이 경력을 단절하지 않도록 해주는 일-가정 양립정책의 하나로 여성의 현실적인 어려움을 덜어줄 수 있다.

③ 여성 개인의 노력

여성 리더가 되기 위해서는, 여성 스스로 장기목표를 세우고 경력관리를 하는 것이 필요하며, 여성으로서의 자신만의 특성을 살리는 것과, 자신의 전문 분야 외에도 폭넓은 자식을 쌓고 리더십 역량을 키워야 한다.

2. 조직적 차원에서의 리더십 개발

조직적 차원에서의 리더십 개발 이론은 팀 리더십, 변혁적 리더십, 전략적 리더십, 코칭 리더십, 창의적 리더십, 그리고 윤리적 리더십 측면에서 생각해 볼 수가 있다.

1) 팀 리더십

(1) 팀 리더십의 정의

조직 내의 집단이나 팀의 리더십은 리더십 이론과 연구 영역에서 가장 인기를 얻고 있는 분야이고 또 빠르게 발전하고 있는 분야로서 팀이란 공동의 목표를 공유하고 상호 의존적이며 그 공동의 목표를 달성하기 위해 서로 간의 활동을 조정해 가는 성원들로 구성된 조직 내의 집단들이다(Northouse, 2007). 팀 리더십은 팀이 목표로 하는 성과를 달성하고, 팀의 유지와 발전을 이끄는 것이다(최은수 외, 2010).

(2) 효과적인 팀의 특성

팀의 특성은 대규모의 그룹 조직 속에서 혼자 일하는 개인보다 월등히 높은 업무 능력을 지니고 있는데 그 이유는 다음과 같다(최은수 외, 2013).

첫째, 팀은 팀 내의 어떤 개인이 가지고 있는 기술이나 경험보다 더 많은 상호 보완적인 기술과 경험을 동원할 수 있기 때문이다. 둘째, 팀은 명확한 목표와 접근 방법을 공동으로 개발함으로써 문제를 해결하고 이니셔티브를 갖게 하는 정보 전달 방법을 수립하기 때문이다. 셋째, 팀은 경제적·행정적 측면을 보강하는 독특한 사회적 요인을 제공하는, 즉 장애를 다 함께 극복함으로써 팀에 참여한 사람이 상호 신뢰와 자신감을 구축하게 된다. 넷째, 팀은 많은 즐거움을 제공한다.

(3) 팀 리더십 모델

팀 리더십 모델은 일종의 '생각의 안내도'(a mental road map)를 제시하고 있는데, 이 '생각의 안내도'는 리더가 팀이 처한 문제점을 진단하고 그 같은 문제점들을 해결하기 위한 적절한 조치(actions)를 취하도록 하는 데 도움을 주려는 것이다(Northouse, 2007). 효과적인 팀 업적은 리더의 '생각의 안내도 모델'로부터 시작되는데, 이 모델은 팀이 당면하고 있는 문제점의 구성 내용들을 포괄하고 있을 뿐만 아니라 집단을 둘러싼 조직 내의 상황 및 조직 외부 환경에서 일어나는 만일의 사태도 반영하고 있다. 따라서 유능한 팀 리더는 팀이 기능하는 것을 관찰하여 팀의 문제점을 위한 정확한 '생각의 안내도 모델'을 구축할 수 있어야 하고, 그 모델에 따라 그 같은 문제를 해결하기 위한 적절하고 필수적인 조치를 취할 수 있어야 한다(Northouse, 2007). 유능한 리더는 팀의 문제점들을 해결하기 위해 어떤 리더십 개입(조정)이 필요한가를 결정하는 능력을 가진 리더이다(김남현, 2009).

(4) 팀 리더십의 개발

조직 구조가 수직조직에서 수평조직으로 바뀜에 따라 요구되는 새로운 팀장의 역할로 다음 다섯 가지를 들 수 있는데, 즉 코치, 상담자, 비전 형성 및 목표

설정자, 도전 기회의 창조자, 역량 개발자 및 필요 자원 확보자의 역할이다(최은수 외, 2013). 이를 구체적으로 살펴보면, 첫째, 코치로서의 역할인데, 코치로서 팀장은 구성원이 능력을 최대한 발휘하여 기대 이상의 성과를 달성할 수 있도록 도와주고 이끌어 주며 피드백을 주어야 하며, 둘째는 상담자로서의 역할로 구성원의 문제에 대해 해결안을 찾아 주는 것이 아니라 구성원을 도와 그가 처한 상황을 올바로 이해하고 스스로 문제를 해결해 나아가도록 촉진하는 데 있으며, 셋째는 비전 형성과 목표 설정자로서의 역할로, 구성원과 함께 비전을 형성하고 공유하여 공동의 목표를 달성하기 위하여 민주적으로 이끌어 나아가야 하며, 넷째는 도전 기회 창조자로서의 역할을 하는 것이며, 다섯째는 역량 개발자 및 필요 자원 확보자로서의 역할이다(최은수 외, 2013).

(5) McGrath의 팀 리더십의 핵심 기능

McGrath는 Hackman과 Walton(1986)의 연구를 인용하여 집단효과성을 위한 중요한 리더십 기능을 요약하였는데, 사분면의 첫 번째 두 면은 팀의 내부적 기능에 초점을 맞추고 있다. 첫 번째 사분면에서 리더는 집단의 문제점을 진단한다. 두 번째 사분면에서 리더는 관찰된 문제점을 교정하고 치유하는 조치를 취한다. 세 번째, 네 번째 사분면은 팀의 외부적 기능에 초점을 맞추고 있다. 세 번째 분면에서 리더는 환경을 자세히 조사하여 집단에 영향을 미치게 될 외부적 변화가 무엇인가를 확정한다. 네 번째 분면에서는 환경 내의 어떤 부정적 변화가 집단에 타격을 입히지 않도록 하기 위해 어떤 조치를 취한다(Northouse, 2007).

	감 시	조 치
집단내부	집단의 문제점 진단 (1)	문제점을 교정하기 위한 조치 (2)
집단외부	환경변화의 예측 (3)	해로운 변화에 대한 예방적 대응조치 (4)

| 그림 2-1 | McGrath의 팀 리더십의 핵심 기능

출처 : 김남현(2009), p. 286.

(6) 팀 환경하에서의 리더의 역할

리더는 팀의 조력자로, 팀이 목표를 달성할 수 있도록 방향성을 제시해 주고, 필요한 경우에는 격려와 자원을 제공해 주기도 하는데, 촉진자로서의 리더는 전통적인 리더의 기능들을 수행한다. 그러나 필요할 때에만 한정된 범위 내에서 전통적인 리더의 기능을 수행하는 것이다(백기복 외, 2004). 리더는 문제해결에 필요하거나 해결책을 찾는 데 필요한 자원을 획득함으로써 팀을 지원한다. 따라서 리더의 주요한 활동이란 팀의 역량과 기술을 평가하여 필요에 따라 적절한 교육훈련 기회를 마련해 줌으로써 팀에 필요한 기술을 개발하는 데 도움을 주는 것이다(백기복 외, 2004). 팀 리더들은 자신의 고유 업무를 수행하면서 갈등 관리와 인간관계 관리 등의 역할을 수행한다. 팀 리더의 또 다른 역할은 팀의 영역을 구체화하는 것이다(백기복 외, 2004).

2) 변혁적 리더십

(1) 변혁적 리더십(Transformational Leadership)의 개념과 역사

변혁적 리더십은 구성원들과의 강한 감정적 유대감과 보다 높은 도덕적 동기에 대한 집단 몰입을 통하여 단체 또는 조직에서 기대 이상의 성과를 발휘하게 하는 과정이다(Diaz-Saenz, 2011). 변혁적 리더십은 고정관념, 즉 준거틀을 변화시켜 구성원이 생각하는 이상의 능력을 발휘하게 한다. '보상'과 '예외에 의한 관리' 등 외적 동기 유발을 통하여 기대 목표를 성취하게 하는 거래적 리더십과 달리 변혁적 리더십은 고차원적 삶의 목적을 충족할 수 있는 내적 동기를 유발하여 기대 이상의 성과를 내게 한다(최은수 외, 2014).

지난 30년 동안 리더십 분야에서 가장 주목받고 활발하게 논의된 리더십은 바로 변혁적 리더십이다. 1990년부터 2000년까지 10년간 저명한 리더십 학술지 「The Leadership Quarterly Journal」에 실린 논문을 분석한 결과 3분의 1 이상이 변혁적 리더십에 관한 논문이었다(Northouse, 2013). 2000년부터 2010년까지 SCOPUS 데이터베이스에 수록된 논문 중에서 무려 476편이 변혁적 리더십에 관한 연구들이었다(Diaz-Saenz, 2011). 다양한 연구 결과들은 변혁적 리더십이 회사, 군대, 교육기관, 그리고 비영리 조직 등에서 효과적인 리더십이라는 사실을 증명한다. 한국적 상황에도 변혁적 리더십은 구성원들의 리더에 대한 만족도와 조직의 효율성과 동기부여와 도덕성에서 긍정적인 결과들을 가져왔다(이은성, 2006).

변혁적 리더십의 개념은 1973년 Downton이 최초로 사용하였고, 1978년 Burns가 거래적 리더십과 구분되는 변혁적 리더십의 개념을 분명하게 하였다. Burns(1978)는 변혁적 리더십을 미시적으로 개인 간의 영향력 행사 과정으로, 거시적으로는 사회적 체제의 변화와 조직 혁신을 위해 힘을 동원하는 과정으로 보았다. 이는 변혁적 리더가 구성원들의 의식, 가치관, 태도의 변화를 촉진하는 리더임을 강조한 것이다(송민열 · 최은수, 2008). 변혁적 리더는 "동기와 도덕성의 최고 수준에 도달하도록" 구성원들에게 영향력을 행사하고 영향을 받는다(Burns, 1978 : 20, Diaz-Saenz, 2011 재인용).

카리스마 리더십과 비전 리더십을 통합하여 변혁적 리더십을 확장하여 리더십 연구의 중심적 위치에 올려놓은 사람은 Bass였다(최은수 외, 2014). Bass(1985)는 Burns의 개념을 현대경영조직에 적용하여, 리더가 구성원에게 미치는 효과의 측면에서 리더십을 측정하고 변혁적 리더십을 구성원에 대한 리더의 효과로 정의하였다. 변혁적 리더는 구성원들로부터 신뢰, 개인적 이해를 넘어 조직과 부서의 이익을 위한 헌신적 자세 등 카리스마적 특성과 행동을 보인다. 또한 기존 사고의 틀을 넘어 창의적 관점과 행동개발을 위한 지적 자극을 부여한다. 그리고 구성원들에 대한 개별적 배려로 그들에게 힘을 부여하고, 자신의 직무에 대한 의미와 자신감을 제고시킨다(박일화, 2008; Bass, 1985).

(2) 변혁적 리더십의 특성요인

변혁적 리더십은 구성원들의 고정관념의 변화와 내적 동기 유발을 강조한다. 이러한 변화를 가능하게 하는 변혁적 리더십의 특성요인은 변혁적 리더십의 요인(factors)(Northouse, 2013), 구성요소(components), 역량(competence)(Lugo, 2007)으로 불린다(강찬석 · 최은수, 2012). 초기에 Bass는 변혁적 리더십의 특성요인으로 카리스마, 지적 자극, 개별적 배려 세 가지를 제시하였다. 그러나 후속 연구를 통하여 Bass와 Avolio(1990)는 기존의 세 가지 요인 외에 '영감적 동기부여'를 추가하였다(박일화, 2008). 변혁적 리더십의 대표적인 특성요인은 4I라고 부르는데, 모두 'I'로 시작되기 때문이다. 변혁적 리더십 특성요인 '4I'는 다음과 같다(최은수 외, 2014 : 213-216).

첫째, 이상적 영향력(idealized influence)이다. 카리스마라고 부르기도 한다. 카리스마가 있는 리더는 자신감, 자기 결정력을 가지고 있으며 구성원의 요구와 가치를 안다. 그리고 누구나 통할 수 있는 보편적 영성에서 나오는 이상을 공유한다. 카리스마 리더는 구성원에게 강력한 역할모델이 되는 리더이다. 구성원들이 리더의 이상을 공유하게 하려면 먼저 리더가 도덕적, 윤리적으로 본보기가 되어야 한다. 이상을 불어넣은 영향력은 귀인적 요소(attributional component)와 행동적 요소(behavioral component)로 이루어진다. '귀인적 요소'는 구성원들이 리더에 대한 지각에 근거하여 가지게 되는 리더 행동의 귀인이며, '행동적 요소'는 리더의 행동에 대한 구성원들의 반응행동이다(Northouse, 2013). 특별히 이상적 영향력을 나타내는 카리스마적 리더는 자기희생을 통하여 기꺼이 위험을 감수하고 일관된 행동을 보임으로써 높은 도덕적 행동의 표준을 나타낸다(Bass&Riggio, 2006).

둘째, 영감적동기부여(inspirational motivation)이다. 이것은 구성원들에게 높은 기준을 설정하여 기대를 표시하고, 의욕을 불어넣음으로써 자신이 생각하는 이상으로 무한한 잠재력을 가지고 있다는 확신을 심어줄 때 가능하다. 그러므로 구성원들이 개인적 이익 추구를 넘어 집단 목표달성에 매진하게 한다. 변혁적 리더십에서 영감적 동기부여는 내적 동기부여 방식으로 외적인 보상이나 처벌이 없더라도 자발적으로 추진동기를 생산해 낸다.

셋째, 지적 자극(intellectual stimulation)이다. 리더는 구성원의 창의성과 혁신성을 자극하고, 사물을 다양한 각도에서 생각하도록 한다. 그리고 현재에 안주하지 말고 금기를 타파하여 늘 새롭고 발전된 것을 찾도록 유도한다.

넷째, 개별적 배려(individual consideration)이다. 리더는 구성원의 개별적 욕구에 세심한 관심과 배려를 나타낸다. 그리고 '개별적 배려'에는 구성원의 성장을 돕는 것이 포함되어 있다. 리더는 전통적인 거래적 리더십에서 '성과에 따른 보상'을 넘어, 리더십 과정을 확대하고 구성원의 자기개발과 자기실현을 지원하고 성장시키는 데 개인적 관심을 기울인다(최은수 외, 2014).

(3) 변혁적 리더십 개발

변혁적 리더십 개발을 위한 첫 번째 과정은 자신의 변혁적 리더십 수준을 측정하는 것이다. 변혁적 리더십 측정을 위하여 가장 널리 사용되는 도구 중 하나는 1985년 Bass가 개발하여 수정 보완한 다중요인 리더십 설문지(MLQ : Multifactor Leadership Questionnaire)이다. 이 설문지는 변혁적 리더십과 거래적 리더십 모델의 7요인들 각각의 리더행동에 대한 구성원들의 지각을 측정하는 항목으로 구성되어 있다. 이상적 영향력, 영감적 동기부여, 지적 자극, 개별적 배려, 업적에 따른 보상, 예외관리, 그리고 자유방임적 행동 등이다(Northouse, 2013). 진단 결과를 통하여 부족한 요소를 개발하기 위하여 목표를 세우는 것이 다음 단계이다. 그리고 리더십을 개발하기 위해서는 다양한 개발 경험과 학습능력이 필요하다. 변혁적 리더십을 개발하기 위해서는 자신의 한계를 극복하는 사고체계의 전환을 이루고 실천에 옮기는 전환학습이 필요하다. 리더십을 발휘하거나 개발하는 과정에서는 리더뿐 아니라 구성원의 학습이 필수적이다. 비전을 공유하거나, 조직문화를 형성하거나, 역할모델을 모방하거나, 동기부여를 하고 받는 과정, 나아가 상호작용하는 모든 과정에서 학습이 일어난다(최은수 외, 2014).

3) 전략적 리더십

(1) 전략적 리더십의 정의와 구성요인

전략적 리더십은 일상생활 속에서 보이지 않게 연계되어 광범위하게 활용되고 있는데, Finelstein과 Hambrick(1996)은 조직 차원에서 전략적 리더십을 회사의 대표, 최고경영진, 이사회 등의 조직 최상부 관계자들의 선택과 집중을 통한 의사결정으로 회사의 미래에 대해서 총체적으로 발휘하는 영향력이라고 하였다(진규동, 2014).

임철언(2011)은 전략적 리더십이란 최고경영자의 인지적 특성과 리더십 행동을 결부시켜, 환경변화와 조직성과에 대한 지각을 바탕으로 변혁적 리더십(transformation leadership) 행동과 거래적 리더십(transactional leadership) 행동을 상황에 맞게 발휘함으로써 조직효과성을 극대화시켜 나가는 최고경영자의 리더십이라고 정의하였다. Lim과 Daft(2004)는 전략적 리더십을 비전, 미션, 전략, 그리고 그 일의 집행에 대한 선택과 외부 환경의 관계를 책임지는 리더십이라고 정의하였다(김창동, 2013 재인용).

전략적 리더십 개념과 구성요인에 대하여 다양한 학자들의 연구를 제시하면 다음과 같다(유정옥, 2014).

〈표 2-3〉 **전략적 리더십 개념과 구성요인**

연구자	개 념	구성요인
Ireland & Hitt(1999)	조직의 생존과 발전을 위한 변화를 추진하기 위해 미래 예측, 조직 비전 제시, 유연성 관리, 전략적 사고, 타인과 협력할 수 있는 개인의 능력	전략적 비전 제시, 핵심 역량 개발과 유지, 인적자본 개발, 유효한 기업문화 유지, 윤리적 경영, 전략적 통제
Boal & Hooijberg (2000)	리더의 카리스마 리더십, 변혁적 리더십, 비전 리더십이 인지적·사회적·행동적 복합체와 흡수역량·변화역량·관리지혜가 조직 효과성에 미치는 영향	흡수능력, 적응능력 경영지혜
Lim & Daft (2004)	조직이 처한 대내외적 환경 가운데에서 조직이 추구하는 목표 달성을 위하여 전략적 사고(strategic thinking)를 기반으로 조직원들에게 제반 영향력을 행사하는 과정	비전, 미션, 전략수립, 전략조정과 집행구조
Elenkov, Judge & Wright (2005)	장기비전을 설정하고 이러한 비전을 조직 구성원들에게 전파하여 공감하게 하며, 비전 실행에 대한 동기를 유발하고 지원하는 리더 역량	장기비전 설정, 비전 전파, 비전 실행
Carter & Greer(2013)	이해관계자와 조직성과의 범위에 따라 거래적, 카리스마, 변혁적, 서번트, 책임감 있는, 오센틱 등의 다양한 전략적 리더십 스타일 발휘	거래적, 카리스마, 서번트, 변혁적, 책임감 있는, 오센틱 리더십
박경실 (2006)	전략적 리더십 발휘 과정은 전략적 사고를 바탕으로 비전을 설정하고, 비전을 현실화시킬 수 있는 전략을 수립하며 그 전략을 효과적으로 조정하고 집행하는 과정	비전과 미션, 교육적인 경영, 교육의 책무성, 교육적 경영 윤리와 가치, 교육문화 창달을 위한 전략 수립 및 집행

김영조 (2007)	기업의 전략을 수립하고 실행하는 과정에서의 리더십을 의미하며 장기적인 비전과 전략적 목표를 설정하고 이를 실현하기 위한 활동을 적극 추진해 나가는 역량	장기적인 비전, 전략적 목표, 실현하기 위한 활동 추진
황순애 (2010)	조직 내적으로는 전략적인 의사결정, 미래를 위한 비전 창출, 조직구조 개선, 조직 구성원 감독 등의 활동을 하고, 외적으로는 조직이 시스템 환경에 적응할 수 있도록 계속 관리하는 것	지식·역량과 인격·품격의 자질요인과 지혜와 실천·행동의 행동요인
임철헌 (2012)	최고경영자는 미래의 비전과 목표를 달성하기 위하여 전략을 구성원과 조정하여 수립하고 조직 구성원에게 인지적 특성과 전략적 사고를 기반으로 리더십 행동을 결부시켜 영향력을 행하는 과정	비전과 전략, 사회적 책임
유정옥 (2014)	환경과 조직변화에 대한 균형적인 인식을 바탕으로 지속 가능한 조직의 발전을 위하여 조직이 어떤 방향으로 가야 할지에 대한 비전을 설정하고, 미션을 제시하며, 의사소통과 관계형성을 통하여 비전과 미션을 구현할 수 있도록 전략을 수립하고, 그 전략을 효율적으로 조정하고 실행하여 성공적인 성과를 내는 리더의 역량	비전설정, 미션제시, 전략수립, 전략의 조정과 실행

출처 : 유정옥(2014), p. 37 재구성.

(2) 전략적 리더십의 이론

전략적 리더십의 전개를 위해 사용되는 이론은 다양하나 이 책에서는 최고경영층 관점 이론 및 상황 이론을 살펴보면 다음과 같다(김창동, 2013).

① 최고경영층 이론

최고경영층 이론은 조직의 혁신과 변화는 기업주나 최고위층이 중심이 되기 때문에 최고경영자의 의지와 솔선수범, 동기부여, 용기, 결단, 끈기 등에 영향을 받을 수밖에 없는데, 그러나 최고경영층이라고 조직의 모든 전략적 상황을 모두 파악할 수 없기 때문에 경영자는 자신의 경험이나 특성을 기준으로 조직의 전략을 선택하고 자신의 행동을 규정하게 된다는 것이다(진규동, 2014).

② 상황 이론

상황 이론은 사회, 문화, 기술, 경제, 정치 등의 외부 환경이 조직의 여러 특성에 영향을 미친다는 기본 전제하에서 출발하였는데, Lawrence와 Lorsch(1969)에 의해서 최초로 사용된 용어인 상황 이론은 조직의 유효성을 중요시하고 상황에 따라 경영자의 특성이 결정되기 때문에 상황요인과 조직 특성 및 성과와의 적합관계를 규명하는 이론이다(정형철, 2000, 김창동, 2013 재인용). 이러한 특성으로 상황 이론은 최고경영자의 전략적 리더십 연구에 사용되고 있다(김창동, 2013).

(3) 전략적 리더십의 핵심 요소

Ireland와 Hitt는 다음의 여섯 가지를 전략적 리더십을 원활히 발휘할 수 있는 핵심 요소라고 하였는데, 첫째는 기업의 목적 또는 비전을 설정하는 것, 둘째는 핵심 역량을 개발하고 유지하는 것, 셋째는 인적자본을 육성하는 것, 넷째는 효과적인 조직문화를 유지하는 것, 다섯째는 윤리적 실천을 하는 것, 여섯째는 균형된 통제수단을 수립하는 것이다(진규동, 2014).

(4) 전략적 리더십의 개발

전략적 리더십의 개발에 대해서는 진규동(2014)이 제시한 것을 중심으로 살펴보면 다음과 같다. Hughes와 Beatty(2005)는 조직이 새로운 모습으로 지속적인 성장을 하기 위한 가장 좋은 방법은 전략적 리더십의 개발을 위한 학습이 엔진이 되어야 한다고 하였는데, 전략적 리더십 학습과정을 5개의 요소를 중심으로 개발할 수 있다고 하였다.

첫째는, 우리가 어디에 있는지를 평가하는 것이다. 이것은 정보수집에 관한 조직의 경쟁력 감각을 만드는 환경이다.

둘째는, 우리가 누구인지를 이해하고, 우리는 어디로 가고 싶어 하는가이다.

셋째는, 거기에 도착하는 방법을 배우는 것이며 전략수립의 과제가 우선순위 결정을 포함한다.

넷째는, 여행 계획 수립으로서 전략을 전환하여 참여 전술을 파악하고 구현함으로써 실행하는 것이다.

다섯째, 우리의 진행 상황을 확인하는 것으로 지속적인 평가로 연계되어 조직의 효율성과 성과에 대한 재평가를 지속한다는 것이다.

4) 코칭 리더십

(1) 코칭 리더십의 중요성

그동안 우리 사회는 산업화 시대를 지나면서 성과 창출과 고속 성장을 위해서 개인의 삶이나 가족보다는 일을 우선시하면서 개성의 희생, 획일된 사고의 강요, 인간성 존중이나 소통의 중요성 등의 가치가 거의 주목을 받지 못하는 시대였다. 특히 조직에서도 상사가 직접 해답을 제시하고 지시하고 명령하는 일방적 커뮤니케이션, 부하를 지배하는 수직적인 종속관계가 주종을 이루었다. 그러나 오늘날 그에 대한 반발과 부작용은 '땅콩 회항' 사건 등을 통해 더 이상 효과가 없음을 보여주고 있다. 리더십의 개념도 시대가 요구하는 바를 잘 수용하는 방향으로 진화하고 있다. 이러한 맥락에서 코칭 리더십은 기존의 명령, 지시, 일방적, 성과 중심으로 인해 부정적 관계를 양산해 왔던 점을 보완하여 자발적, 자기 주도적, 격려, 지지, 신뢰, 쌍방향의 상생과 소통을 통해 성과를 올리고 관계성을 회복하는 것을 목적으로 하는 시대에 부합하는 리더십이라고 할 수 있다.

(2) 코칭 리더십의 개념

코칭 리더십에 대한 이해를 위해 코칭의 어원을 살펴보면, 헝가리의 도시 코치(Kocsi)에서 개발한 마차에서 유래되었다. 전 유럽으로 퍼진 이 마차는 코치 또는 코트리지 라는 명칭으로 불리었으며 영국에서 이를 코치(coach)로 불렀다. 그 의미는 승객이 원하는 목적지까지 함께하는 개별 서비스라는 의미로 해석될 수 있다. 코칭은 다양한 분야에 접목되어 다양하게 정의되어 있다. 1880년경에 코칭이 스포츠에 적용되었다. 스포츠 분야에서는 운동선수를 지도하는 사람을 코치라고 부르기 시작했으며 현재의 코칭은 1980년 초에 Thomas J. Leonard로부터 시작되었다. 재무 플래너였던 Leonard는 여피족의 재무컨설팅을 하면서 아무 부족함 없이 보이는 사람들도 도움을 필요로 하며 파트너와 같은 대화를 나눔으로써 현재보다 더 나은 미래를 계획할 수 있다는 것을 깨닫고, 그 관계들이 마치 운동선수의 파트너십과 유사하다고 생각하여 이와 같은 파트너의 역할을 수행하는 사람들을 코치라고 부르기 시작하였다(Whitmore 2002). 이 외에도 라이프 코치, 커리어 코치, 비즈니스 전문 코치 등으로 확대되었다. 이러한 어원을 가지고 있는 코칭이란 대화를 통해 개인에게 잠재되어 있는 잠재능력을 일깨워 주는 것이며 사람들은 코치의 가르침에만 의존하지 않고 스스로 배우도록 도와주는 것(Gallwey, 1997)이 코칭의 본질이라고 주장하였다.

따라서 코칭 리더십이란 조직의 리더와 구성원 간의 파트너적 관계를 바탕으로 리더가 조직 구성원에게 영향력을 발휘하되 스스로 가능성을 인지하고 확대하여 능력과 의욕을 높일 수 있도록 도와주는 일련의 역할이라고 할 수 있다.

〈표 2-4〉 **코칭 리더십의 정의**

연구자	정 의
Peterson 외(1996)	인간 그 자체를 존중하고 주도권을 철저하게 조직 구성원에게 주고 스스로 장점과 탁월성을 발견할 수 있도록 지원하여 인정함으로써 조직 구성원의 자긍심을 높여 최상의 변화와 성장을 이끌어 내는 강력한 협력관계
Green 외(2003)	리더와 조직 구성원 간의 신뢰를 바탕으로 양방향 커뮤니케이션 관계에서 구성원들의 자발적인 개인의 역량 향상을 통해 문제를 해결하고 조직성과 향상을 추구할 수 있도록 지원하는 리더의 영향력
정태영(2011)	조직 구성원 중심의 개방적인 의사소통 관계를 통하여 리더의 적합한 피드백으로 구성원 스스로 문제해결 방법을 찾고 효과적으로 직무를 수행할 수 있도록 도울 뿐만 아니라 성과 향상으로 이어질 수 있도록 하는 것
안현미(2011)	조직 구성원이 스스로 문제를 해결할 수 있도록 하고 구성원의 수행능력을 향상해 성과를 얻는 결과 지향적이고 체계적인 리더의 행동방식
정재완(2015)	코치(coach)와 코치이(coachee)의 상호관계를 중심으로 현장에서 직면한 문제의 해결과 개인의 성장을 목적으로 영향력을 미치는 것

(3) 효과적 코칭 리더십의 차원

Heslin 등(2006)은 선행연구들을 정리하여 코칭을 지도(guidance), 촉진(facilitation), 영감(inspiration)이라는 세 가지 차원의 구성요소로 정의하였다, 구체적으로 첫째, 지도는 분명한 성과 기대치에 대한 쌍방향 커뮤니이션과 성과와 개선에 대한 건설적인 피드백을 세부행동으로 제시하고, 둘째, 촉진은 구성원들의 성과 향상과 문제해결 방법을 탐색하고 분석하도록 지원하는 것을, 셋째, 영감은 구성원들이 자신의 잠재력을 인식하고 개발하고 도전할 수 있도록 격려하는 것을 효과적인 코칭 행동으로 정의했다. 다음은 코칭 리더십 학자들의 코칭행동을 위의 세 가지 차원으로 분류하여 표로 제시하였다(이동우, 2011).

〈표 2-5〉 **코칭 리더십의 차원**

	지 도	촉 진	영 감
Ellinger(1997)	• 피드백 제공 • 구성원의 피드백 요구를 대화로 업무해결 • 목표설정, 의사소통	• 학습환경 조성과 촉진 • 시각의 전환 • 구성원 인식 확대 • 비유, 시나리오, 사례 활용	• 타인의 학습참여 촉진 • 질문프레임을 통한 격려 • 자원이 되어줌 • 주도권을 위임함 • 해답을 제공하지 않고 기다림
Beatties(2002)	• 생각하는, 교육적인, 평가하는, 조언하는	• 돌봐주는 • 다른 사람을 발전시키는	• 권한을 위임하는 • 도전하는
Stowell 외(2003)	• 방향, 목표, 비전 제시 • 책임, 평가, 피드백	• 육성, 지식, 기술향상	• 관심, 칭찬, 지지, 격려
Hamlin(2004)	• 효과적 조직, 계획수립 • 폭넓은 의사소통과 조언	• 순수한 관심 • 개방적, 개인적 관리	• 참여와 지원적 리더십 • 임파워먼트(권한위임)
Heslin 외(2006)	• 성과 기대치에 대한 가이드 • 성과 분석 지원 • 개선점에 대한 건설적 피드백 • 성과 개선을 위한 유용한 방법 제시	• 아이디어 개발을 위한 모델역할 제공 • 창의적 사고를 통해 문제를 해결토록 촉진 • 새로운 대안을 탐색하고 시도하도록 지원	• 발전과 향상에 대한 확신을 표현 • 지속적인 발전, 향상을 위한 격려 • 새로운 도전에 대한 지원

출처 : 이동우(2011), p. 17 재구성.

(4) 코칭 리더십 개발

코칭 리더십을 개발하기 위해서는 먼저 자신을 스스로 코칭해야 한다. 즉, 본인 스스로 내면과의 대화와 자아성찰을 통해 자신의 삶과 가치에 대해 재조명하는 셀프 코칭을 기반으로 타인을 코칭하는 스킬을 개발할 수 있을 것이다. 그 이후 코칭 리더십에 대한 철학을 이해하고 이를 기반으로 코칭 프로세스 모델과 스킬을 익혀 역량을 개발하고 발휘해야 할 것이다. 이 장에서는 그중에서 코칭 리더십의 개발을 위해 5단계 코칭 모델과 6가지 코칭 역량 스킬을 살펴보기로 한다.

① 5단계 코칭 모델(GRROW)

단 계	내 용
1단계 : 목표 정하기(Goal)	리더와 구성원이 코칭 이슈에 대해 논의 코칭의 방향과 목표 명확히 하기 신뢰 관계 형성
2단계 : 현실 파악하기(Reality)	코치이가 처해 있는 현재 상황을 구체적으로 확인 목표와 현실 간의 차이 확인
3단계 : 핵심 니즈 파악하기(Recognition)	1단계에서 확인된 목표 재확인, 혹은 수정 분명하고 통합된 시야를 통한 목표에 대한 재인식 방어적인 태도에 대한 중립적인 태도 견지
4단계 : 대안 탐색하기(Options)	브레인스토밍 식의 다양한 해결 방안을 비교, 검토, 분석하여 합리적이고 현실적인 대안 모색
5단계 : 실천 의지 확인하기(Will)	계획의 시행을 위해 개입시키고 행동의 변화를 끌어냄 스스로 마무리 짓도록 지지

출처 : 변상우(2012) 재구성.

② 코칭 역량 스킬

코칭에서 대체로 6가지 스킬이 요구되는데 첫째, 경청은 질문하기와 더불어 가장 중요한 스킬이다. 듣기는 상대방을 이해하기 위한 가장 기본적이고 중요한 방법이다. 사람들은 누구나 자신의 말에 귀를 기울여 주는 사람에게 호감을 느끼고 신뢰감을 형성하게 된다. 코칭에서의 듣기는 신뢰감의 구축,

라포의 형성을 비롯하여 코칭의 전 과정에 큰 영향을 미치며 코칭 리더가 갖추어야 할 중요한 역량 중의 하나이다. 둘째, 질문은 코칭에서 가장 중요한 스킬이라고 할 수 있다. 코치는 질문을 하는 사람이며 코칭은 질문을 통해 해답을 찾는 과정이라 해도 과언이 아니다. 질문은 상대로 하여금 구체적이고 새로운 방향, 그리고 더 나은 대안을 찾도록 만들어 준다. 질문은 생각을 자극하고 확대하는 결정적인 역할을 한다. 그리고 질문에 대한 답을 찾아내는 동안 그것을 실행할 힘을 만들어 준다. 이는 사람을 변화시키고 성장시킬 수 있는 아주 좋은 기술, 능력, 역량이다. 셋째, 코칭 리더가 되려면 코칭 대상자의 존재 자체를 존중해 주며, 그들의 타고난 성향과 다양성을 인정해 주고 수용해 주는 것부터 시작해야 한다. 코칭을 "인간을 가장 인간답게 다루는 기술"이라고 하는 이유도 바로 인간의 가장 기본적 욕구인 인정받고자 하는 것을 충족시켜 주기 때문이다. 넷째, 칭찬이다. 칭찬은 시대를 통틀어 기적을 일으키는 힘으로 간주되어 왔다. 특히 잠재된 탁월성을 끄집어내어 하는 칭찬의 효과는 평생에 걸쳐 작용하여 인생이 변하는 계기가 될 수 있을 정도로 상대방에게 좋은 영향력을 끼친다. 다섯째, 배려는 특히 다름을 인정하는 배려를 말하는데 다름을 인정하려면 열린 마음을 가져야 한다. 타인을 이해하고 수용할 때 자신도 함께 발전할 수 있다는 사실을 깨달아야 한다. 또한 상대방과의 차이가 나의 시야를 넓혀준다는 마음을 가져야 한다. '끼리끼리' 문화보다 폭과 시야를 넓혀 변화와 성장을 도모해야 한다. 마지막으로, 피드백은 앞서 말한 경청-지지/ 칭찬-질문-피드백의 순서에 해당하며 상대의 의견에 내 의견을 조화시키는 단계라고 할 수 있다. 따라서 대화를 할 때나 코칭도 '피드백'을 통해 완료된다. 코칭 전반에 걸쳐 피드백은 코칭 행위를 통해 성장과 변화를 유도하기 위해 자각이라는 과정을 거칠 때 가장 중요한 역할을 해주는 마무리 스킬이라고 할 수 있다(정재완, 2015).

5) 창의적 리더십

(1) 창의적 리더십의 필요성

수많은 기업이 급변하는 경영 환경 속에서 지속적 경제 우위 확보를 위하여 다양하고 지속적인 혁신 활동을 추진하고 있다. 최근 창의적 발상 없이는 생존할 수 없다는 위기의식의 팽배 속에서 애플(Apple), 구글(Google), 피앤지(P&G), 지이(GE) 등 세계적 기업을 중심으로 '창조 경영'이나 '상상력 경영'을 경영 화두로 내세우는 기업들이 나타나고 있다(박재성, 2010, 최은수, 2013 재인용).

깊이 사고할 수 있는 리더십의 자질론이 오늘날 새롭게 이처럼 거론되는 것은 변화가 급변하고, 불확실한 환경 그리고 국가 간의 경쟁이 치열하여짐에 따라 이를 극복할 수 있는 유능하고 창조적인 리더십이 갈망되기 때문이다(정우일 외, 2009). 기존의 리더십 논의는 Max Weber의 카리스마적 전문적 합리적 리더십 구분, 자질론에서 제시하는 여러 가지 리더의 자질들, 비교적 최근에 제시된 상황론 등이었다. 그런데 이런 이론들의 공통점은 이들이 모두 대규모 관료제와 대량생산체제를 전제로 하고 성립된 것이라는 점이다. 그러나 이제는 기술의 발달로 시간과 공간의 제약이 극복되고, 고객의 수요를 중시하여 소품종 대량생산체제로 변해가고 있다. 사회의 근저 흐름이 달라졌기 때문에 기존의 리더십 이론들은 이제 과거보다 타당성이 많이 낮아지고 있다(하태수, 2007).

디지털 지식정보 시대에는 조직을 둘러싼 조직환경 변화에 스스로 반응, 진화, 발전해 나갈 수 있는 공공조직이 절대적으로 필요하다. 조직환경이 급변하는 디지털 시대에서는 더욱더 변화 지향적이고 신속성을 겸비한 리더를 요구한다. 창조적 리더십은 부하의 자긍심, 부하에 대한 존중, 창조적인 사고와 영감을 이끌어 내는 것을 핵심으로 하는 리더십이다(이상범, 2009).

(2) 창의적 리더십의 개념과 특징

고대 철학자들은 창의성에 대하여 개인이 태어날 때부터 가지고 있는 비범한 재능으로 인식했다. 그러다가 르네상스와 계몽주의 시대를 겪으면서 조금씩 변하여 개인의 놀라운 상상력의 발현으로 정의하게 되었다. 즉, 인간의 창의성은 대부분의 사람이 가지고 있는 것으로, 신이 내린 능력이 아닌 개인의 놀라운 상상력의 발현으로 인식이 변화하게 된 것이다(강정하 · 최인수, 2008, 최은수 외, 2013 재인용).

흔히 '창조' 하면 기존에 없던 것을 처음으로 만드는 것을 의미한다. 그리고 흔히 모방의 반대말로 이해된다. 무엇인가를 창조하기 위해서는 기존에 존재하던 지식과 상식을 뛰어넘어 역발상적 사고(reverse thinking)를, 주어진 정보를 가지고 수많은 답을 만들어 내는 발산적 사고(divergent thinking)를, 의미상 멀리 떨어져 있는 개념들 사이에 연관을 형성하는 연합적 사고(combined thinking)를 해야 한다. 나아가 문제를 창의적으로 해결하는 것뿐만 아니라, 아예 다른 사람과 달리 새로운 방식으로 문제를 발견하는 것이 필요하기도 하다(조직창의성연구회, 2006, 하태수, 2007 재인용).

하지만 창조적 리더십을 발휘하기 위해서는 창조적 사고 이외에 열정(passion)도 필요하다. 또한 현대에서는 대부분 집단이나 조직 단위로 일을 하기 때문에 조직의 리더가 부하들로 하여금 창의적으로 일을 하게 자극하는 기술도 가지고 있어야 한다. 이것을 위해서 리더는 구성원들이 창의적으로 일을 하도록 동기를 부여하고(motivation), 그들 사이에서 창의적 시너지를 발생시키기 위하여 의사소통을 촉진하며, 의도적으로 마찰(creative friction)을 일으킬 필요도 있다(하태수, 2007).

창의적 리더란 리더십과 함께 창의성을 가져야 하고, 개인이 속한 조직의 다른 구성원들의 창의성과 결합하여 창의적 성과를 이끌어 내는 역할이며(장재윤, 2006a), 창의적 능력과 창의적 성격은 어느 정도 가지고 태어나지만, 후천적으로 교육적, 사회 문화적, 환경적 지원을 통해 신장될 수 있다(이경화, 2010, 류근하, 2012 재인용).

이 과정에서 창의적인 리더들은 문제들을 극복하기 위해, 특히 나쁜 소식들과 관련된 모든 근원들을 의도적으로 청취하는 것이 중요하다. 그들은 주관적 그리고 객관적인 자료에도 가치를 부여하여 신중하게 검토한다. 그들은 다음 네 가지의 특징들을 공유한다.

- **장애에 직면할 때 인내력과 자아 확신** : 창의적인 사람들은 문제에 직면하면 더욱 인내하고 그들의 아이디어의 옳음에 대하여 강한 신념을 가진다.
- **자발적인 위험부담을 함** : 창의적인 사람들은 실패할 확률이 많은 극단적인 위험보다는 높은 위험을 기꺼이 수용한다.
- **성장에 대한 선호도와 경험에 대한 개방성** : 창의적인 사람들은 경험에 개방적이고 기꺼이 새로운 방법을 택한다.
- **불명확한 것에 대한 포용력** : 창의적인 사람들은 구조가 잘 구성되어 있지 않거나, 명확한 답변을 갖지 못하는 것을 포용한다(Steinberg & Lubart, 1995, 정우일 외, 2009 재인용).

(3) 창의적 리더십의 역량

Amabile(1998)은 창의적 리더에게 필요한 역량으로 전문성(지식과 경험), 창의적 사고 능력, 동기 부여(열정, 내적 동기)의 세 가지 구성 요소를 제안하였다. 김광웅(2009)은 용기, 사회 지능, 지각을 창의적 리더에게 필요한 구성요소로 보았다(최은수 외, 2013).

Schumpeter는 혁신이란 신기술발명, 신제품개발, 신시장개척, 신원료확보, 신조직형성 등이라 규정하고, 이러한 혁신은 21세기 리더의 능력이라고 했다. 특히 2010년대를 지나면서 글로벌 사회에서 창의적 경영자의 역할이 중요하게 되었다. 창의적 경영자가 되고자 한다면 <표 2-6>에 제시된 5개 범주와 10가지 조건을 갖추고 있는지를 항상 점검해 보아야 한다.

창의적 경영자는 조직의 구성원들 앞에서 더욱 원대한 목표와 비전을 제시해야 한다. 아울러 경영자들이 시장에서 탁월한 성과를 창출하고, 사회와 구성원들로부터 존경받기 위해서는 '창의성'이라는 자질 함양을 위해 노력해야 한다. 애플사의 스티브 잡스, 마이크로소프트사의 빌 게이츠, 스타벅스의 하워드 슐츠 등이 경영자의 대표 아이콘으로 부상하게 된 것은 바로 창의성 때문이다. 창의성 경영자는 창의성뿐만 아니라 통찰력(insight), 재능(talent), 리더십(leadership), 고결성(integrity), 성실성(sincerity), 도덕성(morality) 등의 자질을 함양하는 것이 필요하다(변상우, 2012).

〈표 2-6〉 창의적 경영자가 되기 위한 핵심 조건

요구되는 핵심 조건		내 용
개념적 능력	경영철학	경영자가 경영을 보는 창의로 인간관, 역사관, 세계관으로 나타남
	결단력	경영자가 가장 큰 권한이자 미션, 이성과 직관의 조화가 생명
	윤리의식	추상적 구호가 아닌 구체적 실천적 나침반을 제시해야 함
창의적 능력	미래예측력	입체적 사고를 통한 미래 예측이 경쟁력의 핵심
	문제해결력	경영은 문제해결의 연속, 정보력, 다차원 사고, 실행력이 관건
인간적 능력	커뮤니케이션	수직적 소통과 수평적 소통, 포용과 원칙의 조화
	PI(President Identity)	경영자의 이미지가 곧 기업의 가치, 세련된 CEO PI가 필요
기술적 능력	조직관리	창의력과 자발성을 통해 생산성 향상 달성에 초점
리더십	동기화	CEO는 직원들이 스스로 동기를 찾을 수 있도록 하는 촉매
	코칭	구성원의 잠재력을 일깨우는 세분화된 코칭 능력이 관건

(4) 창의적 리더십의 실천 방법

창의적 리더십을 발휘하기 위해서는 첫째, 해당 분야의 전문성을 가져야 한다. 전문성은 주어진 문제를 해결하거나 주어진 직무를 수행하는 데 있어서 인지적 경로를 제시한다(Amabile, 1998). 둘째, 창의적 사고 능력이 필요하다. 창조성을 발휘하기 위해서는 우선 자신의 틀을 뛰어넘어 남과 다른 사고와 생각을 하여야 한다(조직창의성연구회, 2007). 셋째, 일에 대한 열정이다. 인간이 어떠한 일에 열정을 갖기 위해서는 무엇보다 하고자 하는 내적 동기가 필요하다. 무엇보다 개인의 창의성과 잠재력을 중요시하는 조직 문화에서 개인의 열정과 내적 동기를 이끌어 낼 수 있으며 자신이 한 일에서 의미와 가치를 파악하고 그것에 맞는 도덕적 목표를 설정할 때 가능해진다(최은수 외, 2013).

다른 연구에서는 첫째, 훌륭한 리더십이 발휘되기 위해서는 리더가 환경과 정합적이어야 한다는 점을 들었다. 훌륭한 리더가 되기 위해서는 자기가 활동하는 공간에서 자기가 이끌려고 하는 조직의 시대적 사명이 무엇인가를 파악하고 있어야 한다. 둘째, 리더가 창조적 리더십을 발휘하기 위해서는, 특히 조직의 지도자로서 창조적 리더십을 발휘하기 위해서는 도전가, 아이디어 생성가, 후원자, 그리고 촉매자 등 네 가지 역할을 모두 소화할 필요가 있다(조직창의성연구회, 2006). 셋째, 창의적인 비전 제시를 통하여 리더는 조직 내 모든 사람들의 목표를 한 곳에 집중시켜야 한다. 훌륭한 비전을 작성하기 위해서는 리더들은 과거를 이해해야 하며, 현재를 바로 알아야 하고, 미래를 내다보는 단서를 찾으면서 정보를 선택, 조직, 구조화, 해석하면서 비전을 구축해야 한다. 넷째, 목표설정과 전략을 채택하여야 한다. 가장 좋은 목표는 숫자로 표시되어야 하며, 분명하면서도 잠재적인 의미를 내포하고 있어야 한다. 다섯째, 리더십 발휘에서 가장 핵심적 요소는 추종자들에게 동기를 부여하는 것이다. 동기부여란 단순히 추종자들을 다그치거나 물질적 보상을 제공해서 움직이게 만드는 것을 의미하지 않으며, 오히려 그 이상이어야 한다(하태수, 2007).

6) 윤리적 리더십

(1) 윤리적 리더십의 등장 배경

2002년 초 미국 엔론사의 회계부정 사건은 세계적으로 큰 이슈가 되었다. 국내에도 잘 알려진 미국의 에너지 회사인 엔론은 석유산업의 불황으로 인해 부도 위기의 기업들을 인수하여 1990년대에 급성장하였으나, 2002년 초에 생긴 회계부정 사건으로 인해 하루아침에 파산하게 되었다. 더불어 엔론사의 회계감사를 실시했던 굴지의 회사인 아더엔더슨까지도 함께 파멸에 이르렀다. 결국 기업의 윤리적 가치를 잃은 회사는 이제 더 이상 살아남을 수 없다는 모습을 보여준 실증적인 예로 남았다(George, 2003; 김승철, 2008, 최항석, 2010, 재인용).

국내에서도 최근에 전경련이 중심이 되어 두산그룹, 삼성그룹, 신세계, LG그룹, 유한 킴벌리, 현대그룹, 한화, 포스코 등을 시작으로 많은 대기업이 윤리경영 체제를 도입하고, 한편으로는 지원과 다른 한편으로는 교육을 계속하고 있으며, 기업들은 스스로의 자정노력으로 변화하고 윤리적 마인드를 고취시키며 노력하는 분위기가 충만해 있다. 그러나 글로벌 규모인 거대 그룹들의 믿을 수 없는 크고 작은 비윤리적 경영은 우리 기업이 과연 세계를 상대로 진출해 나갈 수 있는 기업인가 의구심을 갖게 하며 이는 지구촌 시대에 국가

경쟁력에도 악영향을 가져온다. 이런 여파의 해악은 조직원들의 조직몰입과 직무에 대한 몰입을 부식시키고 있다. 이제 우리 기업도 윤리적 리더십을 중심축으로 성장 동력을 찾아야 하며, 윤리적 리더십의 윤리경영은 신뢰를 기반으로 한 경영의 정착으로 조직 구성원의 사기 향상과 기업에 대한 공헌도를 높일 수 있는 계기가 될 수 있으며 국가의 신용도 및 경쟁력에도 기여를 할 것이다(조경훈, 2008).

윤리적 리더십에 대한 연구는 아직까지 체계적으로 정립되어 있지 않으며 윤리 및 도덕에 대한 인식전환의 변화가 강조되면서 윤리적 리더십의 구성 개념을 연구하고 개발하려는 연구들이 최근에 이루어지고 있다(Brown et al., 2005; Khuntia & Suar, 2004; Resick, Hanges, Dickson, & Mitchelson, 2006; Trevino et al., 2000; Trevino et al., 2003). 윤리적 리더십의 중요성과 책임성에 대해서는 많은 연구결과가 발표되었지만 학술적으로 체계적인 연구가 제한적으로 이루어졌다(Ciulla, 2004; Gini, 1998; Zhu, May, & Avolio, 2004).

또한 모든 조직에서 윤리적 리더십이 사회적 책임성에 미치는 영향에 대한 연구가 진행되고, 증가하는 실정이다(DeHoogh & Den Hartog, 2008; Resick et al., 2006, 최석봉 외, 2014 재인용).

(2) 윤리적 리더십의 개념

서구 문헌의 관점에서 볼 때, 윤리 이론의 발전은 Plato(B.C. 427~347)와 Aristotle (B.C. 384~322)로 거슬러 올라간다. 윤리라는 단어는 Greek의 단어인 ethos에 뿌리를 가지고 있으며, '관례', '품행', 혹은 '인격'을 의미한다. 윤리는 개인이나 사회가 바람직하고 적절하다고 생각하는 가치나 도덕을 의미한다(정우일 외, 2006).

윤리이론은 특정한 상황에서 무엇이 옳고 그른지 또 무엇이 좋고 나쁜지를 판단하는 데 지침이 되는 법칙과 원칙의 체계를 제공해 준다. 또한 도덕적으로 고결한 인간이란 무엇을 의미하는지에 대한 이해의 토대를 제공하기도 한다(Northouse, 2007).

윤리적 리더십은 다양한 요소들을 포함하는 것처럼 보이는 모호한 개념이다. 이는 개별적인 리더의 윤리와 구체적인 형태의 리더십 행위에 대한 윤리를 구별하는 데에 유용하다(Bass&Steidlmeier, 1999). 이러한 두 가지 형태의 윤리를 평가하는 것은 사실 어렵다.

여러 가지의 준거는 개인의 가치와 도덕적 성장 단계, 의식적인 마음가짐, 선택의 자유, 윤리적 행동과 비윤리적 행동의 사용, 그리고 사용된 영향력의 유형을 포함한 개별적인 리더들을 평가하는 것과 관련된다. 유명한 리더들은 대개 이러한 준거에 대하여 강점과 약점을 조합한 형태를 갖고 있다. 개별적인 리더들의 도덕성을 평가하는 데에 어려운 점은 어떤 준거를 사용하고 그 준거의 중요성을 결정하는 데 있어 내재된 주관성에 있다(Gary, 2009).

결국 윤리적 리더십은 정직과 배려, 공정한 판단과 같은 개인적 특성을 보여주는 한편, 부하 직원과 윤리적 가치와 관련된 쌍방향 의사소통을 자주 하는 것은 물론, 이러한 행위를 통해 보다 뚜렷한 윤리적 기준을 제시하고, 그러한 기준에 따라 적절한 보상과 규제를 활용하는 등, 리더 스스로 윤리적 행동의 모범을 보여줌으로써 부하 직원에게 바람직한 역할 모델이 되기 위해 노력하는 관리자적 특성을 지칭한다고 볼 수 있다(Brown & Trevino, 2006, 최은수 외, 2013 재인용).

(3) 윤리적 리더십에 대한 주요 관점

윤리적 리더십에 대한 다양한 관점들은 다음의 세 가지 특성으로 요약될 수 있다(Trevino, Brown, & Hartman, 2003, 김왕선 외, 2015 재인용). 첫째, 윤리적 리더는 타인에게 윤리적 역할 모델이 되며, 둘째, 사람들을 공정하게 대하며, 셋째, 조직에서의 윤리를 적극적으로 관리한다. 앞의 두 가지 속성은 윤리적 리더십의 '도덕적 및 윤리적 인간' 측면을 말하는 것으로, 윤리적 리더는 정직, 진실, 이타주의와 같은 개인의 윤리적 가치에 따른 태도와 행동을 보임을 의미한다(Brown & Trevino, 2006a). 즉, 이런 리더들은 윤리적 가치에 따라 규범적으로 적절한 행동을 보임으로써 역할 모델이 되며, 또한 타인에 대한 배려와 존중을 보임으로써 공정하다는 인식을 갖게 한다(Brown & Trevino, 2006a; Brown et al., 2005).

반면 마지막 속성은 윤리적 리더십의 '도덕적 및 윤리적 관리자'와 일맥상통하는 것으로 윤리적 리더들은 정직하고 믿을 수 있으며, 원칙에 따른 의사결정으로 윤리적 기준과 기대에 대해 명확한 의사소통을 한다는 것을 의미한다. 또한 그런 기준에 따라 신상필벌을 하며, 추종자들에게 윤리적 및 비윤리적 행동에 대한 책임을 명확히 인식시킴으로써 조직 내에서의 윤리적 행동을 촉진시킨다(Hassan, Wright, & Yukl, 2014). 이상에서 살펴본 윤리적 리더십의 세 가지 특성은 정의에 대한 관점의 차이에도 불구하고 다수의 학자들에 의해 수용된다는 점에서 의의가 있다(Trevino, Hartman, & Brown, 2000).

(4) 윤리적 리더십의 구성요소

Hages, Dickson과 Mitchelson(2006)은 윤리적 리더십의 구성요소로 신의성실, 윤리적 인식, 공동체 및 인간 중시, 동기부여, 권한위임, 윤리적 기준 제시 등의 여섯 가지를 들고 있다.

① 신의성실

신의성실은 리더에 있어서 가장 근본적인 요소로 도덕적인 정의에 기반한 믿음이다. 리더의 신의성실은 리더의 의사결정과 행동을 결정하는 중요한 요소가 된다.

② 윤리적 인식

윤리적 인식은 리더의 도덕적 판단 역량으로 개인적인 이익보다는 조직의 이익에 대한 더 많은 관심을 가지고, 수단과 결과를 모두 중시하며, 단기적인 시각보다 장기적인 시각을 가지고 있으며, 다양한 이해관계자의 이해를 고려하는 데 중요한 영향을 미친다.

③ 공동체 및 인간 중시

윤리적 리더는 더 아는 선(good)을 위해 봉사하는 것에 초점을 두어야 한다. 개인적인 이익보다는 조직의 이익을 중시하며, 이타주의에 바탕을 둔 인간중시 경영을 해야 한다.

④ 동기부여

윤리적 리더는 조직 구성원들에게 조직목표 달성을 위한 행동을 유발하고 고무시키기 위해서 정서적 유대감을 바탕으로 동기부여를 강화시킨다. 특히 조직목표와 개인목표의 통합을 통해 조직목표 달성을 위하는 것이 개인의 목표 실현으로 이어질 수 있도록 강화시키는 것이 중요하다.

⑤ 권한위임

리더는 추종자들이 자신감과 자기만족감을 가질 수 있도록 스스로 자율적 판단과 의사를 존중하는 권한위임에 적극적이어야 한다. 권한위임을 통한 자율경영, 창조경영, 능동적 경영이 이루어짐으로써 동기부여와 시너지효과를 가져오게 된다.

⑥ 윤리적 기준 제시

윤리적 리더는 조직 내 윤리경영에 대한 윤리기준을 수립하고, 모든 구성원들이 윤리적 행동이 이루어지도록 유인하고 이러한 행동이 정착되도록 해야 한다(변상우, 2012).

(5) 윤리적 리더십을 평가하는 것에 대한 딜레마

리더가 추종자들에게 영향을 미치는 윤리적인 측면은 변혁적 리더십과 카리스마 리더십에 있어서 중요한 관심사다. 왜냐하면 이러한 이론의 대부분이 부하의 태도와 행동에 대한 본질적인 리더의 영향력을 포함하고 있기 때문이다. 반대론자들은 이러한 이론에 의해 지지되는 일부 사례들에 대해 의문을 제기하기도 한다(Stephens, D'Intino, & Victor, 1995; White & Wooten, 1983). 이에 대하여, 이러한 이론에 대한 지지자들은 이러한 형태의 리더십이 언제 윤리적인지를 결정하는 준거를 분명히 하기 위해 시도해 왔다(Bass & Steidlmeier, 1999; Howell & Avolio, 1992). 이러한 준거는 타당한 듯 보이지만, 윤리적 리더십을 평가하는 데에 있어서 발생되는 복잡하고 딜레마적인 요소를 모두 설명할 수 있는 것은 아니다. 다양한 준거가 적용될 수 있는 방식은 여전히 논쟁거리로 남아 있다(Gary, 2009).

PART 02

리더십 개발 프로그램의 이론적 접근

chapter 03

리더십 개발 프로그램의 개념

1. 프로그램의 목적 및 목표

프로그램의 목적과 목표에 대해서 Chambers(2000)는 목적은 보다 포괄적이고 궁극적이며 일반성을 갖는 개념이고, 목표는 이보다 구체성을 가진 것이라고 구별하였다. 즉, 목적은 바라는 결과에 대한 추상적이고 일반적인 진술이고, 목표는 바라는 것에 대한 관찰이 가능한 결과에 대하여 구체적이고 조작적인 진술이다(김종명 외, 2014).

프로그램을 통해 궁극적으로 달성하고자 하는 목표를 규정하는 조건이나 기준은 다양하며, 그중 공통적으로 제시되는 목표의 다섯 가지 조건은 다음과 같다(우수명, 2004).

첫째, 목표는 구체적이고 명확해야 한다는 의미이다.

둘째, 목표는 측정 가능해야 한다.

셋째, 목표는 달성 가능해야 한다.

넷째, 목표는 타당해야 한다.

다섯째, 목표는 제한시간(시간적 경계)이 있어야 한다.

최일섭, 이장호(1996)는 목표서술의 유의점으로 다섯 가지를 정하였는데, 첫째, 목표는 과정보다 산출(output) 지향적이 되어야 한다. 둘째, 목표는 이산적(離散的)으로 측정이 가능하게 서술되어야 한다. 셋째, 목표는 시간의 제약을 받는다. 넷째, 좋은 목표는 현실적(즉, 달성 가능)이고, 또 그 달성을 위한 구체적인 구성을 요구한다. 다섯째, 목표는 욕구와 목적에 연결되어야 한다고 제시하였다(우수명, 2004).

2. 리더십 개발 프로그램의 이해

리더십 프로그램 개발은 교육의 중요한 내용으로, 리더십 개발이 단순한 훈련을 통해 단기간에 습득 가능한 것이 아니라는 점을 전제로 하고 있으며, 리더십의 내용은 의사소통, 의사결정, 정보처리, 대인관계 등 여러 요소가 복합적으로 어우러져 있다(최은수 외, 2014). 그러므로 리더십 프로그램을 개발하기 위해서는 많은 경험과 노력이 필요하고, 도전적 과제 수행능력과 함께 리더의 후원도 요청된다. 지속적인 행동의 변화를 이끌어 내기 위해서는 일회적인 교육과정으로는 충분하지 않은데, 우리 시대는 이제 단순한 평가와 자기 이해를 넘어선 그 다음 단계에 초점을 맞춘 리더십 개발 프로그램을 만들 것을 요구하고 있다(Apps, 1994). 실제 현장에서 더욱 효과적으로 행동하고 지속적인 자기개발 방법을 학습하도록 하는 프로그램을 요구하고 있는데, LeaderLab 프로그램은 현재 이러한 과제에 대해 하나의 답이 될 수 있다(Apps, 1994). 이 프로그램은 답이라기보다는 하나의 질문으로서 존재한다. "우리는 어떻게 하면 사람들이 각자의 상황에서 더 효율적으로 리드할 수 있도록 만들 수 있겠는가?"이다.

Apps(1994)에 의하면, 프로그램의 진화하는 특성은 우리가 리더십을 어떻게 보고 있는지와 관련이 있는데, 리더십은 실행으로 옮기기에는 너무 추상적인 개념으로 '리딩(leading)'이라는 개념은 우리가 발전시키려고 하는 그 이상의 것을 담고 있으며, 리딩은 근접한 사람과 상황들에 대한 관계를 포함하고 있는 활동이다. 이 시대는 창조적으로 리딩할 것을 요구하고 있는데, 창의적으로 리딩한다는 것은 그 상황의 필요를 충족시킨다는 것 이상을 의미한다(Apps, 1994). 자기 자신과 다른 사람을 개발시키는 것이며, 조직을 새롭게 하고, 또한 모든 사람을 이롭게 하는 목표를 위해 나가는 것을 전제로 한다. 창의적으로 리딩하는 능력을 개발하는 것은 리더십의 광범위한 적용으로 이어지고 이를 통해 살기 좋은 미래를 만들 수 있다(Apps, 1994).

3. 리더십 개발 프로그램의 철학

리더십 환경의 끊임없는 변화에 따라 리더들의 다양한 대처방법이 필요한데, 다양하게 변화하는 환경에 대처하기 위한 방안은 리더들이 자신의 개인적 리더십 철학을 갖는 것으로서, 리더십 철학은 우리 인생의 중심과 같은 것이다. 따라서 철학이 없는 리더는 이리저리 휘둘리게 되며, 개인이 가지는 리더십의 철학 속에는 그 사람의 삶의 철학이 담겨 있다(Apps, 1994).

1) 리더십 철학의 구성요소

Apps(1994)에 의하면, 개인의 리더십 철학은 3요소로 구성되는데, 리더가 처해 있는 환경, 리더의 신념과 가치관, 그리고 리더의 신조로서 리더는 자신의 이러한 리더십 철학을 글로 작성함으로써 자신에 대해 많이 고찰하게 된다. 현명한 리더라면 자신이 직접 작성한 리더십 철학을 때때로 되돌아보고 끊임없이 바꾸고 수정하고 더 심오한 진술로 발전시켜 나가는 것이 필요한데, 리더십의 개인적인 철학에 대해 좋게 구상하는 것은 결국 성인교육에 관한 새로운 교육관을 정립하는 데 중요한 요소가 된다(Apps, 1994). 성인교육 리더는 리더십에 관한 개인적인 철학을 발전시켜 나가면서 리더십의 영향으로 인해 어떤 결과를 기대할 수 있는지에 대해 고민해야만 한다(Apps, 1994).

다음은 리더십 철학의 구성요소인 리더의 신조에 대해 구체적으로 살펴보면 다음과 같다. 리더십의 핵심적인 결과물은 조직의 목적과 그 목적을 달성하기 위한 전략들을 담고 있는 명확한 강령(조직 사명문)이 될 것이다. 조직이 목적과 구체적인 비전, 미션을 가질 수 있도록 이끄는 것은 리더에게 부여된 책임 중의 하나임이 분명하다. 그런데 많은 교육기관의 리더들이 조직의 사명문(조직의 강령)의 중요성을 간과하고 있다. 특정 교육 기관의 경우뿐만 아니라 모든 교육 기관의 사명문에 담겨야 하는 가치들에는 무엇이 있을까? 접근성, 시대의 필요에 부응하는 즉각적 반응, 사람들과 공동체가 처한 현실과의 관련성, 참가자들을 도전하게 이끄는 프로그램, 학습자들을 존중하는 것, 제공하는 교육의 질적인 우수성 등은 모든 교육기관이 추구해야 할 가치들이다. '접근성'은 성인 학습자들이 참여하기 쉬운 조건을 만들어 주는 것을 의미하고, '반응성'은 학습자들이 필요로 한 그때에 즉각적으로 학습의 기회를 제공하는 것을 의미한다. 또한 학습자들은 교육 기관에서 제공하는 교육이 학습자 개인들이 가지고 있는 현실의 문제와 관련된 것이기를 바라기 때문에 교육 기관은 교육을 끊임없이 새롭게 해야 한다. 학습자들에게 도전을 부여한다는 것은 학습자들이 현재의 상태를 벗어나 더 발전할 수 있도록 이끄는 것을 의미한다.

학습자를 존중한다는 것은 학습자들을 배움의 여정을 함께하는 동반자로 여기는 것이다. 교육의 질적 수준은 교육기관이 설정한 기준과 참가자들의 기대를 함께 반영하여 검토해야 한다.

2) 비전, 사명문

Tichy와 Devanna(1986)에 따르면, 비전은 추구해야 할 이상적인 것으로 조직을 움직이도록 동기를 부여하기 위해 필요한 에너지를 쏟아낸다. 비전은 일상적인 것들을 결정하고 우선순위를 세우기 위한 중요한 틀을 제공하며, 또한 행동의 한계를 설정해 준다(Apps, 1994). Peters(1987)는 비전을 만드는 과정을 다음과 같이 제시하고 있는데, 조직에서 흔히 범하는 오류는 관리자나 리더에게만 오로지 비전을 만들 권한을 부여하는 것으로, 새로운 시대의 리더들은 미션의 수립 과정에서 어렵다고 할지라도 반드시 전체 조직을 참여시켜야 한다는 것을 알아야 한다. 그래야만 조직원들이 그 비전을 실현하기 위해 헌신하게 된다.

조직 사명문은 조직이 어떤 한계 내에서 무엇을 성취하기 위해 노력해야 하는지를 담고 있는데, Drucker(1992)는 명확하게 정의된 사명은 혁신적인 생각을 조장하고 또 구성원들이 왜 그것을 실천해야 하는지 이해하도록 도움을 준다(Apps, 1994).

4. 리더십 개발 프로그램의 유형

리더십 프로그램의 유형에 대해서는 김정일(2003)을 중심으로 살펴보고자 한다. 리더십의 정의가 다양한 것과 마찬가지로 리더십 프로그램도 매우 다양하게 제공되고 있으며, 때로는 일반 관리교육, 높은 계층의 교육 프로그램이 리더십 교육으로 불리는 등 혼란을 겪기도 한다. 따라서 수많은 종류의 리더십 프로그램이나 리더십 개발 활동을 큰 영역으로 체계적으로 분류해 본다면 각 프로그램의 특성과 장단점을 전체 교육개발의 틀 속에서 쉽게 평가할 수 있게 될 것이다.

리더십 기술에 대한 훈련은 대학, 컨설팅, 회사연수원 등 다양한 기관에서 수행되고 있는데, 그 수많은 프로그램의 유형은 크게 보아 공식적 훈련(formal training), 개발활동(developmental activities), 자습활동(self-help activities)으로 나눌 수 있다(Yulk, 2002, 김정일, 2003 재인용). 공식적 훈련은 대체로 정해진 시간에 실시되며, 교육참가자들이 현업을 떠난 상태에서 교육전문가의 교육을 받게 되는 것이고, 개별활동은 흔히 직무과제 수행과 밀접히 결부되어 있어 이러한 과제와 연계하여 수행되며 자습활동은 개인 스스로 수행하는 독서, 비디오테이프 시청, 기술개발을 위한 컴퓨터 프로그램 사용 등과 같은 학습활동이다(김정일, 2003).

리더십 교육 프로그램 유형은 프로그램의 설계 측면에서 다음과 같은 네 가지 접근방법으로 개발할 수 있는데, 구체적인 내용은 다음과 같다(김정일, 2003).

1) 주제 중심의 접근방법

주제 중심의 접근방법은 교수(instruction) 주제 또는 과정(course) 명칭에 기초하는 것으로 교육기관의 참가자들은 능력의 한계를 높이고자 과정을 선택하게 되는데, 교육요구 분석이나 교육과정은 교사에 맡겨지며, 또는 산업교육회사에 달려 있다.

2) 목표 중심의 접근방법

목표 중심의 접근방법은 기술적 훈련(technical training)으로 연상된다. 그러나 이것은 역시 계획된 리더십 교육에 응용될 수 있는데, 목표란 계획된 학습활동으로부터 얻어지는 명시적 결과로, 수행목표는 학습요구를 충족시키는 데 결부된다. 각 목표는 확인된 요구, 개인의 지식, 기술, 태도의 결핍 등이다.

3) 경험 중심의 접근방법

경험 중심의 접근방법은 흔히 조직개발(OD)과 행동과학기법에 크게 의존하는 계획적인 장기접근방법과 연계되는데, 조직개발처럼 계획된 리더십 또는 관리교육은 자료수집, 피드백, 문제해결과 같은 양상의 고도의 참여적인 현장 연구모델에 기초한다.

요구는 학습자와 다른 이해당사자에 의해 발견되고, 요구충족은 전략적으로 동일집단에 의해 확인되며, 이러한 과정은 총체적 품질경영(TQM), 근로자 참여 등과 연계되는 것이 이상적이다.

4) 기회 중심의 접근방법

이 접근방식의 주안점은 개인의 리더십 요구의 확인과 충족에 있는데, 이것을 일선으로부터 맞춤식으로 설계된다. 이 접근방식은 리더십 잠재력을 가진 지원을 위해 매년 준비한 학습계획 또는 학습계약이 핵심적인 사항이 된다.

chapter 04

리더십 개발 프로그램의 기획

1. 리더십 개발 프로그램 기획의 개념

1) 프로그램 기획의 개념

기획(planning)이란 구체적인 행동을 실행함에 앞서 그에 대한 일련의 계획을 수립해 가는 과정으로, 목적이나 행동을 생각하는 특정한 방법을 의미하는데 학자별 기획의 정의는 다음의 표와 같다(김상곤 외, 2012).

〈표 4-1〉 학자별 기획의 정의

학 자	정 의
Dror(1967)	목적과 표적물을 기대하는 과정이며 또한 목적과 기대에 도달하기 위해 하나의 계획을 준비하는 과정
Gilbert와 Specht (1977)	계획을 수립하는 과정으로서, 대안적인 조치를 선택하는 데 있어서 통찰력, 체계적인 사고, 조사, 선호하는 가치 적용 등을 통해서 사회문제를 해결하고 미래에 일어날 사건의 과정을 통제하기 위한 의식적인 노력
Skidmore(1995)	최적의 수단을 가지고 목적을 성취하기 위해 지시된 미래의 행동을 위한 일련의 결정을 준비하는 과정
정무성(2005)	① 특정 기간에, ② 프로그램 담당자들이, ③ 특정한 방법과 자원을 사용하여, ④ 특정한 사람들을, ⑤ 바람직한 상태로 이끌기 위한 사전에 마련된 구체적인 시도

출처 : 김상곤 외(2012), p. 33.

2) 프로그램 기획의 성격

기획이란 미래에 어떤 일을 어떻게 할 것인지를 지속적으로 결정하는 과정이라고 볼 수 있다(김영종 2004). 프로그램 기획이 가지고 있는 기본적인 성격은 미래 지향적인 활동, 적극적이고 능동적인 행위, 기관의 효율성 증대 기능, 연속적이며 단계적인 과정, 협동적 노력 등이다(Boone, 1985, 김진화, 2011 재인용).

프로그램 기획에 대해서는 김진화(2011)가 제시한 것을 중심으로 재구성하였다.

① 프로그램 기획이 미래 지향적 활동(futuristic activity)이라는 의미는, 교육기관이 그 기관의 목적과 이념을 실천해 나가기 위한 프로그램을 사전에 미리 준비하는 것으로, 현재에 계획하에 추진하는 프로그램 개발이 바로 미래를 준비하는 과정이라는 뜻이다.

② 프로그램 기획이 적극적이고 능동적인 행위라는 의미는, 기관이 변화하는 사회에 대해 수동적으로 대처해 나가기보다는 기관의 생존과 발전을 위해 적극적으로 취하는 조치가 바로 프로그램 개발이라는 것이다. 즉, 프로그램 기획이 변화하는 사회에 대해 단순히 반응하는 수동적인 조치가 아니라 능동적인 성격을 띠고 있다는 것을 의미한다.

③ 기획이 교육기관의 효율성 증대 기능을 수행한다는 의미는, 기관이 미래에 수행할 프로그램 운영에 대해 사전에 철저한 준비과정을 거침으로써 자원의 배분과 운영의 합리화를 통해 기관의 운영과 관리 면에서 효율성을 증대시킬 수 있다는 것이다.

④ 프로그램 기획이 연속적이며 단계적인 과정이라는 의미는, 프로그램 기획은 관련 정보를 수집·분석하고 요구를 확인·사정·분석하는 연속적, 단계적 과정이다. 즉, 학습자에게 제공될 프로그램은 단순히 몇몇 사람의 머리 속에서 고안된 것이 아니라 많은 관련 정보와 학습자의 요구가 단계적으로 반영되는 과정을 거쳐야 질 좋은 프로그램을 개발할 수 있다는 것을 의미한다.

⑤ 프로그램 기획은 협동적(collaborative)인 성격을 가지고 있다는 것은, 프로그램 개발 과정에 영향을 끼치는 제반 요소들을 반영하되 특별히 프로

그램 개발과정에 영향을 끼치는 많은 사람들의 참여가 이루어져야 바람직하다는 것을 뜻한다.

3) 프로그램 기획의 원리

프로그램 개발 전문가가 프로그램을 기획하는 과정에서 취해야 할 기본적인 원리는 다음과 같은 몇 가지의 내용을 포함하고 있다(Young, 1977, 김진화, 2011 재인용).

첫째, 기획은 구체적인 목적과 목표를 달성하기 위해 인간행동을 구체적이고 세밀하게 편성하는 데 관여해야 한다.

둘째, 기획은 단순한 선형적 접근 방법보다는 체제적 접근의 원리가 바람직하다.

셋째, 기획과정에는 가급적 많은 사람들의 참여가 이루어져야 한다.

넷째, 기획은 개인의 독자적인 노력보다는 협동과 공동의 노력으로 이루어져야 한다.

2. 리더십 개발 프로그램의 상황 분석

리더십 프로그램 개발의 상황분석은 프로그램 개발과 관련된 기본적인 요소를 파악하는 것을 말하는데, 상황분석 영역은 지역사회 분석, 기관 및 조직 분석, 사회적 맥락 분석, 프로그램 개발의 타당성 분석 등이다(김진화, 2011).

리더십 프로그램 개발에 있어서 상황분석은 조직에서 리더가 새로운 시대의 요구에 적응하려고 노력할 때, 많은 리더들에게 리더십에 대한 근본적인 전환을 요구하게 된다. 즉, 리더에 대한 신념과 가치, 지도력에 대한 접근, 사람들, 리더십에 대한 결과, 교육의 본질에 대한 근본적인 전환을 요구한다(Apps, 1994).

리더들의 리더십에 대한 근본적인 전환이 필요할 때, Apps(1994)는 전환과정(transformation process) 접근을 제시하였는데, 전환과정은 인식 분석－분석－대안

—결정 전이—행동으로 이루어진다. 전환과정과 이에 대한 예시를 구체적으로 살펴보면 다음과 같다.

(1) Transformation의 과정

Transformation의 과정은 특히 초기 단계에서 합리적·분석적 측면을 포함하고 있으며, 동시에 그 과정은 비합리적이고 비분석적인 감정적 측면을 포함한다. 신흥세대를 위한 리더십은 이성적이고 분석적인 부분과 비이성적이고 분석적이지 않은 감성적인 측면도 포함하는데, 사실보다 느낌, 심사숙고보다 열정, 지성보다 영혼 측면이다.

① 인식 – 분석(Awareness-analysis)

- 무엇인가 바뀔 필요성을 인식하지 못한다면 변화는 일어나지 않는데, 문제, 기회 또는 상황을 다루는 첫 번째 단계는 그것의 실체를 받아들임
- 인식이 받아들여지지 않고 정확하지 않다면 나머지 단계는 형식적이고 하찮고 해롭게 될 수도 있음
- 자신의 신념이나 가치로부터 벗어난 개인적인 역사는 인식의 한 부분이 되는 어떤 실제에 영향을 줌

• 사례 : 2년 전 활발하던 부서가 잘 돌아가지 않고 불평과 불만이 쌓임

** 구성원 및 관련자들의 불만
- 부서의 반응이 너무 느리다.
- 계획의 접근법이 낡고 시간 소모적이다.
- 직원들은 책임감과 역량을 발휘할 수 있는 기회를 주지 않는다고 불평한다.

** 리더의 반응 – 1
- 누군가를 비난하게 된다(다른 경영자, 예산 부족, 경제, 행정가, 정당).
- 잘 모른다는 식으로 불평들을 묵살한다.
- 불평의 원인을 찾기보다 불평들을 만족시키기 위해 노력한다.

** 리더의 반응 – 2
- 화가 나게 된다.
- "왜 그들은 나에게서 돌아섰을까?"
- 비판한 사람들과 흥정 시도 "개선을 위해 내가 무엇을 할 수 있을까요?"
- 바뀌어야만 한다는 것을 받아들인다.

② 분석(Analysis)

- 분석이 냉철한 사실들을 넘어 감정과 느낌의 분야로 이동하지 않는 한, 그것은 변환을 위한 건전한 기반을 제공하지 못함
- 일반적인 변화로서 자신의 가치와 믿음, 어떻게 리드해야 하는지, 자신의 리더십을 어떻게 보는지 인식할 때 찾아낸 것의 정확성을 거부하며 화가 나고, 부정하고, 우울감에 빠지는 감정의 변화가 나타남

- 전후사정을 신중하게 분석
- 불만 검토 : 주제가 있는지 조사
- 정보추가를 위한 직원들 인터뷰, 핵심적인 질문하기
- "리더와 리더십에 대한 내 생각은?", "리더십으로 달성하고자 하는 것은?", "사람들을 어떻게 생각하는가?" 등
- 분석이 감정과 감성에서 냉철한 사실을 뛰어넘지 못하면 변화를 위한 확고한 기초를 공급받지 못하게 됨(피상적이고 쓸모없는 분석이 되기도 함)
- 분석은 리더로서 심각한 우려와 아픔을 야기함

- 전략 1 : 최근에 역할을 한 리더십 상황을 그림으로 그리기
  - 실무진과의 만남, 자문위원회와의 만남, 행복하지 않은 파트타임 강사와의 1대1 만남
  - 기억할 수 있는 한 자세히 스케치하기
  - 다 그리면 뒤로 물러서서 면밀히 검토하기 : 그림에서 리더십 접근에 대한 단서 찾기

- 전략 2 : 리더십 상황 글쓰기(시나리오 쓰기)
  - 종이를 수직으로 삼등분하기
  - 왼쪽 칸에는 자신의 말, 오른쪽 칸에는 다른 사람의 말 쓰기 : 가능한 한 정확히 기억하기
  - 가운데 칸에는 자신의 말의 반응에 대한 자신의 생각과 감정 간략히 기록하기 : 생각과 감정에 정직하기
  - 검토하며 분석하기 : 그림으로 그렸을 때와 같은 질문을 하며 반성

- 분석을 위한 질문들
  - 이런 관찰을 기초로 할 때, 사람들과, 리더, 리더십의 과정에 대한 당신의 신념은 어떠한가?
  - 어떤 가치들이 당신에게 가장 중요한 것으로 나타나는가?
  - 당신의 신념이나 가치는 이 리더십 상황에서 예상되는 것들과 충돌하는가?
  - 당신의 신념은 변화를 고려할 필요가 있는가? 어떤 것들인가? 왜?

③ 대안(Alternatives)

- '무엇인가 틀렸다, 그것에 대해 비난할 수 없다, 빠른 해결은 정확하지 않다, 당신이 무시한다면 사라지지 않는다'를 인식하게 되면 당신이 대안의 단계로 이동할 준비가 되었다는 의미
- 성공한 동료와의 대화를 통해 리더십에 대한 다양한 접근을 찾아 대안으로 제시된 다양한 리더십을 반영
- 독서와 토론(거울의 역할)으로 리더와 리더가 된다는 것의 의미에 대한 다양한 신념을 발견함
- 발견한 것의 일부는 지금과 유사한 위치이나 대부분은 상당히 다를 것임

④ 결정-전이(Decision-transition)

■ 결정

- 신념과 가치에 대한 조사와 그것들을 비교하여 나온 대안으로 결정에 직면함
- 어떻게 변화하기를 원하는지에 대한 결정
- 신념과 가치를 면밀히 심사하고 조사한 대안과 비교하는 동안 결정을 만나게 됨
- 조사한 신념과 가치 중에 어떠한 것이 당신의 리더십 상황에 적합한가? 그렇지 않은가?
- 당신의 리더십 상황에 더 잘 상응할 새로운 신념에 대해 더 고려할 것인가?
- 과학적, 조사, 직관적 아이디어, 본능, 경험으로부터 얻은 지식에 대한 신념의 변화에 직면
- 모호한 것들에 대해 결정을 내리면 전이가 일어나기 시작
- 자신이 사람들에 대한 많은 믿음을 가지고 있다는 것과 그들이 기회를 얻게 된다면 할 수 있는 것이 무엇인지를 발견 : 이 결정이 변화를 감지하게 함

■ 전이

- 전이는 Transformation 단계의 중심
- 전이가 일어날 때 신념, 가치, 아이디어 변함 : 리더십의 새로운 접근에 적합한 발생을 환영하면서, 오랫동안 가져왔던 것을 버리면서 슬퍼함
- 전이는 우리가 알 수 있기 전의 모름, 빛이 있기 전의 어두움, 다시 태어나기 전의 죽음을 필요로 함
- William Bridge의 중립지역 : 전이는 무언가를 보낸다는 것으로 시작, 두 번째는 중립지역
- 전이는 선형적인 것이 아니고 전진과 후퇴가 지속적으로 나타남
- NELD(National Extension Leadership Program) 전이의 경험을 한 리더들의 말
  "전이는 발전의 부분으로서의 경험, 최고의 경험, 삶의 재발견, 영적 경험"으로 이야기함

- 전이 국면을 따라감에 따라 새로운 대안을 찾기 위해 돌아올 수도 있으며, 새로운 인지를 발달시킬 수도 있음
- 결정-전이 단계는 터닝포인트
- 전이로 오래된 신념, 가치관, 아이디어의 재확인, 새로운 것들의 수용, 통합, 구식의 버림을 가져옴

⑤ 행동(Action)

- 새로운 아이디어의 시도
- 리더십의 요구에 대한 신념과 감정이 지속적이기 위해 해야 하는 것
- 더 먼 미래의 일에 대한 변형 상태, 새로운 개발, 대안
- Transformation은 리더들이 새로운 지도 방법을 고려했을 때, 사람들과의 관계를 맺는 새로운 방법을 발견했을 때, 그리고 그들이 예전에 사용했던 것과 다른 소통에 대한 접근을 탐구했을 때 나타났음
- NELD 참가자들의 이야기 : "리더십은 시간, 세부적인 것에 대한 집중, 두 사람의 마음과 복잡한 상황에 대한 이해, 사람의 마음을 변화시키려는 의지, 그리고 손실에 대한 감수를 필요로 한다. 사람이 일을 하고자 하는 의지가 없다면, 관리자로서 리더가 되는 노력을 하지 않을 것이다."

⑥ 다른 Transformation

- Transformation을 많이 한 리더뿐 아니라 조직, 동료, 참여자들도 변화함
- 조직교육의 Transformation

- 조직의 경험은 다가오는 시대에 움직이기 위한 구조적인 변화임
- 다방면의 Transformation이 조직의 내부와 외부에서 발생함
- 리더의 난제는 Transformation의 과정을 인지하고 씨름하는 것과 주위를 둘러싸고 있는 Transformation을 겪고 있는 다른 이들에 대한 동정심과 참을성을 지녀야 한다는 것을 깨닫는 것
- 리더는 Transformation 경험을 도와줄 수 있음
- 조직 안에서 어떤 일이 일어나고 있는지를 알려주는 것도 중요한 접근 중 하나임

- 성인교육 프로그램에서 지속되는 조직 지원, 친숙한 교육 프로그램은 수용됨
- 리더, 조직, 성인교육 조직의 사람들과 접촉하는 많은 사람의 심오한 Transformation을 포함
- 조직은 새로운 시대 속으로의 움직임을 시도할 때 Transformation 같은 단계들을 경험함
- 다른 곳에서 교육적 조직들이 경험하고 있는 Transformation의 과정이 많은 성인교육 조직들에게도 제공됨
- 오래된 관점으로부터 새로운 관점으로 이동할 때 Transformation이 요구됨

chapter 05 리더십 개발 프로그램의 요구분석

1. 프로그램 요구의 개념

요구란 인간이 특정한 방향으로 행동할 수 있도록 기회를 창출하는 조건으로서(김진화, 2011), 요구는 프로그램 개발에 있어 초석이 되는 개념으로 프로그램은 대상자의 요구를 바탕으로 개발된다(기영화, 2014). 리더십 프로그램에 있어서 요구분석은 체계적이고 과학적인 방법으로 실행함으로써 대상자의 필요와 흥미를 명확하게 파악해야 한다.

2. 프로그램 요구의 유형

인간의 욕구는 여러 학자들에 의해 다양하게 분류되고 있는데, Maslow의 욕구단계이론과 Alderfer의 ERG 이론을 중심으로 살펴보면 다음과 같다.

1) Maslow의 욕구유형

Maslow(1954)는 인간이 생활을 영위하는 데 필요하거나 필수적인 것이 결핍될 때 공통적으로 갖게 되는 욕구가 있으며, 인간행동의 동기가 바로 이러한 욕구충족의 행위로 나타난다는 5단계의 욕구위계설을 제시했는데 구체적인 내용은 다음과 같다.

(1) 생리적 욕구(Psychological Needs)

생리적 욕구는 인간의 기초적인 삶을 유지하기 위한 욕구이다. 다시 말해서 식욕 · 의복 · 성욕 · 수면 등의 욕구를 말한다. 생리적 욕구는 모든 욕구 중 가장 기본적이고 강력한 욕구이다. 이러한 욕구가 만족되면 사람들은 좀 더 상위의 욕구를 추구하게 된다.

(2) 안전욕구(Safety Needs)

안전욕구란 신체의 위험과 기초적인 생리적인 욕구를 박탈당하는 상황으로부터 회피하려는 욕구로, 생리적 욕구가 충족되면 사람들은 이러한 안전욕구를 추구하게 된다.

(3) 사회적 욕구(Social Needs)

이 욕구는 사람들과의 관계를 통해 서로 친교를 가지고, 집단에 소속되기를 바라는 욕구라고 할 수 있다.

(4) 존경욕구(Esteem Needs)

대부분의 사람들은 남들로부터 인정과 나아가 존경을 받기를 원하게 되는데, 이것은 자존심의 충족과도 관계가 있다. 자존심이란 실제적인 역량이나 성취를 나타내기도 하고, 타인으로부터의 존경을 의미하기도 한다. 이러한 자존심이 충족되지 못하면 열등감과 무력감이 발생한다.

(5) 자아실현욕구(Self-actualization Needs)

자아실현욕구는 개인이 가진 자신의 능력과 가치를 최대한으로 발휘해 이를 실현하려고 하는 욕구를 말하는데, 이는 인간의 각자 개성에 따라 매우 다양하게 나타나게 된다.

2) Alderfer의 ERG 이론

Alderfer(1972)는 매슬로의 욕구 5단계 이론을 수정해 개인의 기본 욕구를 존재욕구, 관계욕구, 성장욕구의 3단계의 욕구로 구분해 설명하고 있다.

Alderfer의 ERG 이론은 인간의 동인(motive)에 관한 체계적인 연구를 통하여 높은 수준의 욕구나 낮은 수준의 욕구 모두가 어느 시점에서는 동기부여(motivator)의 역할을 한다는 이론으로, Abraham H. Maslow의 욕구 5단계설을 수정한 것으로 인간의 핵심적 욕구를 존재욕구(Existence needs), 관계욕구(Relatedness needs), 성장욕구(Growth needs) 등의 세 가지로 분류하였다(두산백과, 2016. 3. 11). 존재욕구는 생존을 위해 필요한 생리적·물리적 욕구이고, 관계욕구는 다른 사람과의 주요 관계를 유지하고자 하는 욕구이며, 성장욕구는 창조적 개인의 성장을 위한 내적 욕구를 말한다. Alderfer는 한 단계의 욕구가 충족되면 그 상위의 욕구가 증가하는데, 욕구단계는 미리 정해진 것이 아니라 다른 욕구의 충족 정도에 따라 증감될 수 있다고 하였다(두산백과, 2015). 또한 높은 단계의 욕구가 만족되지 않거나 좌절될 때 그보다 낮은 단계 욕구의 중요성이 커진다고 보고, 낮은 단계의 욕구가 충족되어야 다음 단계의 욕구가 발생하여 성장해 나간다는 Maslow 이론의 가정을 배제하였다.

3. 프로그램 요구분석

요구분석(needs analysis)은 작업수행상의 문제가 있는 상황이나 새로운 혁신이 일어나는 상황하에서 무엇을 해야 할지에 관한 효과적인 결정을 내리거나 제안을 할 수 있도록 여러 출처를 통해서 현재 상태(what it is)와 바람직한 상태(what should be)의 격차를 결정하고, 그것의 본질과 원인을 점검하고 미래의 행동을 위한 우선순위를 찾는 체계적인 행위를 말한다(최정임, 2002).

요구는 현재 피상적으로 감지된 것일 수도 있고, 실제로 발생하여 곤란을 야기하는 것일 수도 있으며, 장차 일어날 조짐이 보이는 것일 수도 있는데,

문제의 발생 시점이 언제이든 간에 불확실한 문제의 본질을 규명하며, 그 문제를 해결할 수 있는 가장 적절한 방안을 모색하고자 하는 활동이 요구분석이다(최정임, 2002).

4. 프로그램 요구조사 방법

요구조사를 실시하는 방법은 다양한데, 구체적인 내용은 다음의 <표 5－1>과 같다.

〈표 5-1〉 요구조사 방법

구 분		특 징
직접적 요구조사 방법	서베이 조사	서베이 조사는 누구를 대상으로 사회조사를 하느냐에 따라 지역주민 서베이와 표적집단 서베이가 있다.
	공청회 또는 포럼 개최	지역사회 공개 토론회는 일명 공청회라고 하는데, 이 모임에서 논의되는 지역사회의 욕구나 문제들을 파악하는 방법이다.
	표적인구조사방법	표적인구조사방법은 일반인구 중의 어떤 특성을 가진 사람들(표적집단)을 대상으로 질문지나 면접을 통하여 그들의 욕구와 서비스 이용 상태 등을 파악하는 기법이다.
	관찰법	관찰법은 관찰자가 조사 대상(개인, 집단, 지역사회 등)의 행동이나 사회현상을 현장에서 직접 보거나 들어서 필요한 정보나 상황을 정확히 알아내는 방법이다.
	심층면접법	조사대상집단 중에서 주요하게 정보를 제공해 줄 수 있는 사람을 다양한 형태로 샘플링하여 심층적으로 면접하는 방법으로 집단의 크기는 8~12명 정도가 좋으며, 대상 선정 시 여러 가지를 고려해야 한다.
간접적 요구조사 방법	사회지표분석방법	사회지표는 전체 국민이나 지역주민들의 특성이나 조건에 대한 계량적 측정치를 말한다.
	행정자료조사방법	행정기관의 각종 협회 및 연구소 등의 사회단체가 행정 및 관리를 위해서 수집·기록한 자료는 욕구사정에 유용하게 활용될 수 있다.
	개인별 기록자료 조사방법	이 방법은 개인별로 기록되어 있는 각종의 자료를 분석하여 그의 욕구를 확인하는 방법을 말한다.

출처 : 김종명 외(2014), pp. 127-135 재구성.

chapter 06 리더십 개발 프로그램의 설계

1. 프로그램 설계의 개념

프로그램 설계(program design)는 기관의 목적이나 이념, 교육 가능성, 예산 및 지원 등에 의해 여과된 요구 및 필요를 계열성, 계속성, 통합성, 난이도, 복잡성, 현실성, 계절성 등의 기준으로 체계적인 내용으로 선정하고 조직한 후, 이를 실제 구체적인 계획으로 작업하는 프로그램 문서화의 단계를 말한다(이용교 · 임형택, 2010).

프로그램 설계는 프로그램 기획 단계에서 확인된 욕구를 바탕으로 프로그램의 목적과 목표를 설정하고 프로그램의 내용과 활동을 선정하고 조직화하여, 이에 해당하는 각종 자료를 개발하는 활동을 수행한다(장덕호 외, 2015). 프로그램의 실질적인 설계는 주어진 시간 안에 계획된 행동들에 입각해서 프로그램을 실행하는 데 지침이 될 일반적인 전략들을 결정해야 할 것이다(김진화, 2011).

2. 우선순위 설정과 의사결정

1) 우선순위 설정과 의사결정의 개념 및 방법

우선순위 설정(priority setting)이란 프로그램 개발 과정에서 기관의 한정된 자원과 여건을 고려하여 가장 절실하고 가치 있는 요소를 선정하는 과정이라 할 수 있는데, 우선순위 설정을 위한 이론적 토대는 의사결정이론이다(김진화, 2011).

2) 의사결정의 개념 및 방법

의사결정이란 문제를 인식하고 바람직한 결과를 얻기 위한 해결방안을 선택하는 과정으로, 즉 조직의 목표달성을 위한 여러 대안 중에서 가장 바람직한 행동 경로를 선택하는 과정으로 총체적 조직관리 과정이라 할 수 있다(김경희, 2011).

의사결정 방법은 대략 직관적 결정, 판단적 결정, 문제해결적 결정의 세 가지 방법으로 구분하여 설명할 수 있다. 직관적 결정은 합리성보다는 감정(feeling)에 근거하여 결정하는 것으로, 의사결정자가 옳다거나 최선의 것이라고 느끼는 것에 근거하여 결정하는 것을 말하고, 판단적 결정은 개인이 가지고 있는 지식과 경험에 의해 결정하는 것으로, 일상적이고 정해진 절차 속에서 일을 하는 가운데 얻어진 경험과 지식에 근거하여 결정하는 것을 말하며, 문제해결적 결정은 결정해야 할 사안에 대해 정보를 수집하고 연구하며 분석하는 등 합리적이고 과학적인 절차를 통해 이루어지는 의사결정이다(김경희, 2011).

3) 의사결정의 유형

의사결정의 유형은 보통 정형화된 의사결정과 비정형화된 의사결정 두 가지로 구분하는데, 해결해야 할 문제가 명확할 때, 그리고 일반적인 상황에서 정형화된 의사결정이 행해지고, 비정형화된 의사결정은 새롭고 또 구조화되어 있지 않은 것에 대한 의사결정으로 해결할 수 있는 행정절차가 형성되어 있지 않은 경우에 이루어지는데, 모든 의사결정과 기법이 이러한 두 가지 형태로 확연히 구분되는 것은 아니고, 오히려 이 두 가지 의사결정 간의 계속선상에 있다고 보는 것이 옳다(김경희, 2011).

이를 좀 더 구체적으로 살펴보면 다음과 같다.

■ **정형화된 의사결정(Programmed Decisions) : 프로그램화**

반복적이고 일상적인 의사결정으로 해결해야 할 문제가 명확하다. 즉, 과거 경험을 통해서 지속적으로 검증된 사안에 대해 조직 내에 이미 개발되어 있는 여러 행정 절차를 이용하여 의사결정을 하는 것이다.

■ **비정형화된 의사결정(Non-programmed Decisions) : 비프로그램화**

구조화되어 있지 않은 새로운 사안에 대한 의사결정으로, 해결할 수 있는 행정절차가 조직 내에 형성되어 있지 않은 경우에 비정형화된 의사결정을 하게 된다. 비정형화된 의사결정에서는 문제해결을 위해 사용할 수 있는 규칙이나 표준 운영 절차가 조직 내에 축적되어 있지 않기 때문에 책임자의 판단·직관·창의성 등에 의존할 수밖에 없다.

4) 의사결정의 모형

이 책에서는 리더십 프로그램 개발과정을 기획과 의사결정 과정으로 보고(황성철, 2005), 프로그램 개발자가 수행하는 활동의 강조점에 따라 합리모형, 만족모형, 점증모형, 혼합관조모형, 최적모형, 쓰레기통 모형으로 나누어 살펴보았다.

(1) 합리모형

합리모형(rational model)은 의사결정에서 최대한의 합리성을 추구하는 의사결정 모형이다. 이 모형에 의하면 의사결정자는 이성과 고도의 합리성에 근거해서 결정하고 행동한다. 즉, 합리모형은 인간이 의사결정에 필요한 모든 지식과 정보를 파악·동원할 수 있다는 전지(全知)의 가정(assumption of omniscience) 하에서 목표 달성을 위한 합리적 대안의 탐색·선택을 추구하는 규범적·이상적 접근 방법이다(오세덕 외, 2008).

합리모형에 따르면 프로그램 개발자는 표적집단의 욕구나 문제에 관심의 초점을 맞추고 달성해야 할 분명한 목표를 설정한 뒤, 그 목표달성을 위한 최적의 대안을 선택하는 데 상당한 노력을 기울인다. 그러므로 합리모형의 프로그램 개발에서는 기술방법론적인 측면이 강조되고 프로그램 개발자는 전문기술자의 역할 수행이 요구된다(황성철, 2005).

합리모형이 프로그램 개발에서 이상적 접근방법으로 간주되지만 인간의 능력으로 완전하고 종합적인 정보수집과 처리가 사실상 어렵고, 인간의 복잡한 심리적 요소 등을 고려하지 않으며, 문제의 정의와 해결 방안의 모색에서 현실적으로 작용하는 정치사회적인 과정을 완전히 배제하기는 어렵다는 점에서 한계를 갖는다(김진화, 2011; 황성철, 2005).

(2) 만족모형

행정학 사전(2009)에 의하면 만족모형은 현실적인 의사결정은 '어느 정도 만족할 만한' 대안의 선택으로 이루어진다는 의사결정 모형을 말한다. 즉, 이 모형은 의사결정에서 합리적인 결정이나 최적 대안을 선택하는 데는 여러 가지 현실적 제약이 있기 때문에, 어느 정도 동의할 만한 차선의 대안을 선택함으로써 제한된 합리성을 찾을 수밖에 없다는 이론모형으로, Simon과 March(1958)가 제시한 것이다.

만족모형(satisfying model)은 합리모형의 한계점을 극복하기 위해 제시된 의사결정 모형으로 합리모형에서와 같은 완전한 합리성이 아닌 제한된 합리성(bounded rationality)에 기초하고 있다. 이와 관련해 Simon과 March(1958)는 인간은 지식·학습능력·기억능력 등 각종 능력에서 제한을 받고 있기 때문에 최적의 대안을 선택할 수 없으며 어느 정도 만족스러운 대안이 나오면 그 수준에서 결정을 하게 된다고 주장한다. 이러한 만족모형은 현실적인 의사결정의 세계를 설명하려 하기 때문에 현실적·실증적 접근법에 속한다(오세덕 외, 2008). 그러나 만족모형은 개인적 의사결정을 설명하려는 의도에서 나온 것이기 때문에 그것을 그대로 조직의 의사결정에 적용시키기에는 조직이 개인의 단순한 합계가 아니라는 점에서 무리가 따른다는 지적이 있다(안해균, 1983, 오세덕 외, 2008 재인용).

(3) 점증모형

점증모형(incremental model)은 Lindbloom(1959)이 제시하였는데, 그는 「적당히 이루어지는 과학」(The Science of Muddling Through)이라는 유명한 논문에서 당시 유행하던 과학적이고 합리적인 계획 또는 의사결정을 비판하면서 의사결정 과정에서 필연적으로 작용하는 사회정치적 요소를 무시할 수는 없다고 주장했다(황성철, 2005). 점증모형에서는 인간의 지적 능력의 한계와 의사결정 수단의 기술적 제약을 인정하고 의사결정에서의 대안 선택이 종래의 정책이나 결정의 점진적·부분적·순차적 수정 내지 약간의 향상으로 이루어진다고 보고 있으며(오세덕 외, 2008), 따라서 정책수립 과정을 '그럭저럭 헤쳐 나가는(muddling through) 과정'으로 보고 있다(Lindblom, 1959, 오세덕 외, 2008 재인용).

점증모형은 현실적·정치적 방법으로 의사결정이 기존의 것을 점진적으로 수정해 나아가기 위해 계속적으로 일어나는 제한된 비교이며, 부분적인 상호조절(partial mutual adjustment)이므로 점진적으로 조금씩 변화하며 나타나는 것이지, 갑자기 비약적으로 이루어지는 것이 아니다라는 견해를 가지고 있기 때문에, 의사결정은 바람직한 목적에 대한 접근이지 결코 목적 달성 그 자체는 아니라는 것이다(김진화, 2011). 따라서 점증모형에 따른 프로그램은 최선의 프로그램보다는 점증적이고 중화적인 형태로 프로그램이 확정되고 시행되는 것이 현실적이라는 것이다(황성철, 2005).

Goldberg(1995)는 프로그램 개발과정에 관한 연구에서 점증모형으로 프로그램이 개발되는 경우 기존 프로그램이 시행착오를 거치면서 단계적으로 프로그램의 예산과 인력이 확충되어 변모한다는 사실을 발견했다(황성철, 2005).

(4) 혼합관조모형

혼합관조모형(mixed scanning model)은 합리모형과 점증모형을 절충하여 상호 보완적으로 혼용함으로써 현실적이면서도 합리적 결정을 할 수 있다고 주장하는 모형으로 이 모형은 Etzioni가 최초로 제시했는데, 그는 기본적인 결정과 부분적인 결정을 구분하고 기본적인 결정에 대해서는 합리모형, 부분적 결정에 대해서는 점증모형에 의해 결정하는 것이 바람직하다고 주장했다(오세덕 외, 2008). 혼합관조모형에 의해 프로그램 개발을 시도하는 프로그램 개발자는 관료의 역할을 수행한다.

(5) 최적모형

행정학 용어사전(2010)에 의하면, 최적모형(optimal model)은 미국의 정치학자 Yehezkel Dror가 합리모형과 점증모형 등 기존의 모형을 비판하고 제시한 정책결정의 이론적 모형이다. 최적모형은 올바른 정책결정을 위해 대안을 검토하고 결정하는 단계만이 아니라 정책결정 준비단계에서부터 정책집행 단계에 이르기까지 모든 정책과정에 대하여 새롭게 검토되어야 '최적'의 결정을 할 수 있고, 또 정책결정의 지침을 결정하는 데는 합리성만이 아니라 직관이나 판단력과 같은 초합리적인 요소도 중요시해야 한다는 이론이다. 따라서 최적모형의 특성을 든다면, 첫째로, '최적'이라는 개념이 이 이론의 핵심을 이루고 있다는 점이다. 여기서의 '최적'이란 양적인 개념이 아니라 질적인 개념이다. 그렇다고 양적인 것을 완전히 무시해 버린다는 뜻이 아니라 '최대한'이라는 뜻의 막연한 분량으로 나타낸다.

둘째로, 정책결정은 합리적 요소는 물론 초합리적 요소들까지도 중요시한다는 점이다. 여기서의 초합리적 요소들에는 직관, 주관적인 판단, 창의력 등이 포함된다.

셋째로, 정책결정의 필요성은 희소성(scarcity)을 띤 자원(전문인력 · 시간 · 돈 · 지식 · 기술 등)을 경제적으로 이용해서 현재보다 더 나은 상태로 바꾸어 보려는 데 두고 있다.

넷째로, 이 모형에서는 정책결정을 크게 4단계로 구성해 놓고 있다는 점도 특징이다. 즉, '정책을 어떻게 만들 것인가' 하는 상위 정책형성 단계, 실제로 문제해결을 위해 대안을 탐색·비교·분석하여 선택하는 정책결정 단계, 그리고 정책결정 이후 수정이 일어나는 정책집행 단계, 그리고 환류(feed-back)의 단계가 그것이다.

그러나 이 모형에 대해서는 이론상으로 수긍할 점이 많으나 실제로 수많은 크고 작은 정책결정에서 정책 방향부터 전 과정을 검토해 나간다는 것은 현실적으로 불가능할 뿐 아니라 그 효과성도 의심스럽다는 비판이 있다.

(6) 쓰레기통 모형

쓰레기통 모형(garbage can model)은 조직 내의 많은 의사결정의 비체계성을 강조하는 모형으로, 목표가 불확실하고 따라서 목표달성을 위한 수단이 불분명하며 의사결정에 참여하는 사람들이 계속 바뀌는 조직에서는 문제해결을 위한 의사결정이 계획적이고 단계적인 문제해결활동에 의해서가 아니라, '우연하게' 이루어질 수 있다는 것이다(김경희, 2011).

쓰레기통 모형(garbage can model)에 대해 다른 모형들에 비해 복잡하고 혼란한 상황, 즉 '조직화된 혼란상태 속에서 조직이 어떠한 결정형태를 나타내는가'에 초점을 두는데, 쓰레기통 모형은 다음과 같이 몇 가지 전제를 가지고 있다(김영숙 외, 2002).

첫째, 결정에 참여하는 여러 사람들은 서로 다른 선호(preference)를 가지고 있으며, 둘째, 조직이 선택된 대안과 그 대안이 초래하는 결과 간의 인과관계를 파악하는 기술을 분명하게 알고 있다기보다는 시행착오의 과정을 통해서 습득한다. 셋째, 의사결정 과정에 참여하는 사람들은 그 자신의 시간적 제약 때문에 그 결정과정의 전체적 시간량에서 보면 극히 일시적으로 참여하게 되며, 개개인적으로 보면 그는 결정과정에 극히 부분적으로만 관여한다.

이 모형에 의하면 의사결정은 문제·해결방안·의사결정 참여자·의사결정 순간이 서로 독립적으로 상호작용하는 가운데 어떤 사안이 결정된다고 본다. 즉, 이 네 가지 흐름들이 쓰레기통 속을 흘러다니다가 어느 한 시점에서 우연히 만났을 때 의사결정이 이루어진다고 보는 것으로, 여기에는 기회·운·타이밍과 같은 변수가 중요한 결정요인이 된다(김경희, 2011).

chapter 07

리더십 개발 프로그램의 마케팅

잠재적 대상자를 프로그램에 참여하도록 유도하고 필요한 재원 확보를 위해서 홍보, 모집, 광고 등의 활동을 전개하는데, 이러한 활동을 통칭 프로그램 마케팅이라고 한다(김종명 외, 2014).

1. 프로그램 마케팅의 이해

프로그램 마케팅이란 개발된 리더십 프로그램에 고객들의 참여를 유도하기 위해 취해지는 여러 가지 조치를 포괄적으로 지칭하는 개념을 말한다(김진화, 2011). 마케팅은 프로그램의 성공을 위해 필수적인 요소로, 단순히 홍보 책자를 만들어 배포하는 것에서부터 사람들을 프로그램에 참여하도록 끌어들이는 것 혹은 조직과 개인의 다양하고 복합적인 상호작용을 말하기도 한다(기영화, 2010).

기관의 정책과 이념에 따라 프로그램을 설계하게 되는데, 설계되어 실행단계로 넘어가는 과정에서 대상자 집단을 확보하고 예산에 포함된 재원을 마련하는 일은 기관에서 최고관리자나 프로그램 담당자들의 관심사로, 특히 프로그램의 담당자는 잠재적 대상자들을 프로그램에 적극적으로 참여하도록 권유하고 필요한 재원 확보를 위한 제반 활동 중의 하나로서 홍보, 모집, 광고 등 프로그램의 정당성 확보를 위한 마케팅 활동을 전개한다(김종명 외, 2014).

프로그램의 홍보란 개설된 강좌에 사람들을 등록시키는 데에 결정적인 요소가 되는데, 아무리 훌륭한 강조하고 하더라도 고객들에게 그 내용을 충분히 알리지 못한다면 그 강좌는 성공할 수가 없기 때문에 어떠한 강좌도 참가자의 확보를 위하여 홍보가 필요하다(이화정 외, 2014). 홍보의 원칙은 전달한 내용을 홍보의 목적, 내용, 방법, 시간, 장소, 대상 등 육하원칙에 입각하여 제시해야 하고, 홍보물이 대상자에게 분명하게 전달될 수 있도록 해야 하며, 시간적으로 적합한 타이밍을 포착해야 하고, 신뢰감을 떨어뜨리는 과대 홍보는 삼가야 하며, 성공적 홍보를 위해서는 소비자행동이론을 이해하고 상품(프로그램) 차별화, 시장 차별화 전략을 구사할 필요가 있다(이화정 외, 2014).

2. 프로그램 마케팅의 구성요소

마케팅이라는 용어는 진흥(promotion)이나 광고(advertizing)의 의미를 포함하면서 네 가지 중요한 구성요소를 가지고 있는데, 생산품(Product), 진흥(Promotion), 장소(Place), 가격(Price) 등 4P가 있다(김진화, 2011).

이화정(2014)에 의하면 생산품(Product)은 기관에서 산출되는 교육 프로그램이나 서비스를 의미하는 것으로, 고객집단의 변화하는 요구 및 필요를 충족시키기 위하여 고객에게 제공되고, 또한 기관에서 개발된 리더십 프로그램을 어느 장소(Place)에서 운영하느냐는 잠재적 고객의 직접적인 참여에 상당한 영향을 끼친다. 많은 경우에 잠재적 고객들은 의외로 프로그램이 운영되는 장소에 따라 참여에 많은 차이를 보이는 경향이 있다. 마케팅에서 가격(Price)이란 기관에서 운영되는 프로그램에 보다 더 많은 대상자들이 이용할 수 있도록 수강료와 같이 고객이 지불하는 비용을 결정하는 것을 의미하고, 진흥(Promotion)은 고객과의 의사소통을 통해 판매를 높이는 것으로 프로그램의 성패를 좌우하는 중요한 요소이다(이화정, 2014).

3. 프로그램 마케팅 절차

마케팅은 프로그램을 일반인에게 알려 잠재적인 고객들로 하여금 프로그램 참여를 유도하는 데 목적이 있는데, Gardner는 효과적인 프로그램 마케팅을 위해 다음의 과정에 유의하게 했다(기영화, 2010).

첫째, 프로그램을 광고하는 목적이 정해져야 한다.

둘째, 홍보에 어느 정도의 예산을 투자할 것인가 미리 정해야 한다.

셋째, 광고매체를 선정해야 한다.

넷째, 광고매체를 선정한 후, 선택한 광고매체에서 요구하는 형식에 맞게 광고 내용을 준비한다.

다섯째, 광고가 나간 후, 그 효과와 비용에 대한 평가가 이루어져야 한다.

chapter 08

리더십 개발 프로그램의 실행

1. 프로그램 실행의 의미

프로그램 실행 단계는 개발된 내용을 실제 프로그램을 운영하는 단계로(윤옥한, 2014), 프로그램을 실행한다는 것은 그 목적과 목표를 달성하기 위하여 계획된 프로그램을 실제로 전개하는 것을 의미한다. 실질적으로 프로그램은 실행되기 위해서 설계되는 것으로, 프로그램 실행의 의미를 넓은 의미로 살펴보면, 계획된 프로그램을 실제적으로 실행하기 위한 운영 조직을 기록·정리하여 평가 활동에 이르기까지의 일련의 과정을 포함하는 것으로 개념화되고, 좁은 의미의 개념으로 보면, 프로그램의 실제적인 전개를 위한 도입과정에서 정리단계에 이르기까지의 과정을 의미한다(김종명 외, 2014).

프로그램의 실행은 기관이 프로그램을 기획하고 실행하고자 하는 프로그램의 가치와 정책 이념과 프로그램을 담당하는 사람의 능력과 자질에 의하여 영향을 받게 되는데, 그 내용이 무엇이 되든 리더십 프로그램에 참여하는 서비스 이용자들로 하여금 바람직한 행동의 변화를 유도하기 위해(김종명 외, 2014), 리더십 관련 이론과 지식 및 기술을 토대로 그들이 정한 목적과 목표에 따라 영향을 주어 프로그램 실행이 제대로 이루어지도록 해야 한다.

프로그램이 제대로 실행되기 위해서는 다음과 같은 기본적인 원리들이 잘 준수되어야 한다(김종명 외, 2014).

첫째, 프로그램 담당자는 기획된 프로그램을 실행하는 데 필요한 제반 여건을 확보·정비하는 데 있어 다양한 기법과 전략을 마련하여 활용하여야 한다.

둘째, 프로그램 실행이 보다 효과적으로 실행될 수 있도록 필요한 인적자원을 확보·조직하여 명확한 업무분담과 동시에, 그 역할수행 활성화를 위한 제반 노력을 강구하여야 한다.

셋째, 프로그램 실행과정에 있어서 프로그램 담당자는 참여자들에게 동기부여를 할 수 있도록 계속적인 강화요인을 제공해야 한다.

넷째, 프로그램 실행과정에 있어서 참여자들의 경험을 증대시키고 참가자의 반응에 기꺼이 수용할 수 있어야 함은 물론 재조정이 이루어지도록 해야 할 필요가 있다.

2. 프로그램 실행 과정

프로그램의 실행 과정은 준비단계, 실시단계, 정리단계로 나누어 살펴보면 다음과 같다(김종명 외, 2014).

1) 프로그램 실행 준비단계

준비단계에서 점검 및 확인이 어떻게 이루어지느냐에 따라 프로그램 진행이 원만하게 이루어진다고 볼 수 있는데, 준비단계는 프로그램 운영조직과 내용에 대한 사전점검 및 연락을 취하는 것을 의미하는 것으로 점검된 제반 상태에 대하여 재차 점검을 하고 확정하여 철저히 해두는 것을 의미한다.

2) 프로그램 실시단계

프로그램의 궁극적인 목표가 실현되는 단계로서 프로그램을 원활하게 실행하기 위한 과제가 필요한데, 프로그램을 원활하게 수행하기 위해 필요한 과제는 프로그램 담당자들의 역할분담 내용을 확인하고, 기획된 프로그램 대안에 따라 진행하도록 하며, 프로그램이 진행되는 동안 참여자들의 상황 변화에 적절한 반응을 한다.

3) 프로그램 정리단계

프로그램 실행이 이루어지고 있는 동안 프로그램 실행과정과 결과를 기록하고 정리, 요약하는 것을 중점적으로 실행하는 단계로, 세부목표 작성 시 진술한 내용을 토대로 실행이 제대로 이루어졌는지 실행한 내용을 정확하게 기록·정리하여 프로그램에 대한 체계적인 평가를 위한 자료로 활용할 수 있도록 요약하여야 한다.

chapter 09 리더십 개발 프로그램의 평가

1. 리더십 개발 프로그램 평가의 정의

1) 프로그램 평가의 개념적 정의

프로그램 평가에 대한 개념적 정의는 학자들의 견해에 따라 다양하게 제시되고 있는데, Rutman(1984)은 프로그램 평가를 정책이나 프로그램에 관한 의사결정을 목적으로 사회과학적 조사방법을 사용하여 정책 또는 프로그램의 수행 과정과 결과를 측정하는 일련의 절차로 정의하였으며, Patton(1986)에 의하면, 프로그램 평가란 프로그램의 특성 및 활동과 결과에 관한 체계적 정보수집을 통해서 불확실성을 제거하거나, 효과성을 증진시키거나, 프로그램의 진행상황과 파급효과에 관한 의사결정을 위한 것을 의미한다(김종명 외, 2014).

2) 리더십 개발 프로그램 평가과정

이전에는 평가를 할 때 각각의 계획에 따른 결과를 보여주는 것에 초점을 맞추었으나, 최근에는 평가를 함으로써 최대의 효과를 보려면 그 평가 자체가 리더십 개발 프로그램과 조화가 되어야 한다. 리더십 프로그램 개발 평가를 McCauley(2010)가 제시한 평가과정을 중심으로 살펴보면 다음과 같다.

(1) 평가적 사고를 프로그램 계획에 활용하기

평가적 사고를 프로그램에 활용하기, 평가에 필요한 요소들, 평가계획에 대해서는 McCauley(2010)가 제시한 것을 중심으로 살펴보면 다음과 같다.

평가적 사고는 리더십 개발 프로그램의 계획을 세우는 과정에서 좀 더 평가적으로 세밀하게 할 수 있도록 도와준다. 이것은 프로그램을 계획하는 사람들과 이해관계자들이 리더십 개발 인터벤션을 목적과 결과로 나누도록 도와주고 프로그램의 결과에 대해 생각할 수 있도록 도와주는 것으로서, 평가적 사고는 프로그램의 계획자들과 이해관계자들에게 성공적인 인터벤션의 비전에 대하여 생각하게 하는 역할을 한다. 평가적 사고를 하기 위한 질문은 다음과 같다.

- 언제쯤 프로그램의 결과가 눈에 띄게 드러날 것인가?
- 고객들은 어떠한 결과를 보여주는 것을 가장 만족해할까?
- 어떠한 요소들이 프로그램에 의해 원하는 변화가 오게 하는 것을 돕거나 방해할 수 있을까? 등이다.

프로그램 계획 전 평가적 사고를 처음에 필요한 요소를 따질 때부터 하기 시작한다면 목적과 계획이 더욱더 잘 맞도록 도와주는 효과가 생겨서, 계획이 목표를 달성하도록 도와준다. 평가적 사고는 리더 개발에 중요하고 기초가 되는 가치관을 심어준다.

(2) 평가에 필요한 요소들

평가에 필요한 요소들은 ① 단체나 공동체의 사정을 이해한다, ② 원하는 결과를 알아낸다, ③ 사람들 각각의 능력과 역량, 그리고 함께 일할 때의 능력과 역량을 가늠한다, ④ 바람직한 해결방침을 마련한다 등이다.

(3) 평가 계획

평가는 리더십 개발 프로그램을 계획하는 과정의 일부이며 이 두 가지가 제대로 연결되어 있는지 확인하는 절차로, 이해관계자들과의 대화에서 여러 질문에 응답을 하면서(예를 들어, “이 결과는 무슨 뜻이죠?”나 “어떠한 변화가 예상되나요?”와 같은 질문들) 디자이너들은 계획을 더욱 보강할 수 있다. 평가 자체를 계획하기 위해서는 다음과 같은 절차가 필요한데, ① 평가의 목표를 알아낸다, ② 구체적인 평가를 위한 질문들을 준비하고, ③ 구체적인 평가 방법을 정한다.

① 평가의 목표를 알아낸다

이해관계자들이 목표가 무엇인지에 대하여 모두 동의를 해야 하는데, 예를 들어 얻어지는 정보는 현재 진행 중인 프로그램을 개선하는 데에 쓰일 것인가? 어느 프로그램에 대한 지지를 계속하느냐 마느냐와 같은 중요한 결정들에도 여기서 얻어지는 정보가 쓰일 것인가? 평가의 목표에 대한 이해관계자들의 공통적인 동의가 어떠한 평가 데이터가 필요한지와 평가결과가 어떻게 활용될 것인지 정하기 위하여 필요하다.

② 구체적인 평가를 위한 질문들을 준비한다

평가를 위한 질문들을 만들어 내는 것은 반복적인 과정으로, 이 단계에서 우리는 이해관계자들과 "참가자들이 처음 목표로 했던 결과들에 비하여 얼만큼을 달성하였는가?"와 "이러한 결과가 시간이 지나도 계속될 것이라는 것에 대한 증거가 무엇이 있는가?"와 같은 고차원적인 질문들을 만든다.

③ 구체적인 평가 방법을 정한다

폭넓은 질문들이 정해진 후에 주요 이해관계자들과 함께 각각의 질문에 대해 어떠한 방법으로 평가 데이터를 수집할지에 대하여 알아보아야 하는데, 예를 들어 미국 대부분의 기업들에서는 전화인터뷰가 인정받는 유형의 데이터이다. 그러나 미국의 일부 커뮤니티와 유럽과 아시아의 몇몇 나라들은 직접적인 인터뷰를 선호한다. 직접적인 인터뷰가 적절한 때는 인터뷰를 받는 사람들이 인터뷰 과정이나 인터뷰를 하는 사람을 쉽게 믿지 못해서 인터뷰를 시작하기 전에 믿음을 주어야 할 때이다. 사람을 직접 만나는 것은 데이터 수집을 하면서 서로에 대한 믿음을 만들 수 있는 계기가 된다.

참가자들과 이해관계자들은 평가자들이 편향되어 있고 그래서 인터뷰를 하는 데에 적절하지 못한 사람이라는 의견이 있을 때도 있다. 또는 인터뷰에서 공정한 판단을 하기에는 돈을 대고 있는 단체에 너무 의존적이어서 편향

됐을 것이라는 의견도 있다.

데이터가 직접 수집됐든 전화나 설문조사로 수집됐든, 참가자들이나 관찰자들 중에는 돈을 대는 단체의 비위를 맞추기 위하여 데이터를 더 그 단체에게 좋은 쪽으로 편향되게 할 수 있다. 예를 들어, 아프리카의 일부 지역에서는 인터뷰를 할 때 사람들은 대부분 질문에 대답하는 대신 인터뷰의 주최자가 원하는 답변이 무엇인지 예상하여 답을 한다고 한다(African Evaluation Association, 2002). 그러므로 효과적인 데이터 수집을 위해서는 여러 가지 공동체들의 사고방식과 문화를 이해하는 것이 중요할 수도 있다. 여러 문화에서 정보를 수집할 때 유용할 수 있는 방법은 이미지(사진이나 그림), 스토리보드, appreciative inquiry(긍정변화, 강점탐구), 콜라주 등을 사용하여 소통하고 데이터를 수집하는 것이다.

이해관계자들이 받아들일 수 있는 데이터의 유형과 데이터 수집의 방식이 무엇인지에 대하여도 알아보는 것이 중요하다. 예를 들어, 양적인 데이터와 질적인 데이터의 가치를 다르게 생각하며 다르게 받아들이는 이해관계자가 있을 수도 있다. 또 다른 이해관계자들은 실제로 몇몇 사람들이 어떻게 변화하였는지에 대한 구체적인 일화를 더 선호할 수도 있다. 이런 경우에는 심화적인 인터뷰나 케이스 스터디가 계획의 결과에 대한 이해관계자들의 이해를 돕는 데 가장 유력할 수도 있다. 다른 이해관계자들은 수치를 더 중요하게 생각하며 이익을 남기는 것을 중요하게 생각할 수도 있다. 이런 경우에는 비즈니스 쪽의 평가를 필요로 할 수도 있다. 예를 들어, 프로그램을 진행하는 데에 든 비용과, 이 프로그램으로 하여금 더 얻을 수 있는 수익에 대한 평가와 같은 것이 효과적일 것이다.

④ 개인적 결과를 평가하는 방법

개인적인 결과를 측정하기 위하여는 평가 설문조사, 예상과 실제 결과의 비교, 인터뷰, 활동일지와 목표의 달성도, 행동 평가 등의 방법을 사용하는데, 가장 핵심적인 질문 중 하나는 프로그램을 통하여 정말로 개인이 개선되었는지에 대한 것이다. 이해관계자들은 어느 정도로 역량과 능력이 증대되었는지를 알고 싶어 한다. 이에 대한 답을 찾기는 어렵고, 방법이 여러 가지 있다. 가장 이해하기 쉬운 방법 중 하나는 전과 후로 나눠서 같은 평가를 하는 것이다. 프로그램 전에 한 번 평가를 하고, 이후에도 평가를 한다는 것이다. 이 방법은 평가자가 일정하고 평가하려는 능력이 구체적일수록 더 효과적이다.

〈표 9-1〉 개인의 결과를 평가하는 방법

방 법	설 명
일별 평가	매일 설문조사나 글을 작성하게 하여 참가자들의 생각과 변화를 기록하게 하는 것이다.
프로그램 종료 후 평가	프로그램의 각 부분이 끝날 때마다 참가자들에게 설문조사와 함께 처음에 세웠던 목표를 달성했는지에 대한 여부 등을 조사하는 방법이다.
인터뷰와 설문지	어느 정도 틀이 있는 인터뷰를 전화나 직접적으로 하여 질적·양적 데이터를 참가자나 이해관계자들에게서 수집하는 방법이다. 이는 프로그램이 시작하기 전에 하든, 도중이나 후에 하든 무관하다.
예상-효과 비교하기	프로그램을 시작하기에 앞서 설문조사를 이용하여 프로그램에 대해 참가자들이 기대하는 부분과 예상하는 효과에 대하여 말하게 하는 것이다. 이후에 예상에 얼마나 들어맞았는지 다시 설문조사를 한다.
학습적 설문조사	단체의 참가자의 보유 여부와 프로그램에 대한 정보를 얻을 수 있도록 계획된 설문조사이다. 프로그램 시작 전과 후로 한 번씩 진행한다.
활동일지와 목표를 향한 진전의 조사	설문조사나 온라인 프로그램을 통하여 참가자들이 세웠던 목표의 어느 정도를 달성하였는지를 조사하는 것이다. 이 설문조사는 목표를 달성하는 데에 있어서 어떤 장애물들이 존재하는지, 이를 어떻게 극복하는지, 그리고 앞으로 최종 목표를 달성하는 데에 어떠한 장애물들이 있을지에 대하여도 알 수 있게 해준다. 프로그램을 시작한 지 3~6달 즈음 시작한다.
맞춤형 설문조사	참가자들의 설문조사인데 그들의 상사가, 직장동료가, 그리고 자기가 쓴 리포트가 첨가될 수 있는 것이다. 이 리포트는 참가자의 행동에 어떠한 변화가 있었는지에 초점을 맞추며 주로 프로그램 시작으로부터 3~6달 후에 시작한다.
행동 평가	참가자들의 태도와 행동을 평가한다. 이는 프로그램 시작 전, 도중, 후에 가능하며, 다시 하기도 한다.
참가자의 코치와 설문조사/ 참가자의 코치의 설문조사	전화나 직접적이나 온라인으로 참가자의 코치에게 데이터를 받는다. 이 데이터는 참가자가 어려워했던 부분, 성공적이었던 부분, 목표를 성취하기 위한 진도 등을 조사한다. 주로 참가자가 코치와 적어도 두 번 만난 후에 이루어진다.

⑤ 그룹이나 팀에서의 결과를 측정하는 방법

프로그램의 계획이 개인이 아닌 팀이나 공동체 적용되는 것이라면, 개인의 측정 방법을 사용한 후 그것을 모아서 팀과 공동체를 평가하는 방법이 있다. 예를 들어, 맞춤형 설문조사로 여러 참가자들에게서 수집된 데이터를 모아서 그룹의 전체를 대표하는 리포트를 작성할 수 있다.

⑥ 그룹이나 팀에서의 결과를 측정하는 방법

조직적인 영향을 평가하기 위한 Center for Creative Leadership에서 사용된 어떤 방법들은 분위기와 문화조사 재분석, 조직체계 변화의 평가, 투자에 대한 회수 평가, 작업장통계, 문서분석과 고객만족 평가이다.

〈표 9-2〉 조직적인 결과물 평가 방법

방 법	내 용
분위기 조사 재분석	• 어떤 조직의 모든 또는 샘플 근로자가 임금과 수량 리더십 발전 가능성과 같은 조직의 특정 사안에 대한 만족 여부를 평가하는 조사 • a. 조사는 발기 전 최소 한 번 그리고 발기 후 적절한 시기(조직의 변화 과정을 수용하도록 사전/ 사후 평가 사이를 1년에 1번 이상)에 실시
문화조사 재분석	• 어떤 조직의 모든 또는 샘플 근로자가 조직에 널리 퍼진 허용된 행위와 가치 변화를 평가하는 조사 • a.와 동일
조직체계 변화의 평가	• 어떤 조직의 모든 또는 샘플 근로자가 운용절차, 교육진행, 인맥관리 정상/ 비정상적인 의사소통 구조와 같은 리더와 리더십 발전의 체계수준 결과에 대한 변화를 평가하는 조사의 일부 또는 인터뷰 • 조사나 인터뷰는 a.와 동일 • 좀 더 복잡한 변화는 증명되는 데 시간이 더 걸림
투자회수 (ROI)	• 특별한 발전 경험의 비용과 이익평가, 효과분석 그리고 그러한 경험의 상대적 비용영향 결정 • 자료모집과 계산이 발기 이전에 필요 • 최종 ROI 계산은 프로그램 종료 후 6~8개월에 수행
작업장소 통계	• 결근, 의사소통 차단 소비자 충성, 소비자 만족, 근로자 회전 그리고 신상품과 서비스 개발과 같은 관련 결과의 변화 분석 • 자료는 발기 전 최소 한 번 발기 후 적절한 시기에 한 번 수집 및 분석 (평가 전후 사이 일 년에 1번 이상) • 좀 더 복잡한 변화는 증명되는 데 시간이 더 걸림

문서 분석	• 프로그램 또는 상황이 포함된 사람이나 활동 그리고 여러 상황의 발생빈도에 대한 배경이나 역사를 이해하기 위한 조직 문서의 분석 • 원조는 가치 감정 의도 기대하는 결과와 프로그램의 내용과 관련된 신념을 깊게 이해하게 함 • 자료는 프로그램 종료 후 적절한 시기를 포함하여 프로그램 또는 발기를 통해 수집
고객만족 평가	고객서비스에 있어서 고객의 시각 분석 (예 내부적으로나 고객들과의 좋은 의사소통과 소비자의 요구 만족) 프로그램 전후에 다양한 곳에서 자료 수집

⑦ 사회적 네트워크 분석

사회적 네트워크 분석은 조직, 공동체 그리고 팀내 사람들 사이 관계의 성격과 흐름을 측정함으로써 조직적인 효율성을 이해하고 증진하는 도구로서 사용될 수 있다.

IBM, Accenture 그리고 Mars 같은 회사는 어떻게 개인들이 네트워크 하는지, 누가 가장 영향력이 있는지, 연결을 위해서는 누가 필요한지를 결정하기 위해 이것을 사용해 왔다.

(4) 평가계획의 실행(Implementing the Evaluation Plan)

〈표 9-3〉 **평가계획 매트릭스 : 질문 시 고려해야 할 것들**

평가 질문들	데이터 수집시기	데이터수집 사용방법	변화 지표	단계관리자	단계대응자
배운 것을 참가자들이 일터에 적용하는 방법	3~6개월	조사 설문지 인터뷰	직접 적용 시 지식과 기술 증가	인력자원 개발 그룹	관리자와 참가자
업무 수행 시 주도자들이 갖는 영향력	6개월	관찰, 다중평가 (개발의 특수지역)	일의 질, 생산성, 고용주 만족, 직원만족도 증가	인력자원 개발그룹	관리자, 직접보고, 참가자
참가자들은 개발, 새로운 역량 적용 시 지원받는가	3~6개월	조사 설문지 인터뷰	관리자로부터의 지원, 개발 시 관리장벽	인력자원 개발그룹	관리자 참가자

(5) 평가결과의 사용

평가는 조직의 학습에 아주 중요한 부분으로, Torres와 Preskill, Piontek(2005)에 의하면, 평가자들은 평가과정이 이해관계자들에게 유용하다는 것을 의사소통할 필요성이 있는데, 평가결과는 다른 제도들(보상제도, 의사소통제도, 업무지원제도)과 토의하도록 정보를 알려준다. 또한 평가결과로부터 리더십 개발 제도를 개선할 방법, 이것을 다른 제도들과 더 효과적으로 통합하는 방법, 그리고 이 제도들을 개선시키는 방법들을 개발해야 한다(McCauley, 2010).

2. 리더십 개발 프로그램 평가의 제한점

리더십 개발은 경제 상황, 정책의 변화, 구조의 변화 등의 여러 가지 작용에 의하여 영향을 받는다. 리더십 개발은 기관들이 많은 자원을 투자하는 부분이므로 리더십 개발의 영향과 결과 평가가 어려움에도 불구하고 그것을 평가해서 리더십 개발을 더 증진시키는 것이 중요하다(McCauley, 2010).

평가 시의 가장 큰 목적은 주요 이해관계자의 질문에 대한 대답에 있으므로 평가의 첫 번째 단계는 바로 그 이해관계자들이 누군지 찾아내는 것, 이를 위하여 "평가에 관여하는 사람들과 이에 영향을 받는 사람들이 누구인가?", "누가 프로그램의 목적과 평가에 대해 있어서 결정권을 갖고 있는가?"에 대한 질문으로 시작한다(McCauley, 2010).

이는 리더십 개발 프로그램 이해관계자들이 리더십 개발로 인하여 밖으로 드러나는 결과를 찾아내는 실력이 서로 다르고, 리더십 개발의 효과를 평가할 때 어느 요소를 봐야 할지 불분명하며, 리더십 개발에 의해 일어난 결과들을 다른 원인으로부터 일어난 결과와 분리시켜서 보기가 어렵기 때문이다.

PART 03

리더십 개발 프로그램의 실제적 접근

chapter 10. 리더십 개발 프로그램의 사례

chapter 10

리더십 개발 프로그램의 사례

이 장에 소개되는 리더십 개발 프로그램 사례들은 필자와 숭실대학교 평생교육학과 박사 연구진들이 2013~2014년에 걸쳐 공동 조사한 것이다.[1] 각각의 사례는 프로그램 개발의 배경, 요구분석, 목적 및 목표, 프로그램 내용, 프로그램 홍보, 프로그램 평가, 프로그램에 대한 논의 순으로 정리하였으나 사례 특성에 따라 과정이 생략된 경우도 있다.

1. 셀프 리더십 개발 프로그램

〈7 Habits 프로그램을 통한 셀프 리더십 개발 과정 탐색 : H제약회사를 중심으로〉

■ 리더십 프로그램 개발의 배경

최근 급격한 환경변화와 어려운 경제상황 아래에서 기업의 경쟁력 제고를 위한 다양한 노력들이 가중되고 있다. 이제 현대의 기업들은 전통적인 통제 중심의 관리체계에서 벗어나 자율 중심의 관리로 변화하여 조직 구성원의 잠재된 능력을 최대한 이끌어 내어 변화하는 환경을 스스로 헤쳐나갈 수 있는 능력을 향상시켜야 한다. 이러한 요구에 부흥하기 위해 구성원들을 관리하는 리더십으로 셀프 리더십의 개발에 관한 관심이 떠오르고 있다. 셀프 리더십

1) 공동 조사에 참여한 연구진은 박준선, 이미섭, 박유순, 김정숙, 이종실, 임철헌, 조병규, 전종현, 임정연, 김형선이며, 이들의 헌신적인 노력에 감사의 뜻을 전한다.

은 조직 구성원 개개인의 자발적인 노력과 열정을 이끌어 가는 과정으로 인간이 근본적으로 가지고 있는 자기통제 시스템을 자극해 스스로 목표를 설정하고 영향력을 행사하여 일의 성과를 올리는 데 중점을 두는 리더십이다.

2000년에 의약분업의 본격적인 시행으로 인해 제약 산업은 다국적 기업의 국내진출은 물론 기존 국내 제약회사들의 경쟁력 있는 신약개발로 인해 시장 점유율을 높이기 위한 경쟁이 가속화되고 있으며 마케팅과 영업역량의 강화를 통한 제약회사의 차별화를 강조하는 데 있어 영업사원들의 역할이 어느 때보다 강조되고 있다(박동윤, 2009). 특히 제약회사 영업사원의 판매방식은 보험, 자동차, 금융업 등 불특정 다수를 상대로 하는 타 업종과는 달리 의사, 약사라는 특정 계층을 상대로 하는 영업이다. 전문의약품을 담당하는 영업사원의 경우는 고객의 대상이 의사에만 한정되는 영업의 형태이므로 영업활동에서 요구되는 역량은 타 업종의 영업사원과는 다르다(정태선, 2007). 제약회사의 영업사원에게는 특히 각자에게 주어진 권한 안에서 리더십을 발휘하여 조직의 생산성과 효율성을 높이는 것이 요구된다.

그동안 기업의 조직 구성원들을 위한 교육은 경영성과를 창출하기 위한 수단으로서 실제적인 필요에 의해서 진행되었다. 기업교육에서는 교육훈련의 효과를 빠르고 쉽게 얻으려 하여 경영기법이나 판매기법과 같은 훈련에 많은 시간을 투자하여 왔다(정범모, 1997). 그러나 2000년대 들어 기업교육은 기업체 자체를 넘어서 한 걸음 더 앞으로 나아가야 할 필요성을 느끼며, 기업교육을 기업의 생산성을 올리고 판매량을 향상시키는 등 직접적으로 기업의 목적성취의 수단으로만 생각하지 않고, 동시에 기업교육을 사원들의 자아실현을 위한 평생교육, 생애교육의 일환으로 생각하는 패러다임과 또 한편으로는 기업의 사회적 역할과 사명을 수행하는 일환이라는 관점을 가지기 시작하였다(윤형식, 1999). 이러한 맥락에서 원칙을 중심으로 성품에 근본을 두고 자신의 내면에서부터 변화해야 한다는 Stephen Covey 박사의 '성공하는 사람들의 7가지 습관' 셀프 리더십 프로그램이 한국에 도입되었으며 대기업을 중심으로 관심을 갖게 되었다.

H기업은 1954년 창립한 제약회사로서 우수의약품 공급으로 사회에 봉사한다는 사명으로 국민 건강 증진에 기여해 왔으며, 세계 유수 제약사들과 기술제휴를 적극적으로 주도하며, 국내 기술화 및 자본화로써 국내 제약 산업 발전에 큰 기여를 하였다. H기업의 사업 분야는 전문의약품과 일반의약품 부문으로 나누어지며 800명의 임직원이 근무하고 있으며 순위 10위권 내의 탄탄한 기업이다.

H기업이 '7 Habits'라는 프로그램을 도입하게 된 배경에는 사회적인 분위기를 감지한 기업 내에서뿐만 아니라 직원들 사이에서도 업무 생산성을 높이고 개인 삶의 주도성을 향상시키기 위한 프로그램에 대한 요구가 있었다. 그동안의 리더십 개발 프로그램이 기업의 업무향상성에 초점을 맞추어 진행되어 왔다면 '7 Habits'라는 리더십 프로그램은 개인의 삶과 사회(직장)에서의 삶의 밸런스를 유지하여 자신을 반추하도록 하는 것에 초점을 맞추는 것으로 기존의 리더십 프로그램과는 차별되는 것으로 H기업은 타 기업의 성공사례를 벤치마킹하여 도입하게 되었다.

■ 요구분석

H기업의 경우 학습대상자는 타 기업과 달리 전 직원의 직급에 무관하게 선착순으로 선발하였다. 즉, 회사에 근무하는 800명의 임직원을 대상으로 직급에 무관하게 누구든지 지원하도록 하였다. 7 Habits 프로그램에 대한 회사 내 요구분석에 대한 실시는 없었다. 한국리더십센터 교육 담당자로부터 7 Habits의 효과성에 대한 강의를 듣고 H기업보다 먼저 실행하고 있는 타 기업으로부터 전화나 교육현장을 방문함으로써 프로그램을 실시할 것을 결정하였다.

■ 목적 및 목표

Habits의 핵심적인 목적은 학습에 참여한 사람이 진정 효과적인 방법으로 살 수 있게 하는 것이다. 7 Habits 프로그램에 참가한 학습자가 몰입하여 이러한 습관들을 자신들의 생활에 적용하도록 노력한다면, 개인적인 목표와 직업상의 목표들을 성취할 수 있는 능력을 증가시킬 수 있을 뿐 아니라 직장에서는 동료들과의 대인관계, 또 소중한 모든 사람들과의 원만한 인간관계를 증진시킬 수 있다.

■ 프로그램의 내용

7 Habits 정책 및 철학은, 개인과 대인관계의 삶의 효과성 증진을 위해 세상을 아름답게 사회에 봉사헌신하고 기여하며 유산을 남기는 것이다.

프로그램의 설계는 한국리더십센터 전문위원들로서 기업의 특성을 고려하지 않고 원칙 중심의 셀프 리더십을 함양하는 것에 대한 목적을 가지고 그 효과성에 대한 pilot test를 거친 후 설계되었다. 이렇게 설계된 프로그램을 H기업의 설계자는 한국리더십센터로부터 공급받은 프로그램 가이드북을 참고로 자신의 회사의 실정에 맞게 customizing하여 다시 설계하였다.

이 프로그램에 투입된 강사의 자격은 7 Habits 프로그램 과정을 2박 3일(24시간)을 이수하여야 하며, 또한 5일간 퍼실리테이터 양성과정을 이수한 자로서 최소 3회 이상 타 회사에서 진행된 7 Habits 프로그램을 참관하는 것이 요구된다. H기업의 경우 강사가 회사의 실정에 맞게 재설계하여 설계자의 역할도 함께 하였다.

H기업의 경우 학습대상자는 타 기업과 달리 전 직원의 직급에 무관하게 선착순으로 선발하였다. 즉, 회사에 근무하는 800명의 임직원을 대상으로 직급에 무관하게 누구든지 지원하도록 하였다.

프로그램의 실행은 2박 3일 24시간 과정으로 1차수 24명 정원으로 다음과 같은 모델로 진행되었다.

기본 개념들
1. 성품과 성격
2. 패러다임
3. 원칙
4. 성숙의 연속성
5. 효과성

습관 1	주도적이 되라
습관 2	목표를 확립하고 행동하라
습관 3	소중한 것부터 먼저 하라
습관 4	상호이익을 추구하라
습관 5	경청한 다음에 이해시켜라
습관 6	시너지를 활용하라
습관 7	심신을 단련하라

성공하는 사람들의 7가지 습관이라는 프로그램은 인생을 효과적이고 능률적으로 살기 위한 수많은 기본 원칙들을 포함하고 있다. 여기서 언급하는 습관이란 기본적으로 일차적인 것이다. 이러한 습관은 나아가 지속적인 행복과 성공의 근거가 되는 올바른 원칙의 내면화를 의미한다. 창시자인 Covey 박사는 효과적인 인간행동의 원칙을 7가지 습관으로 제시하면서 각 습관들을 내면화 정도에 따라 인간이 의존적인 존재에서 독립적인 존재로, 독립적인 존재에서 상호의존적인 존재로 성장 발달한다는 것을 강조한다.

이 프로그램의 내용은 7가지 습관을 이해하기 위해 기본적인 개념을 먼저 학습하고 각각의 습관들을 익히도록 구성되어 있다. 세부적인 프로그램의 내용은 다음과 같다.

● 성품윤리와 성격윤리

성품윤리에는 언행일치, 겸손, 충성, 절제, 용기, 정의, 인내, 근면, 소박, 수수함 그리고 황금률 등이 있다. 성품윤리에 따르면 성공적인 삶을 살기 위해 기본 원칙이 반드시 있어야 한다. 따라서 사람들이 이 원칙을 배우고 또 이것을 자신의 기본적인 성품에 통합시킨다면, 진정한 성공과 행복한 삶을 성취할 수 있다는 것이다.

반면 성격윤리는 근본적으로 두 가지 분야로 나눌 수 있다. 하나는 개인 및 대중을 상대할 때 필요한 각종 기법이고, 다른 하나는 적극적 사고방식을 말한다. 다음과 같은 금언으로 표현할 수 있다. “당신이 가진 태도가 당신이 높은 지위에 도달하도록 하는 데 결정적이다”, “찌푸리는 것보다 미소를 짓는 것이 더 많은 친구를 얻는다”, 또는 “우리가 마음속에 품고 믿고 있는 것은 무엇이든 달성할 수 있다.”

이러한 성격 중심의 접근법은 어떻게 보면 조작적이고 기만적일 수도 있다. 또는 자신의 목적 달성을 위해 위장하는 것처럼 보일 수도 있다. 성격윤리의 요소는 성격개발, 커뮤니케이션, 기술훈련, 설득력 향상 훈련, 적극적 사고 훈련 교육 등을 포함하며, 이러한 것들이 유익하지 않다는 것은 아니다. 사실 어떤 경우에는 성공의 관건이 되기도 한다. 그러나 이것은 어디까지나 이차적이지 일차적인 특성이 아니라는 것이다. 이러한 기법은 신뢰와 믿음이 없이 조작적인 것으로 인식되어 경쟁적인 삶의 과정에서 결국 모든 진실이 밝혀지게 될 것이고 대인관계 역시 장기적으로는 실패로 끝날 것이다. 물론 성품상 강점을 가지고 있는 사람들 가운데 커뮤니케이션 기술이 부족하여 원활한 대인관계에 지장을 받는 사람들도 있다. 그러나 이러한 지장도 여전히 이차적일 따름이다. 그러므로 사람들이 다른 사람에게 영향을 미치려고 한다면 먼저 성품을 갖추고 성격윤리인 기법을 발휘하여야 한다는 것이다.

● 패러다임

패러다임이란 관념, 지각, 시각, 준거틀 등을 의미하는 것으로서 일반적으로 세상을 보는 방식을 말한다. 사람들은 사물을 볼 때 있는 그대로 본다고 생각하는 경향이 있다. 그러나 사실 그렇지 못하고 영향받고 조절된 자기의 주관적 입장에서 본다. 즉, 사람들은 자신들이 의식하지 못하는 상태에서 각자의 준거틀인 패러다임에 영향을 받고 있는 것이다.

그런데 이 패러다임은 사람들의 태도와 행동의 원천이다. 패러다임을 벗어나 언행이 일치하도록 행동할 수는 없다. 사람들이 자신이 가지고 있는 패러다임의 조절된 정도에 대해 더 깊이 인식을 하면 할수록 자신의 패러다임에 더 큰 책임을 느끼게 되고 더 자세하게 검토할 수 있어 더 개방적으로 받아들일 수 있다. 그렇게 되면 시야를 넓힐 수 있을 뿐만 아니라 훨씬 더 객관적인 견해를 갖게 된다. 즉, 패러다임의 전환을 경험하게 된다. 이러한 패러다임의 전환은 사람들을 긍정적·부정적 방향으로 이끌 수 있고, 일시적·지속적으로 행동하게 할 수도 있지만 중요한 것은 세상을 보는 시각을 한 가지 방식에서 다른 방식으로 바꾸어 놓는다는 것이다.

만일 사람들이 자신의 삶에 있어서 비교적 작은 변화를 원한다면, 자신의 태도나 행동을 적절하게 조정함으로써 그 목표를 달성할 수 있을 것이다. 그러나 만일 중요하고 커다란 변화를 원한다면, 자신의 기본적인 패러다임을 반드시 다루어야 한다.

● 원칙

성품을 중요시하는 것은 여러 '원칙'을 착실히 따라야 인간이 사회생활에서 좋은 결과를 얻을 수 있다는 기본적인 생각에 그 근거를 두고 있다. 원칙이란 법칙이나 인간행동의 절대적인 진리를 말한다. 이 자연법칙은 인류의 역사를 통해 모든 문명사회의 근본이었을 뿐만 아니라, 오랫동안 지탱되고 번영해 온 모든 가정과 조직의 뿌리에 해당한다. 원칙은 우리의 양해나 수용 여부에 관계없이 작용하고, 자명하기 때문에 따르게 되면 유능하게 되고 어기면 대가를 지불하게 된다. 이 같은 원칙들은 시간의 흐름에 관계없이 반복해서 나타나고, 한 사회를 구성하고 있는 사람들이 이 원칙을 인정하고 순응하며 살아가는 정도에 따라 생존과 안정, 분열과 멸망으로 가는 길이 결정된다. 이러한 원칙의 예로는 공정성, 성실(언행일치), 정직, 인간의 존엄성, 봉사, 퀄리티(자질, 양질), 우수성(탁월성), 잠재성, 성장의 원칙들이 있다.

원칙은 실제적인 상황을 해결하는 '실행방법'이 아니다. 그래서 사람들은 이 원칙을 덜 받아들이고 쉽게 인정하려 들지 않는다. 어떤 상황에 잘 맞는 방법이 다른 상황에서는 잘 들어맞지 않는 경우도 있다. 따라서 실행방법은 상황에 따라 달라지는 것이지만, 원칙은 어디에나 보편적으로 적용될 수 있는 기본적인 진리이다. 어떤 사람의 내면에 이 같은 진리, 즉 원칙이 습관으로 자리 잡을 때 그 사람은 다양한 상황에 현명하게 대처할 수 있는 수많은 실행방법의 창안능력을 가지게 된다.

● 효과성

7 Habits의 목적은 효과적인 사람이 되기 위한 습관을 갖는 것이다. Covey는 효과성을 '생산과 생산능력의 균형'이라고 명명하면서, 황금알에 눈이 먼 농부가 거위를 죽여버리는 '거위와 황금알'이라는 이솝우화에 비유하여 설명하고 있다. 대부분의 사람들은 효과성을 황금알의 패러다임처럼 보다 더 많은 것을 생산하면 할수록, 또 더 많은 일을 하면 할수록 더 효과적이라고 생각한다. 그러나 이 우화에서는 효과성의 기본 정의인 자연법칙을 강조하고 있다. 진정한 효과성이란 다음과 같은 두 가지 요소의 함수관계에서 나온다. 첫째는 생산되는 것, 즉 황금알이고, 둘째는 생산을 하게 만드는 자산, 즉 생산하는 능력인 거위이다. 만일 사람들이 거위를 무시하고 황금알에 초점을 맞추어 생활해 간다면, 거위는 황금알을 낳는 생산능력을 잃어버리게 될 것이다. 반면에 황금알을 얻으려는 목표 없이 단지 거위만 돌본다면, 사람들은 자신이 생활하고 또 거위를 키우는 데 필요한 자금을 가지지 못하게 될 것이다.

생산/ 생산능력의 균형 유지, 즉 황금알(생산)과 거위의 건강과 행복(생산능력) 간에 균형을 유지하는 데는 종종 상당히 어려운 판단이 요구된다. 그러나 이것이야말로 중요한 효과성의 본질이다. 이것은 단기적인 것과 장기적인 것 사이의 균형(balance)을 맞추는 것이다. 사람들은 이 균형에 따르는 삶을 살 수도 있고, 따르지 않고 살 수도 있다. 그러나 이 균형의 진리는 영원하다는 것이다.

● 성숙의 연속성

인간은 인생을 유아기로부터 시작하여 점차 육체적, 정신적, 감정적, 재정적으로 더 독립적이 되어간다. 스스로를 돌볼 줄 알고, 내적 통제를 할 줄 알며, 나아가 자신감도 갖게 된다. 7 Habits는 '의존적 단계'에서 '독립적 단계'로, 그리고 '상호의존적 단계'로 점진적으로 나아가게 한다. 7 Habits는 서로 분리되어 관계가 없는 단편적인 공식이 아니다. 이것은 성장의 자연법칙과 조화를 이루면서, 개인의 효과성과 대인관계의 효과성을 개발하는 데 점진적이고 순차적이며 완전히 통합된 접근방식이다. 단계별 특징은 다음과 같다.

첫째, 의존적 단계에서는 나의 안정감과 만족감은 상대방으로부터 나온다. 즉, 상대방이 주체가 되는 패러다임이다. 상대방이 나를 돌봐주고, 나를 위해 행동해야 한다. 둘째, 독립적 단계에서는 내가 모든 것의 주체가 되는 패러다임이다. 내가 그 일을 할 수 있고, 내가 책임을 지며, 나는 나 스스로에게 의지한다. 셋째, 상호의존적 단계는 우리가 주체가 되는 패러다임이다. 우리는 그 일을 할 수 있고, 서로 협력할 수 있으며, 우리가 가진 재능과 능력을 합치면 더 큰 일을 해낼 수 있다고 생각한다.

* 습관 1

'나는 내 인생의 주인이다'라는 것이다. 인생목표를 확립하고 행동하는 가장 좋은 방법은 자기사명, 즉 자기의 인생철학 내지 신조를 작성하는 일이다. 자기사명 선언은 우리가 어떤 사람이 되기를 원하는가(성품), 무엇을 하기를 원하는가(공헌과 업적)를 기술하고, 자신이 가지고 있는 가치와 원칙에 초점을 맞추어 작성한다.

* 습관 2

'목표를 확립하고 행동하라'는 인생의 목표를 수립하라는 것이다. 이것의 가장 좋은 방법은 자기사명 선언서를 작성하는 것인데, 작성방법은 자신의 역할별로 인생의 최후 순간에 갖고 싶은 이미지나 모습을 기술하는 것이다.

이것을 갖게 되면 우리가 자신의 생활에 큰 영향을 미치는 어려운 상황이나 흥분된 감정 속에서 주요 결정을 할 때 흔들리지 않고 삶의 방향을 제시해 주는 비전과 가치관을 갖게 된다.

* 습관 3

'소중한 것부터 먼저 하라'는 효과적인 관리를 의미하는 것으로 소중한 것을 먼저 하라는 것이다. 이러한 자기관리를 도와주는 것이 바로 시간관리 방법이다.

* 습관 4

'상호 이익을 추구하라'는 직위와 상관없이 독립성의 단계에서 벗어나 상호의존성의 단계로 올라가는 순간부터 우리는 하나의 리더십 역할을 맡게 된다. 다시 말해 이때부터 우리는 다른 사람에게 영향을 미치는 위치에 서게 되는 것이다. 이때 필요한 것이 '나도 이기고 상대도 이기는' 사고방식을 갖는 것이다.

* 습관 5

'경청한 다음에 이해시켜라'는 다른 사람의 말을 들을 때, 가장 고차원의 경청 상태인 공감적 경청을 의미하는 것이다. 공감적 경청이란 이해하려는 의도를 가지고 경청하는 것을 말한다. 즉, 다른 사람이 가진 준거틀의 내면에 들어가 그 사람의 관점을 통해서, 그들이 세상을 보는 방식에 입각해서 사물을 보는 것이다.

* 습관 6

'시너지를 활용하라'는 사람들 간의 정신적, 감정적, 심리적 차이점들을 소중히 여기는 것이 시너지의 본질로서, 모든 사람들이 세상을 있는 그대로가 아니라 자기 자신의 관점, 즉 패러다임을 통하여 본다는 사실을 깨닫는 것이다. 정말로 효과적인 사람은 자신의 지각의 한계를 인식하는 겸손과 공손을 가지고 있다. 또 다른 사람들의 마음과 접촉하고 나눔으로써 얻는 많은 지식과 감정이 귀중하다는 사실을 인정한다.

* 습관 7

'심신을 단련하라'는 자기쇄신, 즉 재충전을 위해 톱날을 가는 시간을 할애하는 것으로서 다른 습관들을 계속적으로 실천하게 해주는 역할을 한다. 다시 말하면 개인적 생산능력에 관련되는 습관으로 우리가 가진 최대의 자산인 '자기 자신'을 유지시키는 역할을 한다.

■ 강의 전달 방식

강의 전달 방식은 우선적으로 개념을 설명하고 충분한 사례를 제시하는 것으로 시작한다. 학습에 참가한 학습자들의 다양한 사례들을, 즉 본인들이 경험한 문제 상을 case study를 통해 토의한 후 발표하도록 한다. 개인 발표사례에 대해서는 패러다임이 전환된 사례를 중심으로 참여를 유도한다. 개인 사명서는 모두가 참여하도록 하여 분위기를 고조시킨다. 7 Habits와 관계한 다양한 게임을 실시하고 마지막으로 debriefing 시간을 갖는다.

■ 프로그램 홍보

교육 대상자 선정은 직급에 따라 하지 않고 임원, 팀장, 일반직원을 함께 묶어 선착순으로 모집한다는 공고를 냈어요. 인원은 24명이 1차순 교육 대상자로서 모집공고 내고 매진되는 데 일주일이나 걸렸습니다. 사실 직장 다니면서 2박 3일이라는 시간을 낸다는 것이 힘들어요. 그러나 1차 교육이 끝나고 교육이 좋다는 소문이 나면서 2차 공고가 붙자 하루 만에 매진되었어요. 3차 교육 공고는 2시간 만에 매진되어 7 Habits 교육효과의 대단함을 실감했습니다. (강사)

교육 대상자 선정을 직급에 따라 하지 않은 것은 사실 제 의견이었습니다. 윗선부터 할 경우에는 하급직원이 교육받기 위해 내려오려면 1년이 소요되겠더라고요. 또한 선착순에 의해서 교육생을 모집하면 본인들이 선택한 강의라 교육에 대한 몰입도가 대단히 높아요. 그걸 여러 번 실감했기에 이번 교육에도 과감하게 실행에 옮겼지요. (강사)

■ 시사점

7 Habits 프로그램을 통한 성인 교육적 의의와 시사점은 다음과 같다.

7 Habits 프로그램을 기업교육의 폭에서만이 아니라 평생교육 리더십 교육 차원에서 이해하고 다루어진다면 개인과 조직, 사회의 목표 추구에 더 큰 힘과 생명력을 가질 수 있을 것이다.

2. 팀 리더십 개발 프로그램

〈○○능률협회의 팀 역량개발 프로그램〉

■ 프로그램 개발의 배경

비즈니스 환경의 빠른 변화로 인해 많은 기업과 공공기관의 조직이 슬림화되고, 팀제와 성과관리 시스템이 정착되고 있는 시점에서 팀 조직의 리더로 하여금 높은 성과를 내는 팀, 효율적인 팀, 스스로 일하는 팀으로 운영하기 위한 원칙을 학습하고 실무에 적용할 수 있는 능력을 향상시키는 데에 있다.

■ 프로그램

○ 교육시간 : 3일 20시간

○ 교육비용 : 회원사 450,000원/ 비회원사 550,000원

■ 프로그램 내용

과 목	세부내용	학습방법	시간
모듈 1 : Team 운영의 환경 분석	1. 왜 팀인가? – 조직구조의 변화와 팀제의 도입 – 팀제와 성과관리 2. 무엇이 팀 운영을 어렵게 하는가? – 팀 운영의 장애와 이슈 – 팀 운영 장애와 본질 3. 팀 운영 환경 – 팀 운영에 대한 영향 요소 4. 팀장에게 요구되는 새로운 리더십 – 효과적인 팀 리더의 역할과 일하는 방식	제시 진단 사례 연구 토의/ 공유	6H
모듈 2 : 높은 성과를 창출하는 팀 그리기	1. 우리 팀은 어떤 팀인가? – 팀 환경과 형성요소 – 리더의 자기분석 2. 높은 성과를 창출하는 팀의 특징 3. 높은 성과를 창출하는 팀의 조건 4. 우리 팀의 상황 진단 : 진단 후 팀 운영 전략 요구사항 식별	제시 토의/ 공유 개인 작업 사례 연구 진단	4H
모듈 3 : 성공적인 팀 운영 전략	1. 조직/ 팀의 사명, 비전, 목표를 통해 명확한 방향을 제시하라 – 조직의 사명, 비전, 가치, 목표, 방침에서 시작하라! – 팀의 사명, 비전, 운영방침을 설정하고 공유하라! 2. 성과를 극대화할 수 있는 팀 조직을 구축하라 – 팀 편성의 구조 – 효과적인 조직화 방법 3. 팀과 팀원의 역량을 강화하고 성장하도록 지원하라 – 팀원의 역량 강화 – 팀의 역량 강화 4. 팀원의 헌신과 몰입을 이끌어라 – 동기부여 – 팀 활성화 – 임파워먼트 5. 팀원들의 상호작용 환경을 조성하라 – 효과적인 커뮤니케이션	진단 제시 토의/ 공유	8H

	– 갈등 관리 – 생산적인 팀 미팅 6. 팀의 변화를 주도하라 – 변화관리 프로세스 – 변화에 대한 저항의 극복		
모듈 4 : 드림팀을 위한 팀 리더십 실천	1. 드림팀 실현을 위한 과제 탐색 – 팀 효과성 평가 – 팀 과제와 해결 방안 2. 드림팀 리더십 실천 다짐 – 과정 정리 – 실천계획 발표와 다짐	제시 토의/ 공유 동영상 질의 응답	2H

출처 : 최권석(2008).

● 프로그램 내용의 특색

① 특징

- 다양한 리더십 이론을 바탕으로 팀 운영의 실제적 issue를 도출하여 실천적 참여 학습으로 운영
- 그룹 토의, 진단과 실습, 사례 연구, 동영상, 역할연기 등 다양한 학습 방법을 활용하여 학습효과를 높임
- 학습자 간 상호작용을 통해 Best Practice의 공유기회를 제공하며, 실무 적용도 제고를 위한 활용계획을 도출함

② 학습구조

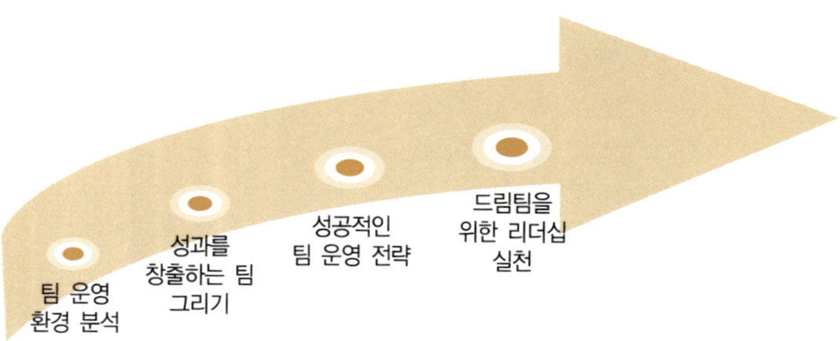

● 강의전달 방식 : 빔 프로젝트, 판서, 프리차트, 토론

■ 프로그램 평가

● 1단계 반응도 조사

교육과정의 만족도 체크로 15문항에 대해 평가가 이루어짐

○ 설문항목은 과정 전체평가, 과정평가, 과정 장단점, 과정내용, 유용성, 교수평가, 과정이수 후 참여 등

● 평가 실행 : 설문 참여인원 21명

◆ 과정 반응도 조사

1. 과정에 대한 전체적인 평가는? : 우수함 6명(29%), 좋음 13명(61%), 평균 2명(10%)
2. 이 과정을 다른 사람에게 추천할 것이다.
   매우 동의함 1명(5%), 동의함 19명(90%), 동의하지 않음 1명(5%)
3. 과정에 대한 평가
   3-1. 과정의 내용이 적절하고 적합하다.
      매우 동의함 6명(29%), 동의함 15명(71%)
   3-2. 과정의 시간이 적절하다.
      매우 동의함 4명(19%), 동의함 11명(52%), 동의하지 않음 6명(29%)
   3-3. 교재의 문구가 명확하고 체계적이다.
      매우 동의함 3명(15%), 동의함 14명(70%), 동의하지 않음 3명(15%)
   3-4. 사례연구/ 실습 등이 과정의 주제와 관련 있다.
      매우 동의함 3명(14%), 동의함 18명(86%)
   3-5. 쇼 화면이 과정을 이해하는 데 도움을 준다.
      매우 동의함 1명(5%), 동의함 15명(71%), 동의하지 않음 3명(14%), 해당 없음 2명(10%)
   3-6. 비디오가 과정의 주제를 잘 설명한다.
      매우 동의함 1명(5%), 동의함 12명(57%), 동의하지 않음 4명(19%), 해당 없음 4명(19%)
   3-7. 과정의 내용이 향후 업무에 유용할 것이다.
      매우 동의함 6명(29%), 동의함 15명(71%)
4. 과정의 장단점
   4-1. 이 과정에서 가장 좋은 점은?
      • 필요한 시기에 적절한 수업을 선택해서 들음
      • 평소에 전혀 관심 없던 부분을 교육받음
      • 타인 경험 등 토론
      • 관리자의 역할을 알 수 있음
      • 관리/ 리더십 개념을 실천 가능하게 조언/ 설명
      • 실무에 바로 적용할 수 있음

- 교육과정
- 체계적인 이론 교육
- 현업적용 가능
- 교재의 구성
- 관리능력 향상에 대한 전반적 이해

4-2. 나쁜 점은?
- 같은 회사 직원의 배정(같은 교육)
- 교육기간 조정 필요(기간이 길다)
- 시청각 교육 필요

5. 과정에 대한 보완점

5-1. 과정의 내용 중에서 줄였으면 하는 것은?
- 추상적인 이론 설명 • 개념에 대한 이론 설명

5-2. 늘렸으면 하는 것은?
- 사례별 학습 • 실질적 사례를 통한 학습
- 관리자로서 실무에 적용할 수 있는 방법의 제시 • 직접참여, 토의할 수 있도록

6. 과정의 유용성

6-1. 가장 유용한 사례연구/ 실습은? 이유는?
- 팀 리더 현황 사례 • 케이스별 팀 회의 • 리더십, 자신의 경향 파악
- 테스트(항목별) • 팀원의 교육 관련/ 팀장의 할 일 • 프로젝트 진행 순서

6-2. 유용하지 않은 것은? • 임 팀장과 정 씨 간 Argue, 비약이 지나침, 현실 가능성 없음

7. 교수에 대한 평가

7-1. 내용에 관한 지식 : 우수함 14명(67%), 좋음 7명(33%)
7-2. 과정 준비 : 우수함 9명(43%), 좋음 11명(52%), 평균 1명(5%)
7-3. 설명 제시 스킬 : 우수함 12명(57%), 좋음 9명(43%)
7-4. 관심 유도 : 우수함 12명(57%), 좋음 9명(43%)
7-5. 참여 촉진 : 우수함 11명(53%), 좋음 7명(33%), 평균 3명(14%)
7-6. 질문 응대 : 우수함 8명(38%), 좋음 12명(57%), 평균 1명(5%)
7-7. 시간 엄수 : 우수함 11명(52%), 좋음 8명(38%), 평균 2명(10%)
7-8. 사례연구/ 실습 : 우수함 8명(38%), 좋음 10명(48%), 평균 3명(14%)
7-9. 시청각 자료 : 우수함 10명(48%), 좋음 4명(19%), 평균 4명(19%), 부족함 3명(14%)

8. 다른 과정에서 이 교수를 다시 만나길 원합니까? : 예 21명(100%)

9. 본인의 과정 참여는 어떠하였습니까?
우수함 5명(28%), 좋음 10명(55%), 평균 2명(11%), 부족함 1명(6%)

10. 이 과정을 어떻게 알게 되었습니까?
주위 추천 1명(6%), 교육담당자 15명(83%), 홈페이지 1명(6%), 기타 의견 1명(6%)

11. 왜 이 과정에 참가하였습니까? (복수 응답 가능)
개인적 개발 11명, 학점 이수제 5명, 회사추천 3명, 기타 의견 4명

12. 교육참가의 결정권은 누구에게 있습니까?
- 교육담당자 (1명) • 본인 (8명) • 회사 (5명) • 상사 (2명)

13. KMA 과정 중에서 관심 있는 다른 과정은 무엇입니까? : HRD 교수 과정
14. 시설에 대한 평가
  14－1. 접근성 : 우수함 4명(22%), 좋음 7명(39%), 평균 3명(17%), 부족함 4명(22%)
  14－2. 연수실 : 우수함 6명(33%), 좋음 10명(56%), 평균 2명(11%)
  14－3. 좌석 및 의자 : 우수함 7명(39%), 좋음 9명(50%), 평균 2명(11%)
  14－4. 휴게시설 : 우수함 6명(33%), 좋음 9명(50%), 평균 1명(6%), 부족함 2명(11%)
15. KMA 직원에 대한 평가
  15－1. 예의 바름 : 우수함 6명(36%), 좋음 5명(29%), 평균 5명(29%), 부족함 1명(6%)
  15－2. 고객응대 : 우수함 5명(29%), 좋음 7명(41%), 평균 4명(24%), 부족함 1명(6%)
  15－3. 사후조치 : 우수함 6명(35%), 좋음 6명(35%), 평균 4명(24%), 부족함 1명(6%)
  15－4. 전문지식 및 능력 : 우수함 6명(35%), 좋음 5명(30%), 평균 6명(35%)

● 팀 리더 역량진단

① 내부/ 외부 분석

※ 각 상황에 대한 행동 유형 중, 현재 자신의 행동유형, 성격과 가장 비슷한 항목에 체크하세요.

번호	상 황	행동 유형	선 택
1	리더의 임무는	성과를 올리면 팀원들이 자연스럽게 따라온다.	
		우선 구성원들이 즐겁게 일하도록 배려하는 것. 그것이 업적 향상으로 연결된다.	○
2	구성원이 한 가지 일을 완수했을 때는	업무의 연속성을 위하여 다음 업무에 들어가도록 지원한다.	
		칭찬하고 휴식을 취할 것을 권한다.	○
3	구성원이 제안을 했을 때는	제안의 실효성 여부를 우선 따져 칭찬 또는 거절의 답변을 해준다.	
		제안에 대해 환영하고, 그 노력을 격려한다.	○
4	업무를 원활하게 진행하기 위해서는	명확한 업무분장 지시를 통해 각자의 일을 정확하게 할 수 있도록 지도한다.	○
		구성원들끼리 실행방법을 서로 토론하고 궁리하도록 지도한다.	
5	구성원들에게 부정적 피드백을 할 때는	반드시 신상필벌주의로 편협되지 않게 누구에게나 똑같이 공정하게 한다.	
		상대방의 처한 상황을 고려하여 필요할 경우 말투를 바꾸어 이야기한다.	○

6	의사결정에 앞서	회사 내 문제들에 대한 여러 가지 사항을 종합적으로 우선 고려하여 결정한다.	○
		경쟁회사 및 타사, 시장 상황을 우선 고려하여 결정하고 난 후, 내부문제를 정리한다.	
7	인맥관리에 있어	내 팀원, 혹은 동료들과의 관계 개선이 우선이다.	○
		업계의 다양한 인맥을 형성하는 것을 최우선으로 생각한다.	
8	팀 내 부족한 역량을 만족시키기 위해서는	팀원들의 역량을 키운 후, 부족한 인원은 외부에서 유입해 오는 것이 바람직하다.	○
		우선 외부의 우수인재를 영입한 후, 팀 내에서 함께 발전할 수 있도록 지원하는 것이 바람직하다.	
9	빠른 시간 내에 팀 성과를 높이기 위해서는	내부 구성원들을 격려하며 최고의 성과가 날 수 있도록 지원하는 것이 빠르다고 생각한다.	○
		외부 관련자들과 상위 계층에 접촉하여 최고의 성과를 얻을 수 있는 지름길을 찾는 것이 빠르다고 생각한다.	
10	팀 구성원이 업무에 만족하지 못하고 있을 때는	구성원이 업무에 잘 적응하고, 만족할 수 있도록 코칭을 하는 것을 우선 고려한다.	
		구성원이 원하는 바를 들어보고, 거기에 대한 합당한 처우 개선을 우선 고려한다.	○

② 업무관계분석

※ 현재 자신의 행동 유형, 성격과 가장 일치할 경우 5, 가장 불일치할 경우 1의 기준으로 1~5점까지 배정하여 주시기 바랍니다.

번 호	문 항	배점
1	나는 업무 성과를 위해 제한된 자원과 시간을 효율적으로 배분하고 있다.	5
2	나는 팀원에게 요구되는 구체적인 업무목표와 업무수행 기대치를 설정한다.	4
3	나는 업무수행 결과를 공정하게 평가할 기준을 설정하고 공개한다.	5
4	나는 상대방과 대화 시 이견이 있을 때도 이를 원만하게 이끌어 나가며, 상황을 조절할 수 있다.	4
5	나는 협상에 필요한 정보와 자료를 사전에 준비하고 협상계획을 수립한다.	5
6	나는 협상에 실패하면 반드시 그 원인을 분석하고 대책을 수립한다.	5
7	나는 팀이나 회사의 성과 향상을 위해 끊임없이 새로운 변화와 개선방법을 생각하고 제안한다.	4

8	나는 조직의 변화를 추진할 경우 절대 다수의 직원들이 이 변화에 저항하기보다는 적극 찬성할 것이라 생각한다.	5
9	나는 팀이 변화를 위한 새로운 프로젝트를 추진할 때에는 모든 필요한 자원(시간, 도구, 코칭, 피드백 등)을 충분히 제공하는 편이다.	4
10	나는 조직에 변화를 추진할 필요가 있을 경우, 계획과 실행 모든 단계에서 구성원들을 적극적으로 참여시킨다.	5
11	나는 동료들과 의사소통 및 업무협조 요청을 원활하게 진행한다.	4
12	나는 다양한 채널을 통해 경쟁사 정보를 수집, 분석하여 업무에 반영한다.	5
13	나는 평소에 업무 관련 Best Practice를 정기적으로 수집하기 위한 네트워크를 구축한다.	4
14	나는 팀원들이 문제를 스스로 해결할 수 있도록 적절한 지원을 한다.	3
15	나는 팀원들에게 다음에 해야 할 일에 대해 이해시키기 위해 사전 질문을 하거나 전략에 대한 지시문을 제공한다.	5
16	나는 팀원들이 조직의 상위 직급과 커뮤니케이션 할 수 있도록 지원한다.	4
17	나는 팀원에게 새로운 스킬이나 업무로 전환할 수 있는 새로운 육성의 기회를 제공한다.	5
18	나는 팀원에 대한 육성 목표를 설정하고 그들의 업무수행에 필요한 책임영역을 설정한다.	4
19	나는 특정 전략을 실행하기 위한 전술적 계획을 부하직원과 함께 개발한다.	5

③ 진단결과

○ **팀장 리더십 성향 진단 결과**

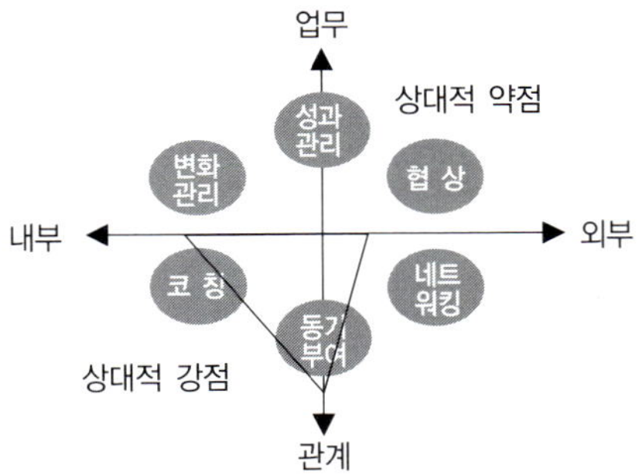

팀장 리더십 성향 진단 결과 **박○○ 님은 관계/ 내부적** 성향이 강하시며, 상대적으로 **업무/ 외부적** 측면의 성향을 보완하실 필요가 있습니다.
성향진단 결과 "**성과관리**"와 "**협상**" 과정을 추천해 드립니다.

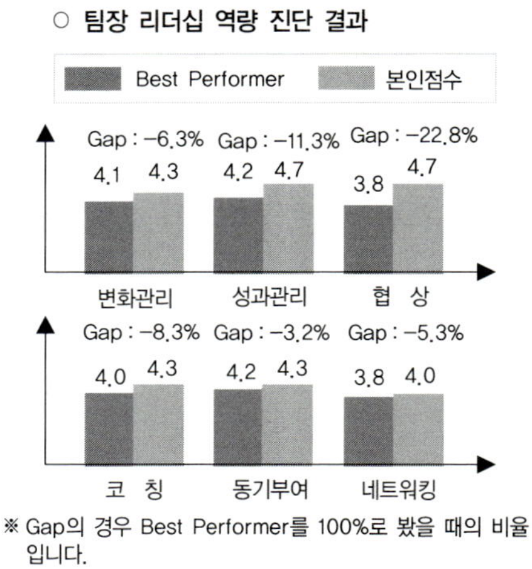

팀장 리더십 역량 진단 결과 **박○○ 님은 동기부여, 네트워킹** 역량에서 Best Performer와 상대적으로 Gap을 보이고 있습니다.
팀장 리더십 역량 진단 결과 **"동기부여"**와 **"네트워킹"** 과정을 추천해 드립니다.

* 휴넷 사이트에서 직접입력 진단(http://www.hunet.co.kr/StudyLog/StudyRoom/AbilityCheck/Position.aspx).

● 평가결과 제시

교육생에게 설문조사한 결과는 과정에 대한 전체적인 평가는 우수함과 좋음이 90%로 매우 높았으며, 과정의 평가 중 내용은 71%가 적절함으로 나타났고, 교재의 명확과 체계적인 내용은 85%가 동의하였으며, 과정의 주제에는 100%가 동의하는 반응을 보였다. 또한 과정 내용의 향후 업무의 유용성에는 100%가 동의하였고, 교육내용을 늘렸으면 하는 사례별 학습과 실질적 사례를 통한 학습, 관리자로서 실무에 적용할 수 있는 방법의 제시 등의 순으로 나타났다. 사례연구 중 가장 유용한 내용은 팀 리더 현황 사례, 케이스별 팀회의, 리더 자신의 경향 파악 등으로 반응이 나타났으며, 교수에 대한 평가는 내용에 관한 지식, 과정준비, 설명제시 스킬, 시청각자료, 질문유도 등 90% 이상의 높은 반응을 보였다. 그리고 KMA에 대한 시설의 접근성과 연수실, 휴게실에 대한 반응도 90% 이상으로 좋은 반응이 있었으며, 직원에 대한 평가에서도 예의 바름, 고객응대, 전문지식 및 능력에 대한 반응도 70% 이상으로 높게 나타났다.

■ 제언 및 결론

팀 리더십 개발 평가결과에 나타난 내용으로 보면 이론적인 내용보다는 사례 중심의 과정을 더 요구하는 반응이 나타남에 따라 실제적인 사례와 현장에서 직접 적용이 가능한 과정을 제안한다.

● 결론

공공기관의 팀 조직의 활성화를 위한 리더의 리더십 개발 이론과 모델, 그리고 팀 리더십 이론과 모델, 팀 리더의 역할, 기업에서 이루어지고 있는 팀 리더십 개발 과정이 어떻게 이루어지고 있는지에 대해 알아보고 현재 공직에서 근무하는 나의 역량은 어떤지 진단해 보았다.

리더십 개발 이론은 최은수(2006)에서 정리한 Rose(1992)의 전통적인 리더십 모델과 이론을 살펴보았고, 팀 리더십 개발이론과 모델은 김남현(2009)을 살펴보았다. 김남현(2009)에서는 "유능한 팀 리더는 팀의 문제점을 위한 정확한 '생각의 안내도 모델'을 구축할 수 있어야 하고, 문제를 해결하기 위한 적절하고 필수적인 조치를 취할 수 있는 능력을 가진 사람이다"(김남현, 2009 : 284)라고 하고 있다.

팀 리더의 역할은 자신의 고유 업무를 수행하면서 갈등관리와 인간관계 관리 등의 역할을 수행하고 팀의 영역을 구체화하는 것이다.

이번 연구를 하면서 팀장 리더십 역량진단을 실시한 결과 관계/ 내부적 성향이 강하고, 상대적으로 업무/ 외부적 측면의 성향은 보완이 필요하며, 성향진단 결과 '성과관리'와 '협상' 과정을 추천받았으며, 동기부여, 네트워킹 역량에서 Best Performer와 상대적으로 Gap을 보이고 있어 '동기부여'와 '네트워킹' 과정을 추천받았다. 역량진단의 결과를 실행하여 바람직한 팀 리더의 역량을 확보하는 계기를 마련하게 된 것이 본 연구의 성과라 할 수 있다.

3. 팀장 리더십 개발 프로그램

〈D그룹 팀장 리더십 핵심 역량 재설계과정〉

■ 기관소개

D그룹사

D그룹은 1979년 ○○○ 회장이 '공동의 발전을 도모한다'는 경영이념하에 D주택이라는 이름으로 창업하였다. 그 후 1987년 D레저산업을 설립함으로써 본격적으로 레저사업에 진출하게 되었다.

■ 리더십 개발 프로그램의 배경

D그룹 내부에 정확한 역량평가표 및 핵심 역량에 대한 정의가 존재하지 않음으로 인해 인재 평가 시 정확한 기준이 제시되지 않아 각자 주관적인 기준으로 인사평가를 하는 것이 관찰되었다. 인사평가의 방향 및 기준이 정해져 있지 않음으로 인해 직원들의 혼란스러움이 계속되었고 그로 인해 주관적인 평가로 인한 불공정성이 그룹 내부에 불만의 형태로 존재하게 되었다.

2014년 D그룹 新 핵심 역량 재설계에 따른 그룹사 역량 내재화 교육의 근간 마련
팀원들의 성과 향상을 지원할 수 있는 리더십 역량 향상 요구

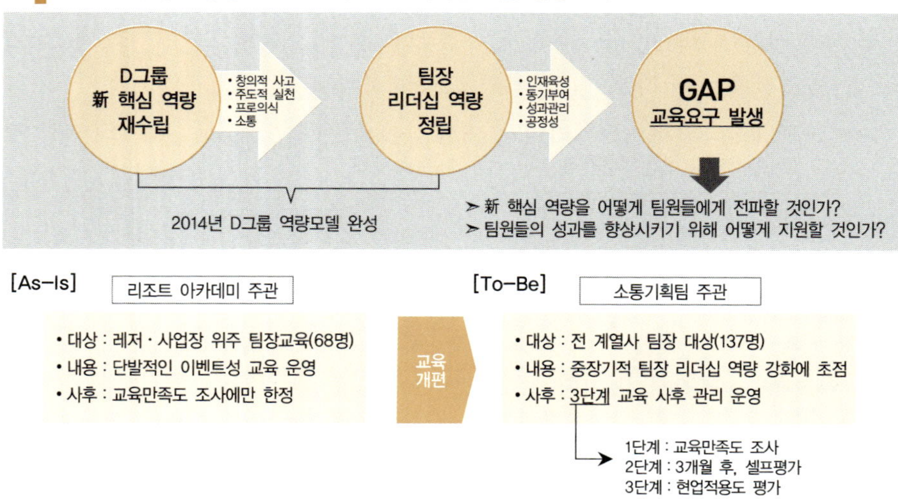

| 그림 10-1 | D그룹 교육시행 배경

출처 : 2014 D그룹 GLP(Global Leadership Program) 교육결과보고.

■ 요구분석

D그룹 내에서 요구되는 직원들의 핵심 역량에 대한 재설계가 필요하다고 판단되었고 그 기준에 맞추어 팀장들의 리더십 역량을 향상하고 팀원들에게 전파하기 위한 니즈가 파악되었다. 이에 우선적으로 D그룹 전 직원을 대상으로 핵심 역량에 대한 사전설문조사가 진행되었고 그 결과 4개의 핵심 역량이 도출되었다.

이 프로그램은 전 계열사 팀장들 132명을 대상으로 2일, 14시간에 걸쳐 기획되었으며, 첫째 날은 핵심 역량에 대한 내재화를 목적으로, 둘째 날은 과정 참여자가 모두 각 그룹의 팀장급이었으므로 해당 팀원들에게 어떻게 효과적으로 핵심 역량을 기반하여 리더십을 발휘할 수 있는지에 대한 부분을 목적으로 총 5차수에 걸쳐 진행되었다. D그룹 내에서 우수한 성과를 내는 인재들을 중심으로 그들이 가지고 있는 핵심 역량이 무엇인지 관찰하게 하고 전사 대상으로 D그룹에서 요구되는 핵심 역량을 조사했다. 조사 방식은 구글독스를 활용한 설문방식을 이용하였으며 시간적으로 많은 여유가 없는 관계로 주관부서에서 핵심 역량과 역량별 정의를 알려주고 각자 그중에서 D그룹에 필요하다고 생각되는 역량을 선택하여 우선순위를 표기하게끔 하였다.

연내에 교육을 마무리해야 하는 관계로 많은 시간이 주어지지 않아 설문은 최대한 간단하게 진행되었으며 설문지에 제시된 핵심 역량 및 역량별 정의는 <표 10-1>과 같다.

〈표 10-1〉 D그룹 전사 핵심 역량 및 역량정의 내부조사표

No	핵심 역량	역량정의
1	조직헌신도(팀워크)	조직의 소속감에 대한 자부심과 충성도가 높고 개인보다는 조직의 발전을 먼저 생각하며 행동한다.
2	고객지향성	자신이 관련하는 모든 업무의 결과를 사내외 고객의 입장에서 생각하고 항상 고객의 니즈를 능동적으로 파악하여 최대로 만족시킨다.
3	혁신성	기존의 잘못된 관습, 비효율적인 업무체계에 얽매이지 않고 효과적이고 능률적인 방법으로 기존의 프로세스를 개선한다.

4	소통	다른 조직원, 조직의 생각과 의견을 표현할 수 있도록 분위기를 조성한다. 남의 의견을 듣기 위해 노력하고, 다른 사람이 이야기하는 것을 충분히 이해하려고 애쓴다.
5	윤리의식	정직, 성실을 바탕으로 업무수행에 있어 윤리규범을 준수한다.
6	창의성	업무 수행에서 과거의 틀에 국한됨이 없이 창의적 사고를 바탕으로 새로운 아이디어를 창조하고 실행한다.
7	타인배려	자기 중심적 생각보다는 타인의 입장을 먼저 생각하고 이해하며 작은 의견이라도 존중하고 배려한다.
8	신뢰 형성	스스로 말과 행동의 일관성을 유지하고 하급자의 결정이나 판단을 신뢰함으로써 모든 구성원들이 서로 믿고 이해하는 분위기를 형성한다.
9	전문성(프로의식)	업무수행에 있어 자기 분야의 최고의 전문가가 되기 위해 끊임없이 연구하고 개발한다.
10	도전의식	어렵고 힘든 일이라도 실패를 두려워하지 않고 능동적으로 도전하여 목표를 성취하려는 행동을 한다.
11	성과 지향	성과 및 위험에 대한 마인드를 바탕으로 도전적인 목표와 구체적인 달성 계획을 수립하고 이를 완수하기 위해 꾸준히 노력한다.
12	투명성	업무를 추진함에 있어서 투명하고 일관성 있게 처리하고 기업윤리를 준수하며 일의 결과에 대해 끝까지 책임지도록 노력한다.
13	주인의식	자기일에 대한 열정과 기업가 정신을 가지고 새로운 사업기회나 회사의 이익이 될 만한 것을 적극적으로 찾아 추진한다.

설문조사 결과, D그룹에서 요구되는 핵심 역량이 네 가지로 정리되었고 각 직급별 리더십 역량도 함께 조사가 되었다. 직급별 리더십 역량을 위한 내부 조사표는 <표 10−2>로 진행되었으며 임직원들의 우선순위에 따라 채택된 것 중에 가장 많은 것을 D그룹 인재상과 부합시키고자 했다.

〈표 10-2〉 D그룹 직급별 리더십 역량 및 역량정의 내부조사표

대상	No	리더십 역량	역량정의
임원	1	미래 지향성	조직의 미래상에 관심을 갖고 고객 및 시장의 요구와 기대를 예측하며, 세계 일류 지향을 위해 본인과 조직 구성원의 역량을 집중한다.
	2	비전제시	조직의 나아갈 방향을 명확히 알고 핵심 가치 및 사명을 설정하여 조직 구성원이 추구해야 할 목표와 가치를 명확히 제시한다.
	3	경영지식	경영 전반에 대하여 폭넓은 지식을 보유하고 있고, 경영환경 및 산업동향에 대한 분석 및 이해가 가능하다.
	4	전략적 사고	기업의 장기적 목표를 달성하기 위하여 필요한 활동의 방향을 정하고 자원을 효과적으로 배분한다.
	5	부하육성	부하의 강약점을 파악하여 성과창출 및 자기계발에 대한 적절한 동기를 부여하고 지원한다.
	6	솔선수범	목표달성을 위한 행동을 상황에 따른 필요 이전에 스스로 개시하며 업무에 임하는 자세가 부하와 동료의 모범이 된다.
	7	커뮤니케이션	자신의 생각과 의견, 감정을 분명하고 간결하게 전달하고, 이해시키며 타인의 의사를 주의 깊게 경청하고 정확하게 이해한다.
	8	의사결정능력	객관적인 정보를 수집, 활용하고 조직에 미치는 긍정적/ 부정적인 영향을 파악하여 가장 적합한 판단을 적시에 내린다.
	9	협상조정능력	명확성과 논리성을 바탕으로 협력업체 및 유관 기관과 WIN-WIN 관계를 유지하면서 업무수행 목표를 달성하는 역량이다.
	10	결과 지향	사업 추진 결과로 발생하는 새로운 업무의 이익 극대화를 위한 방법을 강구하고 실제 업무수행 과정에서도 효과성과 효율성을 동시에 고려하는 역량이다.
	11	공정성	집단 구성원들과의 관계형성이나 업무수행에 있어 개인적 감정을 배제하고, 일관된 기준을 적용하여 판단하고 의사결정한다.
팀장	1	비전제시	조직의 나아갈 방향을 명확히 알고 핵심 가치 및 사명을 설정하여 조직 구성원이 추구해야 할 목표와 가치를 명확히 제시한다.
	2	변화 지향	변화의 필요성에 대한 인식을 바탕으로 조직 내 변화를 자극하고 분위기를 쇄신하는 역량이다.
	3	성과관리	목표를 합리적으로 설정하고 합의를 이끌어 내며 목표수행에 대한 진행을 추적하고 장애요인을 파악하여 해결을 지원하며 결과를 평가/ 분석하고 피드백하여 팀의 성과를 관리하는 역량이다.
	4	부하육성	부하의 강약점을 파악하여 성과창출 및 자기계발에 대한 적절한 동기를 부여하고 지원한다.

팀장	5	솔선수범	목표달성을 위한 행동을 상황에 따른 필요 이전에 스스로 개시하며 업무에 임하는 자세가 부하와 동료의 모범이 된다.
	6	커뮤니케이션	자신의 생각과 의견, 감정을 분명하고 간결하게 전달하고, 이해시키며 타인의 의사를 주의 깊게 경청하고 정확하게 이해한다.
	7	추진력	성과달성을 위해 필요한 정보를 비교 분석한 후 정확하고 신속한 상황판단을 통해 목적에 부합하는 결과를 기한 내에 도출한다.
	8	갈등관리	조직 내외의 갈등을 예방하고 원활한 관계를 유지시키고 갈등발생 시 갈등의 원인을 정확히 파악한 후 효과적 해결 대안을 제시하는 역량이다.
	9	업무조정	업무목표 달성을 위하여 관련 부문과 관련인들의 이해관계와 갈등을 원만히 조정하는 역량이다.
	10	의사결정능력	객관적인 정보를 수집, 활용하고 조직에 미치는 긍정적/ 부정적인 영향을 파악하여 가장 적합한 판단을 적시에 내린다.
	11	협상조정능력	명확성과 논리성을 바탕으로 협력업체 및 유관 기관과 WIN-WIN 관계를 유지하면서 업무수행 목표를 달성하는 역량이다.
	12	결과 지향	사업 추진 결과로 발생하는 새로운 업무의 이익 극대화를 위한 방법을 강구하고 실제 업무수행 과정에서도 효과성과 효율성을 동시에 고려하는 역량이다.
	13	공정성	집단 구성원들과의 관계형성이나 업무수행에 있어 개인적 감정을 배제하고, 일관된 기준을 적용하여 판단하고 의사결정한다.
파트장	1	갈등관리	조직 내외의 갈등을 예방하고 원활한 관계를 유지시키고 갈등발생 시 갈등의 원인을 정확히 파악한 후 효과적 해결 대안을 제시하는 역량이다.
	2	의사결정능력	객관적인 정보를 수집, 활용하고 조직에 미치는 긍정적/ 부정적인 영향을 파악하여 가장 적합한 판단을 적시에 내린다.
	3	솔선수범	목표달성을 위한 행동을 상황에 따른 필요 이전에 스스로 개시하며 업무에 임하는 자세가 부하와 동료의 모범이 된다.
	4	커뮤니케이션	자신의 생각과 의견, 감정을 분명하고 간결하게 전달하고, 이해시키며 타인의 의사를 주의 깊게 경청하고 정확하게 이해한다.
	5	협력과 팀워크	조직의 목표달성을 위해 팀원들과 협조하여 업무를 처리하고, 업무처리에 필요한 정보를 공유하며, 다른 조직원의 활동을 적절히 지원해 주는 역량이다.
	6	자기계발	인재상에 부합되기 위해 담당업무와 주변업무를 성실히 배우며, 자신의 부족한 점이나 잠재능력을 찾아 연구하고 계발하려는 자세이다.

팀원	1	전문성	직무수행에 필요한 지식과 기술의 측면에서 본인의 약점을 보완하기 위해 노력하며 자기 분야에 대한 자부심을 가지고 전문가가 되고자 노력하는 역량이다.
	2	문제해결력	업무수행 중 직면하거나 미래에 발생 가능한 문제를 규명하고 체계적으로 분석하여 해결안을 도출하여 성공적으로 실행할 수 있다.
	3	도전의식	스스로 정한 목표와 방법에 확신을 가지고 목표달성을 위하여 최선을 다하여 업무를 수행하며, 결정된 계획은 난관에 부딪혀도 이루려는 의지이다.
	4	커뮤니케이션	자신의 생각과 의견, 감정을 분명하고 간결하게 전달하고, 이해시키며 타인의 의사를 주의 깊게 경청하고 정확하게 이해한다.
	5	책임감	자신의 역할과 책임을 충분히 인식하고 목표를 완수하고자 최선을 다하며 그 결과에 대해 타인에게 책임을 전가하지 않는 자세이다.
	6	협력과 팀워크	자신에게 주어진 목표와 책임의식을 바탕으로 공동의 목표를 달성하기 위하여 더불어 함께 일함으로써 활기찬 근무 분위기를 조성하는 능력이다.
	7	자기계발	인재상에 부합되기 위해 담당업무와 주변업무를 성실히 배우며, 자신의 부족한 점이나 잠재능력을 찾아 연구하고 계발하려는 자세이다.

위 역량정의표에 기반하여 D그룹사 내부의 역량체계 및 리더십 파이프라인이 새롭게 정비되었다. D그룹 내에서 공통 핵심 역량으로 나온 네 가지는 창의적 사고, 주도적 실천, 프로의식, 소통이었으며 각 직급별로 나온 리더십 역량은 ┃그림 10-2┃와 같다.

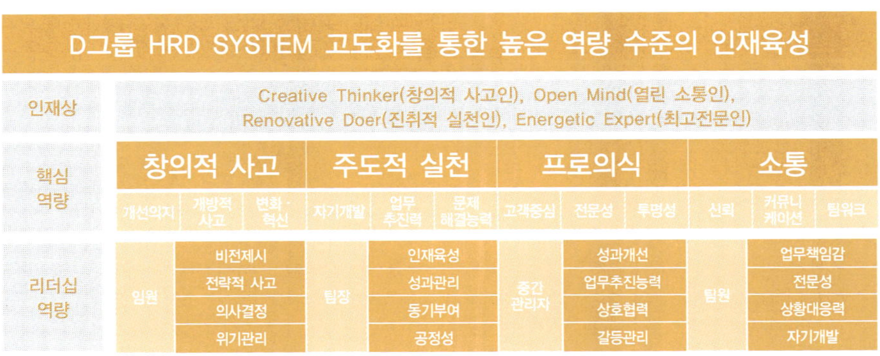

┃그림 10-2┃ D그룹 역량체계

출처 : 2014 D그룹 역량체계.

임원의 경우 비전제시, 전략적 사고, 의사결정, 위기관리가 4대 핵심 리더십 역량으로 정리가 되었고, 팀장의 경우 인재육성, 성과관리, 동기부여, 공정성의 네 가지 역량으로 개인보다는 조직의 인적자원 관리자로서의 역량이 주가 되었다. 중간관리자의 경우 성과개선, 업무추진능력, 상호협력, 갈등관리가 요구되는 리더십 역량으로 현업에서 각 부서별로 야기될 수 있는 갈등을 해소하고 소통이 요구되는 리더십 역량이 주가 되었다. 팀원의 경우 업무책임감, 전문성, 상황대응력, 자기개발의 네 가지로 개인적 역량에 집중하는 형태를 보였다. D그룹에서는 이에 따라 모든 구성원들을 4개의 역할 그룹별로 나누었으며 각 그룹별로 차별화된 리더상을 직원들에게 제시했고 동시에 역할 상승에 따라 보다 심화된 리더로서의 성장을 지향한다는 것을 공식적으로 제시할 수 있었다.

▌그림 10-3▌에서 제시되는 D그룹 리더십 파이프라인의 정의는 역할 단계별로 필요역량 및 요구역할에 따라 리더상을 정의하고, 그룹별 조화를 이루어 정합성을 갖추게 하여 이를 따라 계속적으로 성장할 수 있는 가이드라인으로 볼 수 있다.

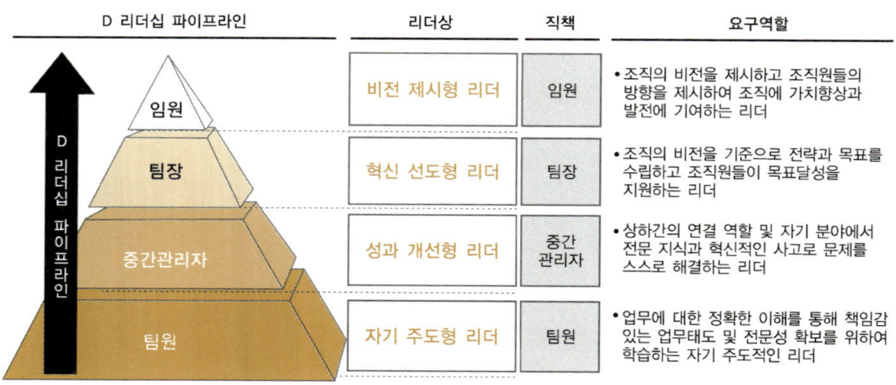

▌그림 10-3▌ D그룹 리더십 파이프라인

출처 : 2014 D그룹 역량체계.

임원에게 제시되는 리더상은 비전 제시형 리더로, 요구되는 역할은 조직의 비전을 제시하고 조직원들의 방향을 제시하여 조직의 가치 향상과 발전에 기여하는 리더로 정리가 되었으며, 팀장의 경우 혁신 선도형 리더로서 조직의 비전을 기준으로 전략과 목표를 수립하고 조직원들이 목표달성을 할 수 있도록 지원하는 리더의 역할이 요구되었다. 또한 중간관리자에게 요구되는 리더상은 성과 개선형 리더로 상하 간의 연결 역할 및 자기 분야에서 전문 지식과 혁신적인 사고로 문제를 스스로 해결하는 리더로, 요구되는 역량은 ❙그림 10−4❙에서도 제시된 바와 같이 성과개선, 업무추진능력, 상호협력, 갈등관리로, 이는 조직에서 요구되는 리더상과도 일맥상통한다는 것을 알 수 있다. 팀원에게 요구되는 리더상은 자기 주도형 리더로 업무에 대한 정확한 이해를 통해 책임감 있는 업무 태도 및 전문성 확보를 위하여 학습하는 자기 주도적인 리더의 모습이 요구되었다. 각 직급별로 요구되는 리더상은 D그룹의 인재상인 Creative Thinker(창의적 사고인), Open Mind(열린 소통인), Renovation Doer(진취적 실천인), Energetic Expert(최고전문인)와도 일맥상통하여 각 인재상이 직급별 리더상과도 한 방향 정렬이 되고 있음을 알 수 있었다.

이는 기존 D그룹의 리더십 역량이 팀장 직급에 한정된 제한적인 리더십 역량 모델에서 D 리더십 파이프라인에 기반한 직급별 리더십 역량 모델링을 통해 전사적으로 리더상을 구축한 부분에서 의미가 있다고 볼 수 있다.

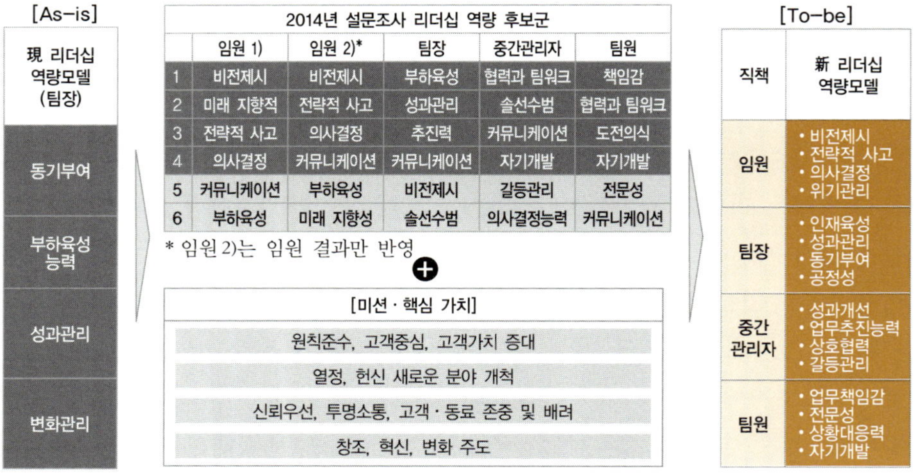

|그림 10-4| D그룹 리더십 역량 재정리

출처 : 2014 D그룹 역량체계.

전사적 설문조사를 통하여 D그룹에서 도출된 네 가지 핵심 역량은 창의적 사고, 주도적 실천, 프로의식, 소통으로 최종 정리가 되었으며 각 핵심 역량별 역량정의는 다음과 같다.

D그룹의 핵심 역량의 특징은 |그림 10-4|에서도 보여지는 것과 같이 각 직급별로 리더상과 부합하게 정의된 부분이기도 하고 또한 동시에 전사적으로도 요구되는 부분이기도 해서 그룹 내 조직원들의 내재화에 더 긍정적인 영향을 끼칠 것으로 보인다.

〈표 10-3〉 D그룹의 4대 핵심 역량

No	핵심 역량	역량정의
1	프로의식	최고전문가가 되기 위해 내외부 고객의 관점에서 생각하며, 주어진 업무 수행에 끊임없이 연구하고 노력한다.
2	창의적 사고	업무수행에서 창의적 사고를 바탕으로 기존의 업무를 새로운 아이디어를 통해 창조하고 실행한다.
3	주도적 실천	도전적 과제가 주어지더라도 실패를 두려워하지 않고 주도적으로 도전하여 목표를 성취하고 실행한다.
4	소통	조직원들의 의견을 경청하고 이해하기 위해 노력하며, 생각과 의견을 표현할 수 있는 환경을 조성한다.

■ 프로그램 목적 및 목표

- D그룹 핵심 역량을 재설계하고 D그룹 인재상을 구축한다.
- 新인사제도의 변화된 핵심 역량을 기반으로 조직원의 역량을 강화시키고자 한다.
- 팀원들의 성과 향상을 지원할 수 있는 팀장 역량을 향상하고자 한다.
- D 리더십 파이프라인에 의거하여 팀원 육성을 위한 D팀장 리더십 역량을 강화하고자 한다.

위와 같은 목적으로 프로그램이 기획되었으며 D그룹 전 계열사 팀장들을 대상으로 팀장 리더십 교육이 진행되었다.

新 핵심 역량을 이해하고 코칭 · 피드백 기법을 통해
팀원들의 성과 향상을 지원할 수 있는 팀장 역량 향상

Upgrade
Great
Leader
Program

교육 목적: 新 핵심 역량 기반의 조직원 역량 강화 / 팀원의 성과향상을 지원할 팀장 역량 향상

대상자: D그룹 전 계열사 팀장 137명 중 132명(95%)

세부내용

- 교육과정 운영 : 총 5차수

구분	일정	시간	사업장	강의실
1차	10월21일(화)~22일(수)	1박2일 (16H)	단양	옥순봉홀
2차	10월28일(화)~29일(수)		비발디	목화홀
3차	11월04일(화)~05일(수)		델피노	금송
4차	11월11일(화)~12일(수)		양평	백합홀
5차	11월18일(화)~19일(수)		양평	백합홀

- 교육 일정표 : 1박 2일

1일차	2일차
Operning/ Icebreaking D그룹 핵심 역량 교육	코칭 & 피드백
중식	중식
자세의 비밀	코칭 & 피드백
D그룹 핵심 역량 교육	과정 마무리/ 설문/ 시상
교류의 시간	

주요 산출론

- D 핵심 역량 개발 계획서[팀원들의 성과향상을 위한 실천계획]
- Action Plan[교육 후 업무에 적용할 일에 대한 실천계획]

| 그림 10-5 | D그룹 교육개요

출처 : 2014 D그룹 GLP 교육결과보고.

■ 프로그램 내용

이 프로그램은 2일 14시간에 걸쳐 진행되었으며 전사 팀장 132명을 5차수로 나누어 2014년 10월 21일(화) ~ 22일(수) 1차수를 시작으로 11월 18일(화)~19일(수)까지 총 5차수에 걸쳐 진행되었다. 각 차수는 총 14시간 동안 첫째 날, 8시

간은 D그룹 핵심 역량 교육으로, 둘째 날 6시간은 각 핵심 역량을 팀원들에게 전파하기 위한 리더십 코칭교육으로 진행이 되었다.

핵심 역량 교육은 D의 4대 핵심 역량을 내재화시키는 것이 주 목적으로, 각 핵심 역량의 의미를 전달하고 직접 그 역량별로 현업에서 적용할 수 있는 것이 무엇인지를 직접 고민해 보고 실행방안을 모색하는 방식으로 진행되었으며, 현재 진행되는 일들을 ERRC 이론을 기반으로 Eliminate(지금 하고 있는 일들 중에서 그만두어야 할 것), Reduce(지금 하고 있는 일들 중에서 적게 해야 할 것), Raise(지금 하고 있는 일들 중에서 더 많이 해야 할 것), Create(지금은 하고 있지 않지만 새롭게 해야 할 것)들 Action Plan으로 수립하는 과정까지 이끌어 내어 현업에 적용할 수 있는 교육이 되고자 하는 데 중점을 두었다. 또한 D그룹 핵심 역량 개발계획서라는 주제로 각 팀장별로 도출된 네 가지의 핵심 역량(프로의식, 창의적 사고, 주도적 실천, 소통)에 맞추어 현업에서 어떻게 역량을 개발시켜 나갈지 고민하고 계획서를 수립하게 함으로써 최대한 교육이 교육으로 끝나지 않고 현업과 연관되게 하는 데 목적을 두었다.

<table>
<tr><td rowspan="4">황○○
팀장
4차</td><td rowspan="2">D
핵심 역량
개발계획서</td><td>프로의식</td><td>창의적 사고</td><td>주도적 실천</td><td>소 통</td></tr>
<tr><td>• 일하는 이유에 대한 지속적이고 끊임없는 의미부여
• 스스로 필요한 부분을 찾아 채울 수 있도록 지원</td><td>• 많은 경험을 할 수 있도록 지원
(아는 만큼 보이고, 보는 만큼 느끼고, 느낀 만큼 행동하도록)
• 다양한 아이디어를 어렵지 않게 이야기할 수 있는 session설계/운영</td><td>• 동기부여 : 한 단계씩 성장하고 있음에 대한 설명
• 위임 : 프로젝트/업무의 진행에 대한 권한 부여</td><td>• 좋은 질문 : 스스로를 성찰하고, 업무를 설계할 수 있도록
• 배려와 기다림 : 시간이 지남에 따라, 내공이 쌓임에 따른 성장을 지속적으로 소통</td></tr>
<tr><td rowspan="2">Action
Plan</td><td>Eliminate</td><td>Reduce</td><td>Raise</td><td>Create</td></tr>
<tr><td>• 너무 자세한 것까지 설명하는 것
• 내 논리를 설득하려 하는 것</td><td>• Process 위주의 업무진행(관조적)
• 보고(서)준비(형식 위주)</td><td>• 팀원들이 좀 더 활발하게
• 의견개진
• 각자가 원하는 것들을 실행할 수 있도록 지원</td><td>• 시장환경을 이해시키기 위한 session 설계/ 합의
• 새로운 것을 접할 수 있는 환경
• 업무지식 확보 내/ 외학습</td></tr>
</table>

출처 : 2014 D그룹 교육결과보고.

예를 들어, ㈜ D홀딩스 전략기획팀에 근무하는 ○○○ 차장의 경우 이번 교육을 통해 프로의식 핵심 역량과 관련해서는 일하는 이유에 대해 지속적이고 끊임없는 의미부여를 하고 스스로 필요한 부분을 찾아 채울 수 있도록 하겠다고 응답하였으며, 창의적 사고에 관련해서는 아는 만큼 보이는 만큼 최대한 많은 경험을 할 수 있도록 팀원들을 지원하겠다고 하였으며, 주도적 실천에 대해서는 프로젝트 및 업무에 대해 팀원들에게 적절히 위임함으로써 팀원들의 주도적 실천 역량을 키울 수 있도록 하겠다고 응답하였다. 마지막으로 소통에 있어서는 팀원들이 스스로를 성찰하고 업무를 설계할 수 있도록 배려하고 기다리고 좋은 질문을 하겠다고 응답하였다. 또한 Action Plan에 있어서 제거할 것은 너무 자세하게 설명하거나 자신의 논리로서 설득하려는 부분이라고 하였고 줄여야 할 부분으로는 프로세스 위주의 업무진행과 형식 위주의 보고서 작성이라 하였으며, 증가시켜야 할 부분으로는 팀원들이 좀 더 활발하게 의견을 개진할 수 있도록 지원해야 하는 것이라고 답했다. 마지막으로 새롭게 해야 할 것은 팀원들이 새로운 것을 접할 수 있는 환경제공과 내/ 외 학습을 통한 업무지식 확보라고 답하였다.

첫날 교육이 핵심 역량 내재화에 중점을 두었다면, 둘째 날은 핵심 역량에 기반하여 어떻게 팀원들을 이끌고 코칭할 것인가가 주제였다. 각 팀장들은 GROW 모델을 통하여 코칭에 대한 기본을 습득하고 팀원들을 자연스럽게 코칭하기 위한 질문 기법과 피드백 기법을 배우는 시간을 가졌다.

● 프로그램 구조

프로그램은 워크숍 방식으로 진행되었으며 핵심 역량을 설명하고 내재화시키기 위한 활동이 수반되었다. 예를 들어, 프로의식의 경우 '프로의식은 최고전문가가 되기 위해 내, 외부 고객의 관점에서 생각하며, 주어진 업무 수행에 대해 끊임없이 연구하고 노력한다'라는 해당 역량의 정의가 내려지고 나면 그 역량을 가장 잘 이해하기 위한 샘플을 보여준다. 여기서는 부산의 소맥 아줌마의 동영상을 보여주며 해당 분야의 최고전문가의 이미지를 알기 쉬운 사례를 통해 각인시키고자 했다. 그래서 해당 역량의 의미를 확실하게 인지한 후에는 각자의 영역을 되돌아보게 하고 자신의 일을 다시 한 번 확장하고 재정의하는 시간을 가진다. 그리고 팀장으로서 부하직원들의 프로의식을 강화시키기 위한 방법을 적게 함으로써 자연스럽게 핵심 역량이 현업의 업무와 연관될 수 있도록 했다.

● 프로그램 실행모델

프로그램의 실행모델로서는 교육준비 시 동기부여를 위해서는 Keller의 ARCS모델이, 교육 중에는 경험을 통한 인지를 극대화하기 위해 Bob Pike의 창의적 교수법의 EAT 모델이, 코칭에서는 ERRC 모델과 GROW 모델이 제시되었다.

① Keller의 ARCS 모형

Keller의 ARCS 모형은 주의(Attention), 관련성(Relevance), 자신감(Confidence), 만족감(Satisfaction)이라는 영어단어의 첫 글자를 조합한 것으로 교수설계 모형이 아니라 교수-학습 상황에서 학습동기를 유발하고 유지시키기 위하여 제안된 동기부여 설계모형이다.

〈표 10-4〉 ARCS 모형

No	ARCS 모형	용어별 정의
1	주의(Attention)	학습이 일어나기 위해서는 적어도 학습자가 학습 자극에 흥미를 갖고 주의를 집중해야 하며 단순한 외적 자극에서부터 호기심, 재미와 같은 정신적인 자극까지 학습자가 학습 과제나 내용에 주의를 집중하도록 해야 하는 것을 뜻한다.
2	관련성(Relevance)	주의집중이 일어나도 그것이 학습자의 미래, 취업, 경험 등 개인적인 흥미와 목적에 관련되지 않는다면 다시 주의가 흐트러질 것이며, 동기가 소멸되고 학습과제 참여에 비협조적이게 된다.
3	자신감(Confidence)	유발된 동기가 지속적으로 유지되기 위해서는 학습자 자신이 학습과제에 대해 "나도 할 수 있다"라는 자신감을 가져야 하고 너무 어렵지 않은 성취 가능한 학습과제나 학습목표가 필요하다.
4	만족감(Satisfaction)	학습자의 노력의 결과가 자신의 기대에 일치하여 만족감을 느낀다면 그와 관련된 다른 학습과제에도 참여하려는 학습동기는 계속 유지되며 학업성취에도 영향을 미친다.

② ERRC 구성표

교육을 진행하면서 교육이 단순히 교육으로만 끝나는 것이 아니라 현업으로 연계가 되어야 한다는 것이 교육목표 중의 하나였기 때문에 핵심 역량에 기반하여 지금 하고 있는 일들 중에서 Eliminate(지금 하고 있는 일들 중에서 그만두어야 할 것), Reduce(지금 하고 있는 일들 중에서 적게 해야 할 것), Raise(지금 하고 있는 일들 중에서 더 많이 해야 할 것), Create(지금은 하고 있지 않지만 새롭게 해야 할 것)를 도출해 내는 작업을 진행했다.

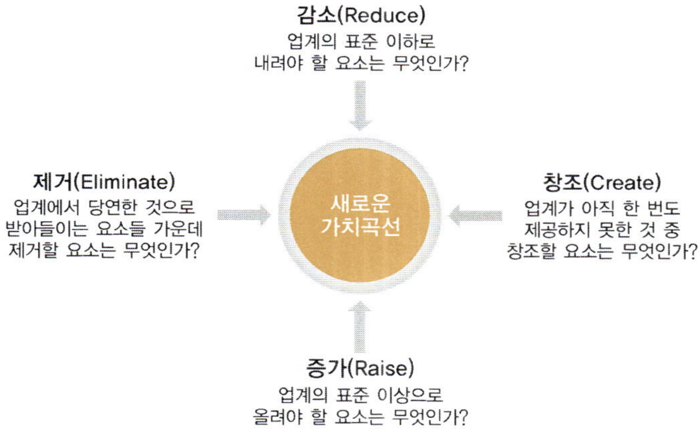

❙그림 10-6❙ 네 가지 액션 프레임워크

출처 : 김위찬 · 르네 마보안(2005). 블루오션전략. 교보문고.

위 ❙그림 10-6❙에서와 같이 교육생들은 ERRC 구성표에 따라 기존 가치를 증가시키고 새로운 가치를 창조하며 불필요한 요소를 제거하거나 감소시킬 수 있는 것을 한 번 더 고민해 봄으로써 교육시간에 배운 것들을 현업에 적용할 수 있는 방안을 모색하게 되었다.

③ GROW 모델

이 교육이 1일차에는 핵심 역량을 내재화시키는 게 주 목적이었다면 2일차에는 내재화된 핵심 역량을 기반으로 어떻게 현장에서 팀원들에게 제대로 된 리더십을 발휘하게 할 것인가가 주 목적이 되었기 때문에 둘째 날은 코칭 리더십을 주제로 강의가 진행되었고 코칭 대화법과 질문법이 주 내용이 되었다.

여기서 활용된 모델은 John Whitmore의 GROW 모델로 GROW란 Goal(목표설정) – Reality(현상파악) – Option(대안파악) – Will(실행의지)의 약자이다.

Goal 단계에서는 코칭의 장기·단기 목표를 설정하고, Reality 단계에서는 코칭 주제에 대한 현재 상황의 현실을 파악하게 된다. Option 단계에서는 가능한 대안과 변화를 가져올 수 있는 행동계획을 수립하며, Will 단계에서는 언제(when), 누구(whom)에 의해, 무엇(what)을 하겠다는 실행의지(will)를 확인하는 단계이다.

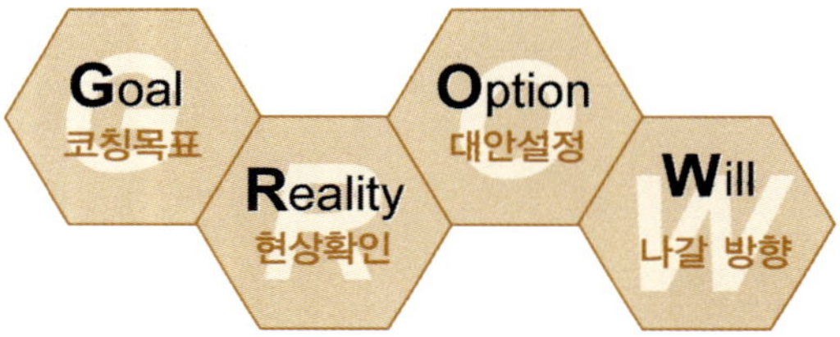

| 그림 10-7 | GROW 모델

출처 : 존 휘트모어(2007). 성과향상을 위한 코칭리더십. 김영사.

● 수업활동과 방법

프로그램은 워크숍 방식으로 진행되었으며 강의, 토론, 동영상 시청의 방식이 주로 활용되었다. 강사가 핵심 역량의 정의를 강의식으로 설명하고 나면 동영상 시청을 통해 그 핵심 역량을 시각과 청각을 총동원하여 최대한 이해시키는 데 중점을 두고, 충분히 인지된 후엔 교육생들이 스스로 그 사례를 주변에서 찾아볼 수 있도록 각자의 경험을 토론하게 하였다. 각 조별로 토론이 끝나고 나면 도출된 결과물들을 포스트잇에 작성하게 하고, 또는 그 결과물을 그림으로 표현하게 한 후에 갤러리워크라는 방식을 통해 다른 조와도 나눌 수 있도록 하여 최대한 숙지될 수 있도록 중점을 두었다.

이런 방식들은 Bob Pike의 창의적 교수법에 나온 내용들을 근거로 한 것으로 최대한 시각 교재를 활용하고 참가자 중심의 교육을 통하여 참가자들이 참여식으로 과정을 진행할 수 있도록 하였다. 또한 몇 가지의 방식을 통해 과정에 대한 리뷰를 반복하도록 함으로써 학습자들이 충분히 숙지할 수 있도록 진행되었다.

■ 프로그램에 대한 평가

프로그램에 직접 참여한 교육생들을 대상으로 인터뷰한 결과 D레저산업 ○○파크의 김○○ 팀장은 '리더십 교육 이후 팀원들과 회의할 때 예전보다 효율성이 훨씬 올랐고 또 배운 질문법을 활용함으로써 어린 막내 직원들의 생각까지 들을 수 있어 유용했다'고 응답했으며, DMS 김○○ 소장의 경우 '기존에 알고 있었던 교육과는 달리 D그룹만의 이야기를 하는 역동적인 수업이라 지루할 틈이 없었다. 팀원들에 대한 역지사지의 마음을 갖게 된 것이 가장 큰 수확이다'라고 답했다. 마지막으로 D엔터프라이즈 웹게이트 부분 권○○ 팀장은 '업무 특성상 건설, 레저, 홀딩스 등 업무 관련도가 높은 회사 팀장님들과 이야기 나누는 것이 제일 큰 수확이었고 다음번엔 교육 대상자를 더 늘렸으면 한다'고 답했다.

전체적인 교육 프로그램에 대한 결과는 D그룹의 新 핵심 역량을 명확하게 인지할 수 있는 좋은 기회가 되었고, 현업에 바로 적용할 수 있는 구체적 방법들을 배운 것이 큰 수확이며, 특히 이번 교육의 경우 팀원들과의 관계에 대해 생각하고 성찰할 수 있는 기회를 마련해 준 것, D그룹 전체 팀장들이 처음으로 함께 교류할 수 있었던 의미 있는 교육이라는 피드백이어서 전체적인 부분에서 볼 때 교육 수강생들에게 있어 이번 교육은 D그룹의 상황에 잘 맞추어 개발된 리더십 프로그램이라고 생각된다.

교육평점은 ❙그림 10-8❙과 같이 집계되었다.

조사대상 및 응답자	조사대상 : D그룹 팀장 응답자 : 132명 중 126명(응답률 95%)
조사방법	교육 직후 서면 설문지 진행

(10점 만점)

구 분	합계	설문 내용 요약	점수 분포									
			10점	9점	8점	7점	6점	5점	4점	3점	2점	1점
교육 추천도	8.7	– 추천이유 D그룹 핵심 역량에 대한 맞춤식 교육 현업에 바로 적용하기에 유용하고 이해하기 쉬움 리더로서 갖추어야 할 역량 강화에 알맞은 교육 바로 적용해 보고 싶은 내용이 많았다.	43	39	24	10	4	0	1	0	0	0
교육 만족도	8.7	– 만족스러운 점 팀장으로서 조직관리에 도움이 되는 과정 명확한 교육으로 이해도가 높음 리더로서 내 자신에 대한 자아성찰 핵심 역량 강화에 필요한 내용과 지식	39	48	25	7	2	2	0	0	0	0
추후 교육 적용	8.9	– 어떤 Tool을 적용할 것인가 소통(코칭, 경청, GROW 질문법, 브레인스토밍) 피드백(감정 상하지 않게 피드백하기)	41	46	26	7	0	0	0	0	0	0
교육 참여도	8.7	– 교육에 대한 피드백 핵심 내용이 교육 후에도 기억이 남 현업에 쉽게 적용할 수 있어 도움됨 강의가 지루하지 않고 쉽게 이해됨 전 계열사 팀장님들과 교류할 수 있어 좋았음	39	40	25	13	2	0	1	0	0	0
강사 윤○○ 교수	8.9	참여할 수 있는 강의, 높은 이해도	22	26	13	5	1	1	0	0	0	0
강사 정○○ 교수	8.6	재미있는 진행	25	29	11	7	1	1	1	0	0	0
강사 김○○ 교수	8.8	연륜이 느껴지는 강의, 동영상 활용	41	45	18	9	1	0	2	1	0	0

| 그림 10-8 | D그룹 리더십교육 교육평가

출처 : 2014 D그룹 교육결과보고.

위의 교육생들의 평가는 그런대로 좋은 평가를 받았으나 실제 프로그램을 직접 개발하고 강의한 윤○○ 강사와의 인터뷰에서 나온 내용은 다음과 같다.

'4개의 역량을 8시간 동안 진행하는 것은 너무 무리가 있었다고 본다. 1개의 역량당 1시간 30분씩을 배분하고 진행했는데 내재화시키면서 현업적용 과제까지 진행하고자 한 것은 시간적으로 부족함이 많이 느껴졌다. 개인적으로는 1개의 역량당 4시간 정도의 시간배분이 적당하지 않나 하는 생각이 들었고, 총 14시간 동안 핵심 역량 내재화와 리더십 코칭을 진행하는 것보다 14시간 모두 핵심 역량 내재화에 시간을 투여하고 리더십 코칭을 추후 교육으로 기약해 보는 것도 고민해 볼 필요가 있었다고 본다. 또 한 가지는 D그룹상 같은 팀장이라 해도 직무의 성격상 전략부서부터 서비스부서까지 너무 다양하다 보니 강의의 수준 및 초점을 맞추기가 쉽지는 않았다. 총 5개의 차수를 운영하는 데 있어서 비슷한 직군의 팀장들을 그룹핑하면 교육 효과적인 면에서는 더 큰 효과가 있었을 수도 있다는 아쉬움이 남는다고 대답했다.

4. 중간관리자 리더십 개발 프로그램

〈○○기술연수원의 중간관리자 POWER UP 프로그램〉

■ 기관소개

○○기술연수원은 인재대국을 선도하는 창의적 교육과학기술 공무원을 육성하는 데 설립목적이 있으며, 이를 위한 전략은 현장 실천적 연수, 변화 주도적 연수, 미래 지향적 연수이다. 연수목표로는 교육과 과학기술이 조화된 통합역량 강화, 현장 중심의 실용적 문제해결능력 배양, 섬기는 공직관 확립으로 적극적 봉사정신 함양이다. 그리고 연수원은 ① 교육부 소속 공무원, 사립대·출연연구기관 직원 연수, ② 연수교육과정의 개발, 연수발전에 대한 연구 및 연수발전종합계획 수립, ③ 교육·과학기술 분야 각급 연수기관과의 교류협력·지원 등을 수행하고 있다.

■ 프로그램의 배경

급격한 환경변화와 스피드 경영확산에 따른 신속한 의사결정과 조직의 성과 창출을 위하여 중간관리자의 역할이 매우 중요해짐에 따라 역할에 부합하는 핵심 역량을 높일 수 있는 교육이 필요하다.

이 같은 시대의 변화에 따라 민간 부문의 교육 훈련에 대한 중요 트렌드는 중간관리자가 직무를 수행하는 데 필요한 핵심 역량을 규정하고 개발하는 것이다. 즉, 개인의 능력개발에서부터 조직의 교육훈련, 조직개발, 경력개발을 통합적으로 추구하는 것이다(강성조, 2009).

공공 부문에 있어서도 교육훈련을 시키고 받는 타율적 의미에서 조직의 미래 투자를 위해 개인의 역량을 강화하여 스스로 변화에 대응하고 더 나아가 전략적으로 국가의 미래 핵심 가치를 확립하고 연계된 국가 비전 달성을 위한 역량 강화가 요구되고 있다.

이러한 측면에서 5급 및 6급 공무원은 기관에 따라 차이는 있으나 일반적으로 동 직급에 이르기 전까지는 주어진 업무를 충실히 수행하면 되는 입장에서 중간관리자로서 상사와 부하직원의 가교 역할을 수행하여야 하는 중책을 맡는다. 이들의 업무 수행과 역할은 적게는 과(팀) 단위의 목표달성은 물론이고 조직의 목표달성에 지대한 영향을 미치게 된다. 그러므로 이들에 대한 역량강화와 리더십 교육은 매우 중요하다.

이러한 측면에서 교육의 목표를 중간관리자로서 선도적으로 조직을 리드할 수 있는 가치관 및 역량을 제고하고 조직의 변화를 주도하는 리더로서의 가치관을 확립하며, 변화와 성공을 이끌어 갈 공직자로서의 리더십 역량 배양은 중요하다.

이에 따라 교육대상자는 국가직, 지방직 5~6급이며, 교육내용은 팀장의 역할 이해, 팀장 리더십 사례, 탐장 역할 액션플랜 작성 등을 통해 중간관리자로서 리더십 함양에 중점을 두었다.

■ 프로그램 내용

● 프로그램 참여자

프로그램 설계자는 동 연수원의 기획1팀장이며, 급변하는 환경변화와 수요자 니즈에 부응하는 신규과정 개발에 역점을 두었다. 동 과정의 설계는 첫째, 자료 수집 및 각 연수기관별 「팀장 리더십 과정」을 분석하여 자료를 정리한 후 계속 진행 여부에 대하여 과정개설 회의를 개최하였다. 둘째, 동 과정의 교과목 개설을 위해 관련 기관에 의견 조사를 실시하였다. 셋째, 이의 자료 등을 정리하여 팀장 리더십 과정 개설 전문가의 면담을 통하여 자문을 받은 후에 다시 과정개설 회의를 개최하였다. 넷째, 동 과정의 신규 개발 교육과정 기본 계획(안)을 작성하여 대상기관에 교육과정 수요인원 조사를 실시하였다. 다섯째, 수요조사 결과에 따라 개설계획을 확정하여 실시하였다.

교육훈련 강사의 강의과목은 <표 10-5>와 같다. 교육 대상자는 시・도교육청, 소속기관, 국립대학의 과(팀)장인 5~6급 일반직 공무원, 사립대학 과(팀)장으로 이를 구분하여 실시하고 있다.

● 프로그램 실행모델

중간관리자 Power up 프로그램은 3일간 총 21시간으로 강의 9시간, 참여식 교육 9시간(실습실기 6시간, 대담토의 3시간), 사례연구 1시간, 기타 2시간으로 실시하고 있다. 강의의 교과편성은 소양 분야는 1개 과목에 2시간, 리더십 관련 분야는 7개 과목에 17시간, 그리고 2시간은 행정소요 시간으로 구성되어 있다.

프로그램 내용은 중간관리자의 조직 내 대인관계 역량과 기본 리더십 배양에 도움을 줄 수 있는 내용으로 편성하였으며, 소양은 '국내 10대 트렌드와 시사점'이고 리더십의 직무교육은 '팀장의 역할 이해', '감성과 공감 리더십', '코칭 프로세스의 이해 및 활용', '동기부여와 임파워먼트', '팀장 리더십 사례', '커뮤니케이션 스킬', '팀장역할 Action Plan'으로 구성되어 있다. 이를 정리하면 <표 10-5>과 같다.

〈표 10-5〉 중간관리자 Power up 과정 프로그램 모델

<table>
<tr><th>시간
일</th><th>1교시
09:00~
09:50</th><th>2교시
10:00~
10:50</th><th>3교시
11:00~
11:50</th><th>점심
12:00~
12:50</th><th>4교시
13:00~
13:50</th><th>5교시
14:00~
14:50</th><th>6교시
15:00~
15:50</th><th>7교시
16:00~
16:50</th><th>8교시
17:00~
17:50</th></tr>
<tr><td rowspan="2">1일</td><td>입교식
및
과정
안내</td><td colspan="2" rowspan="2">국내 10대 트렌드와
시사점

김○○
(대학 교수)</td><td rowspan="2">점심</td><td colspan="3" rowspan="2">팀장의 역할 이해

황○○
(중앙공무원교육원 교수)</td><td colspan="2" rowspan="2">감성과 공감
리더십

김○○
(컨설팅 전문강사)</td></tr>
<tr><td>국정지표
(동영상)</td></tr>
</table>

2일	코칭프로세스의 이해 및 활용 이○○ (전문강사)	점심	동기부여와 임파워먼트 김○○ (성공기술원 대표)	팀장 리더십 사례 주○○ (리더십 다양성 센터)	
3일	커뮤니케이션 스킬 남○○ (리더십센터 전문교수)	점심	팀장역할 Action Plan 김○○ (코칭센터 전문교수)	수료식 및 의견 수렴	

출처 : 교육과학기술연수원 내부자료.

● **프로그램 내용의 특색**

'국내 10대 트렌드와 시사점'은 삼성경제연구소에서 전문가들이 작성한 것으로 이는 세계적인 시대의 흐름과 최신의 동향을 반영한 우리나라의 트렌드를 파악할 수 있는 내용의 교과목이다. 그 내용은 경기침체 본격화, 고용 위축, 기업대출 부실화와 자금시장 위축, 한국형 뉴딜정책, 녹색성장시대 본격점화, 新가족주의 문화의 대두, 가치·신뢰 중시 소비패턴 확산이다.

중간관리자 리더십 직무교육은 팀장 역할의 이해에서 조직환경의 변화와 팀장의 역할, 팀장으로서 요구되는 리더십, 자기 리더십 스타일 분석(Leardship, Followship, Fellowship) 등이다. 감성과 공감 리더십은 팀장의 자기 인식 및 관리, 팀원에 대한 공감과 이해, 감성 리더십을 향상시키기 위한 기술 등이고, 커뮤니케이션 스킬은 팀워크를 위한 의사소통 역량, 의사소통 스킬의 이해 및 실습이다. 동기부여와 임파워먼트는 효과적인 동기부여, 임파워먼트의 이해와 활용이며, 코칭 프로세스 이해 및 활용은 자신의 코칭 스타일 분석, 코칭 프로세스의 이해 및 활용 실습이다. 팀장의 리더십 사례연구에서는 팀장 리더십의 성공사례 및 실패사례 학습 등이고 팀장의 역할 Action Plan은 팀장의 행동전략 짜기 및 공유하기 등의 내용으로 구성되어 있다.

● 교육방식

총 교육시간은 21시간이다. 이 중 9시간은 강의식으로 진행하고 참여식 교육은 10시간으로 실습실기 6시간, 대담 토의 3시간, 그리고 사례연구 1시간 등으로 구성되어 있으며, 2시간은 행정 등의 시간이다. 그 내용은 <표 10−6>과 같다.

〈표 10−6〉 **교육방법 및 시간**

구분	총교육 시간	강의	참여식 교육							행정·기타
			소계	실습 실기	워크숍	대담 토의	분임 활동	사이버 교육	사례 연구	
시간	21	9	10	6	·	3	·	·	1	2
비율(%)	100	42.9	47.6	28.5	·	14.3	·	·	4.8	9.5

출처 : 교육과학기술연수원 내부자료.

■ 프로그램 평가

● 프로그램 평가계획

중간관리자 Power up 과정 종료 시 교육운영 및 강사 만족도에 대하여 설문조사를 실시하고 이를 분석하여 교육과정의 질 관리에 노력하고 있다. 교육운영에 관한 사항으로는 교육과정 전반에 대한 내용, 교과편성 및 운영에 대한 내용, 시설·환경 등에 대한 만족도를 조사하고 있다. 강사에 대하여는 교육내용과 교육방법에 대한 만족도를 조사하여 그 만족도가 75점을 넘지 못하는 강사는 교체하여 강사의 질 향상을 도모하고 있다. 또한 분기별·반기별 교육훈련성과에 대하여 '교육성과자체평가위원회'에서 자체평가를 실시하고 향후 개선방향을 모색한다. 분기별 평가로는 만족도 평가, 성취도 평가, 현업 적용도 평가, 강의 모니터링 결과 등을 토대로 자체평가하고 반기별로는 종합평가 항목 및 지표를 토대로 자체평가를 실시한다. 평가를 통하여 주요 개선사항 및 요구사항 등을 도출하여 차기 또는 차년도 교육과정 개선에 반영하여 시행한다. 그리고 피교육생과 수료생의 학사 관련 자료를 전산화하여 사후 지도의 적정성을 고려하고 있다.

● 평가 실행

중간관리자 Power up 과정의 평가는 과정 수료 전에 과정생을 대상으로 미리 작성된 설문에 답하는 형식으로 실시하고 있다.

설문지는 응답자의 성별, 총 경력, 소속, 직렬, 직위, 과정의 참여 동기, 그리고 교육기간의 적정성에 대하여 우선적으로 답하도록 되어 있다. 그리고 교육과정에 대하여는 교육총괄, 교육과정 편성운영, 시설 및 환경 부문으로 나누고 세부적으로는 총 10개의 문항으로 구성되어 있다. 각 문항은 5개의 척도인 우수, 양호, 보통, 미흡, 불량 중 1곳을 선택하여 표시하도록 하였다.

교육총괄에서는 ① 본 과정의 이수가 업무수행에 도움이 될 것이다. ② 본 과정을 계속 유지시켜야 한다. 교육과정 편성・운영에서는 ③ 교육과정 편성이 적절하였다. ④ 강사 선정이 적절하였다. ⑤ 교재 내용이 충실하였다. ⑥ 교육방법이 효과적이었다. ⑦ 과정 운영자가 친절하였다. 그리고 시설 및 환경에서는 ⑧ 연수시설(강의실, 편의시설 등)에 만족했다. ⑨ 교육기자재(전자교탁, 빔프로젝트, PC 등)에 만족했다. ⑩ 식당 서비스에 만족했다.

강사평가는 팀장 역할의 이해 등 8개 교과목별로 교육내용 만족도와 교육방법 만족도로 구분하여 5개의 척도인 우수, 양호, 보통, 미흡, 불량 중 1곳을 선택하여 표시하도록 하였다.

● 평가결과

① 교육과정 운영 평가

평가결과는 2013년도에 실시한 중간관리자 Power up 과정 제1기[시・도 교육청 및 교육과학기술부 소속기관 과(팀)장 42명], 제2기[국립대학 과(팀)장 36명], 제3기[사립대학교 과(팀)장 32명]의 수강생을 대상으로 한 결과이다.

평가결과는 우수 5점, 양호 4점, 보통 3점, 미흡 2점, 불량 1점의 점수를 부여하여 평가자의 결과를 점수화하였다. 교육총괄, 교육과정 편성운영, 그리고 시설 및 환경으로 구분하였다.

일반적인 교육총괄에서는 본 과정 이수가 업무수행에 도움이 된다고 긍정적으로 평가하였으나, 과정의 계속 유지 여부에 대하여는 국립대학의 5~6급 과(팀)장은 60점 정도로 낮게 평가한 반면, 시·도교육청이나 사립대학의 과(팀)장은 대체적으로 긍정적으로 평가하고 있다.

교육과정 편성운영에 있어서 교육과정 편성은 사립대학의 중간관리자보다 공무원들이 보다 적절하다고 평가하였고, 강사 선정, 교재내용 충실성, 교육방법은 대학기관의 근무자보다 일반 행정기관의 근무자가 보다 적절하다고 평가하였다. 이는 대학에서 우수한 교수들의 강의 기법과 비교에 의하여 나타난 현상으로 보인다. 그리고 과정 운영자의 친절 정도는 모두 90점 이상의 높은 평가를 주고 있다. 이는 연수기관이라는 특수성으로 많은 수강생을 확보하여야 하는 기관의 목적과도 관계되지만 공무원들이 그간 추진한 친절 확산운동의 결과의 일환으로 볼 수 있을 것이다.

시설 및 환경 부문은 공무원보다는 사립대학의 근무자가 보다 불평이 있는 것으로 나타나고 있으며, 특히 강의실 및 편의시설에 불만이 많은 것으로 평가되었다. 이는 사립대학들이 건물 리모델링, 각종 설비 및 기자재의 현대화 등으로 국가기관보다 나은 시설 및 장비에 기인한 것으로 판단된다. 이상의 내용을 정리하면 <표 10−7>과 같다.

〈표 10-7〉 2013년도 Power up 과정 운영 평가 결과

구분	번호	질 문	1기	2기	3기	평균
교육 총괄	1	본 과정의 이수가 업무수행에 도움이 될 것 같다.	94.36	89.14	90.63	91.38
	2	본 과정을 계속 유지시켜야 한다.	95.00	59.14	88.75	80.96
	교육총괄 소계		94.68	89.14	89.69	91.17
교육 과정 편성 운영	3	교육과정 편성이 적절하였다.	88.50	94.00	85.63	89.38
	4	강사 선정이 적절하였다.	91.79	86.29	85.63	87.90
	5	교재 내용이 충실하였다.	87.69	83.43	83.75	84.96
	6	교육방법이 효과적이었다.	91.79	82.29	85.63	86.57
	7	과정 운영자가 친절하였다.	95.99	96.00	91.88	94.62
	교육과정 편성운영 소계		91.12	86.40	86.50	88.01

시설 및 환경	8	연수시설(강의실, 편의시설 등)에 만족하였다.	90.00	89.14	72.50	83.88
	9	교육기자재(전자교탁, 빔프로젝트, PC 등)에 만족하였다.	90.00	85.14	79.38	84.84
	10	식당서비스에 만족하였다.	93.50	88.00	81.88	87.79
	시설 및 환경 소계		91.17	87.43	77.92	85.51

출처 : ○○기술연수원 내부자료.

② 강사평가

강사평가는 교육내용 만족도와 교육방법 만족도로 구분하여 팀장 역할의 이해 등 8개 강좌에 대하여 실시하였다. '팀장 역할의 이해' 및 '팀장 역할 액션 플랜'은 수료 기수에 관계없이 교육내용이나 교육방법 만족도에서 가장 높은 평점을 받았다. 각 교과목의 강사 평가는 긍정적으로 평가되었으나, '동기부여와 임파워먼트'는 제2기 수료생이 낮은 평가를 하였고, '팀장 리더십 사례연구'는 제3기 수료생이 낮은 평가를 하였다.

교육내용 만족도에서는 제1기 '팀장 역할 액션 플랜'이 96.50점으로 가장 높은 평점을 받았고 '동기부여와 임파워먼트'의 제2기 수료생이 가장 낮은 평점인 82.29점을 받았다. 교육방법 만족에서는 제1기 '팀장 역할 액션 플랜'이 95.50점으로 가장 높은 평점을 받았고 제3기 '팀장 리더십 사례연구'가 78.85점으로 가장 낮은 평점을 받았다. 교과목별 강사의 평가결과는 <표 10-8>과 같다.

〈표 10-8〉 2008년 Power up 과정 강사 평가 결과

항 목	1기				2기				3기			
	담당강사	교육내용만족도	교육방법만족도	평균	담당강사	교육내용만족도	교육방법만족도	평균	담당강사	교육내용만족도	교육방법만족도	평균
팀장 역할의 이해	○	95.00	94.00	94.50	○	91.43	92.94	92.17	○	93.73	93.13	93.44
감성과 공감리더십	○	88.56	87.18	87.85	○	92.00	91.18	91.59	○	85.81	81.94	83.87
커뮤니케이션 스킬	○	94.00	93.50	93.75	○	84.57	84.71	84.64	○	90.00	88.13	89.06

동기부여와 임파워먼트	○	89.74	87.00	88.35	○	82.29	83.53	82.90	○	88.75	87.50	88.13
팀장리더십 사례연구	○	89.74	85.50	87.59	○	90.86	90.59	90.72	○	82.50	78.75	80.63
코칭프로세스 이해 및 활용	○	94.00	93.50	93.75	○	90.86	89.41	90.14	○	91.25	90.32	90.79
성공적인 팀워크와 갈등관리	○	93.00	94.00	93.50	○	89.14	85.29	87.25	○	85.00	83.75	84.38
팀장 역할 액션 플랜	○	96.50	95.50	96.00	○	90.86	90.91	90.88	○	93.33	92.26	92.79
합 계		92.58	91.29	91.93		89.00	88.56	88.78		88.77	86.96	87.87

출처 : 교육과학기술연수원 내부자료.

③ 총평

2013년도에 처음으로 시행한 「중간관리자 Power up 과정」은 국가직 및 지방직 5~6급 공무원과 사립대학의 과(팀)장을 대상으로 중간관리자로서의 역량을 강화하고 리더십 배양이 목적이다. 중간관리자로서 상사와 부하직원의 가교 역할을 수행하여야 하는 중책을 맡는 이들은 업무 수행과 역할에 있어 적게는 과(팀) 단위의 목표달성은 물론이고 조직의 목표달성에 지대한 영향을 미치게 된다. 그러므로 이들에 대한 역량강화와 리더십 교육은 매우 중요하고 시의 적절하였다.

수료생들은 교육내용이나 강사에 대하여 긍정적이며, 특히 팀장의 역할 이해, 팀장 리더십 사례, 팀장 역할 액션 플랜 등의 교육을 통하여 중간관리자로서의 리더십 함양 등 만족도도 높은 것으로 평가되었으며, 주기적인 과(팀)장 연수가 필요하다는 의견을 보였다. 다만, 교재 내용 중 PPT 자료가 많아 교재 활용도가 떨어진다는 의견이 있었다.

■ 논의

수강생들이 지적한 개선점으로는 첫째, 강의 교재 내용이 PPT 자료가 많아 교재 활용도가 떨어진다. 성인 교육자들은 설명을 들을 때에는 뭔가 이해되는가 싶으나, 시간이 지나면 읽어도 쉽게 이해하지 못하는 경우가 많다. 그러므로 내용을 충분히 서술한 교재를 만들 필요가 있다. PPT 자료는 교재에 수록된 내용을 설명하기 위한 보충자료로 활용되도록 하는 것이 바람직하다. 둘째, 짧은 시간에 국내의 10개의 트렌드를 이해하는 데 한계가 있다. 이를 5~6개 정도로 축소하여 시행함이 요구된다. 셋째, 운영상으로 5급과 6급을 구분하여 반을 편성 운영함이 바람직하고 강의 시간을 단축하였으면 좋겠다는 의견이 있었다. 또한 지방의 거주자를 위한 기숙사 입사, 매일매일 설문실시를 요구하는 의견이 있었다. 이에 대하여 2009년도 동 과정에서 교재의 PPT 자료, 국내 10대 트렌드의 축소 등은 실시하지 않았다. 운영상 문제인 5급과 6급을 구분하여 반 편성을 실시하였고 총 교육시간을 22시간에서 1시간 줄은 21시간으로 하고 있다. 그리고 기숙사는 시설의 제약으로, 매일매일의 설문 실시는 검토 필요성 등의 이유로 실시하지 않고 있다.

중간관리자 Power up(리더십) 과정의 기간이 짧아 현장에서 발생되는 각자의 경험을 공유할 수 있는 팀별 주제토의 같은 일정이 없다. 앞으로는 동 과정에 참여하는 자는 소속하고 있는 기관 또는 조직에서 중간관리자로서 리더십 발휘 경험의 사례를 리포트로 작성 제출하도록 하여 이에 대해 논의할 수 있는 시간 배정이 요구된다.

중간관리자 Power up(리더십) 과정이 2008년도 개발된 프로그램으로 동 프로그램의 개발과정은 첫째, 타 기관의 중간관리자 리더십 과정 분석 및 관련 자료를 수집하였다, 둘째, 동 과정에 대한 전문가의 자문과 PCRM을 통한 의견수렴을 통하여 교육요구분석, 학습자, 환경 등에 대하여 분석하였다. 셋째는 동 교육과정에 대한 수요조사를 실시하였다. 넷째, 이러한 일련의 과정을 거쳐 과학적이고 체계적인 과정과 연구를 거쳐 동 과정을 개발하고 운영하여 좋은 평가를 받고 있다고 평하고 있다. 그러나 과정 기획자의 전문성이 부족하다. 동 프로그램 개발이 일정한 절차에 의하여 일반 행정가의 주도로 이루어지고 있다. 일반 행정가는 일정한 기간 순환 근무로 전문성과는 관계없이 동 업무를 담당할 수도 있다. 그러므로 리더십 개발 프로그램을 기획하고 설계하며, 프로그램을 운영하고 평가 및 피드백 등의 일련의 과정을 위하여는 전문성을 지닌 전문가의 배치가 요구된다.

중간관리자 Power up(리더십) 과정의 평가에 있어서 교육과정 편성, 내용, 방법, 강사의 강의 방법 등도 중요한 평가 요소이나, 교육 이전과 이후에 수강생의 변화 정도를 측정할 수 있는 도구 개발이 요구된다.

○○기술연수원은 1970년도에 개원하여 지금까지 교육 관련 공무원 및 사립학교 직원들을 대상으로 이들이 필요로 하는 다양한 교육과정의 프로그램을 개발하여 연수를 실시하였다. 이명박 정부에서는 교육과 과학기술을 통합한 교육과학기술연수원을 인재대국을 선도하는 창의적 교육과학기술 공무원 육성이라는 비전을 달성하기 위하여 활용하였다.

중간관리자의 역할은 아무리 강조하여도 지나치지 않다. 조직의 목표 달성은 중간관리자들의 역할에 따라 지대한 영향을 받게 되므로 이들에 대한 교육훈련은 아주 중요하다. 그리고 급변하는 환경과 스피드 경영 확산에 따른 신속한 의사결정과 조직의 성과 창출을 위하여 중간관리자의 역할이 매우 중요하다. 이러한 측면에서 중간관리자 power up(리더십) 과정 프로그램의 개발, 운영은 바람직하다고 할 수 있다.

동 프로그램의 개발은 일정한 절차에 의하여 체계적이고 과학적으로 추진하려고 노력하였다. 보다 더 전문가에 의하여 리더십 개발 이론들이 접목된 프로그램 개발이 요구된다.

교육과정 편성에 있어서는 우리나라의 사회현상을 이해할 수 있도록 10대 트렌드와 시사점, 팀장의 역할과 이해, 팀장 리더십 사례연구, 팀장 역할 action plan 등 중간관리자로서의 리더십 개발에 도움이 되는 교육내용으로 잘 편성된 것으로 판단된다. 다만, 공무원 조직에서 발생되는 리더십 사례연구나 역할 연기가 되었으면 하는 아쉬움이 있다.

동 프로그램의 필요성과 리더십의 연수효과는 수강생들이 상당히 높은 평가를 하고 있어 지속적인 프로그램 유지가 필요하다. 따라서 동 프로그램을 지속적으로 유지하기 위하여는 프로그램 개발 전문가를 배치하여 공무원 조직의 중간관리자 리더십 개발에 필요한 프로그램이 되도록 하여야 할 것이다.

5. 코칭 리더십 개발 프로그램

〈ACC 5R 코칭 리더십 프로그램〉

■ 기관소개

A 코치센터(ACC : A○○ Coach Center)

미국에 본부를 둔 국제코치협회(IAC : International Association of Coaches)와 국제코치연맹(ICF : International Coach Federation)의 국제적인 두 기관에서 공인해 주는 IAC와 ICF 자격인증과정을 운영한다. 국내에서는 유일한 ICF에서 인정된 Masterful Coach(MCC) 자격을 지닌 ○○○ 대표가 국제적으로 검증된 코칭 국제자격교육 코치 프로그램을 개발, 코치가 개인 및 조직 변화가 필요한 부분을 스스로 진단하고 행동의 근원이 되는 내면적 가치와 순수 의도로부터 도출되는 탁월성을 개발할 수 있는 통합적인 ACC 코칭 리더십 개발 교육을 실시하고 있다.

■ 프로그램 배경

리더십 유형은 다른 사람에게 영향을 미치려고 시도하는 한 개인의 행동양식으로서, 여기서는 높은 지시적 행동과 지원적 행동 유형을 코치형 접근법이라 부르며 코치형 리더는 의사소통의 초점을 목표달성과 사회 정서적 지원에 맞추어 구성원들의 참여를 유도한다. Day(2001)의 연구에 의하면 코칭 프로세스에서 직원들에게 영향을 미치기 위해서는 리더의 적합한 태도가 중요하다고 말하고 있다. 리더의 행동은 구성원에게 관심을 가지고 실제로 협력과 조력을 하고 동기부여를 하는 것을 의미한다. 코칭 리더십과 관련한 평생교육기관에서 성인교육과 관련한 A 코치센터에서 실시하고 있는 5R 코칭 리더십 프로그램을 연구 분석하고자 한다.

■ 프로그램 내용

● ACC 코칭 리더십 프로그램

① 참여자 : 기업체 교육담당자, ACC 교육담당자, ACC 전문코치

② 설계자 : 정○○ 박사(미국 Regent University 코칭연구 박사)

③ 강사 : ACC 전문코치

④ 학습자(교육대상) : 기업체 조직책임자(부장, 임원), 코치 자격을 취득하려고 하는 예비 코치

⑤ 강의전달 방식 : Action Learning

⑥ 5R 코칭 리더십 프로그램

모 듈	제 목	내 용
Module 1	코칭의 세계	과정 소개, 코칭이란?, 코칭철학
		5R 코칭모델
Module 2	코칭 경청기술	상대 중심적 경청과 3-F 경청기술
		탁월한 경청
Module 3	코칭 대화	깨끗한 대화
		강력한 질문
Module 4	4P 코칭스타일	4P 코칭스타일 이해와 진단
		4P 코칭스타일 경청과 질문
Module 5	코칭 보고서와 피드백	코칭 보고서와 피드백
		5R 코칭모델 실습 및 피드백
Module 6	11 코칭 역량	ICF 11가지 코칭 역량 개요 및 설명
		11 코칭 기술 종합 실습 및 피드백
Module 7	Follow up	사례 발표, 리뷰 및 수료

출처 : 아시아코치센터(2008). 5R 코칭리더십 프로그램.

⑦ 5R 코칭리더십 실행 모델

아시아코치센터의 5R Coaching Leadership 프로그램은 세계적인 코칭 리더십 역량을 갖춘 지도자를 개발하기 위한 모델로 보인다. 여기에는 오늘날 지도자들이 당면한 거의 모든 가능성과 도전에 대해 즉각적으로 대응하고 적용할 수 있는 코칭스킬과 코칭실습으로 이루어져 있다. 5R Coaching Leadership은 팀을 성공적으로 이끄는 코칭목표와 상호 의존된 강력한 관계 형성, 현실인식, 다양한 통찰력과 역량을 끌어내는 대안선택, 최적의 실행 환경을 만드는 데 5R 역량모델을 갖추고 있다. 5R Coaching Leadership 평가는 다섯 가지 핵심적인 코칭 리더십 역량과 11가지 척도로 설명된다.

가. Relation(관계형성)

관계형성은 사람들과 친밀하고 신뢰할 수 있는 관계를 구축하고 지속적으로 유지, 발전시키는 능력이다. 관계형성은 효과적인 코칭을 진행하는 데 있어서 반드시 필요한 기초석이다. 탁월한 코치는 대화 중에도 늘 친밀함으로 함께한다는 느낌을 주며 관계형성은 '신뢰'와 '동반'의 두 가지 척도로 구성된다.

- **신뢰** : 코치는 상대방의 독특성을 인정하고 그들의 실수나 어려움까지도 판단 없이 들어주며 안전한 관계를 유지, 발전시키고 변함없는 성실한 자세와 따뜻하게 배려하고 격려하는 태도로 신뢰감을 더해준다.
- **동반** : 코치는 상대와 동반자로 함께한다는 의식을 가지고 상대가 이 의식을 잘 계발하여 사용하도록 돕는다. 동반자는 개방적이고 유연하며, 상대에게 호의적이고 자연스러운 대화 분위기를 제공함으로써 함께한다.

나. Refocus(목표발견)

목표발견은 상대가 이야기하는 대화의 주제와 목표를 효과적으로 빠르게 찾아내어 동의를 얻어내고 목표를 구체화하도록 돕는 능력이다. 이 역량이 뛰어난 사람은 상대가 진정으로 원하는 주제를 가능한 한 빨리 찾아내고 이루고자 하는 이상적인 모습을 그려봄으로써 명확한 목표를 찾도록 도와주며,

윤리와 주제 동의 두 가지 척도로 구성된다.

- **윤리** : 상대와 나눈 개인적인 내용에 대해서 비밀을 지키며 상대에게 유익한 것만을 제공하는 등 코칭 윤리를 철저하게 지키고, 자신의 전문성을 과장하지 않고 진실만을 말하며, 다른 사람의 기여와 노력을 보호하고 존중한다.
- **주제동의** : 상대와의 대화의 주제와 목표를 효과적으로 빠르게 찾아내어 동의를 얻어내고 목표를 구체화하도록 도우며 상대에게 가장 유익하고 만족을 주는 목표를 찾아내도록 돕는다.

다. Reality(현실인식)

현실인식은 현재의 상황이 어떤지 정확하게 인식하고 목표를 이루는 데 장애가 되는 것이 무엇인지 명확하게 하는 능력이다. 현재 직면하고 있는 상황을 정확하게 인식하면 문제해결의 가장 핵심이 되는 장애를 신속히 파악하여 그것을 해결해 나가는 대안을 쉽게 만들 수 있다. 이에 경청과 분별의 두 가지 척도로 구성된다.

- **경청** : 탁월한 코치는 대화 시 가장 먼저 상대의 감정과 욕구, 필요가 무엇인지 직감적으로 알 수 있다. 그것은 언어와 비언어 모두를 포함한 커뮤니케이션에 몰입하여 경청할 때 가능하다.
- **분별** : 분별의 능력은 상대가 자신의 현실을 보다 객관적으로 인식하고 핵심적인 장애를 효과적으로 확인하여 목표를 보다 명확히 하도록 돕는다. 리더가 직면한 현재의 상황을 객관적으로 보고 주관적인 판단 없이 올바른 방향으로 사람들을 이끄는 데 아주 중요한 역량이다.

라. Resources(대안선택)

고객의 문제를 해결할 수 있는 지원과 방안을 스스로 찾고 그 방안들 중 실제적으로 실행 가능한 대안을 선택하도록 돕는다. 모든 사람은 스스로 문제를 해결할 수 있는 방법과 자원을 가지고 있다. 코치는 충분한 변화의 능력이 있고 해결방안들을 갖고 있음을 일깨워 주고 그들이 스스로 최선의 방법들을 찾을 수 있도록 격려하고 응원하며 명료한 대화와 의식의 두 가지 척도로 구성된다.

- **명료한 대화** : 코치는 말투나 표현을 명료하게 하며 최대한 긍정적 영향을 주는 언어를 사용하여 효과적으로 대화한다. 코치는 있는 그대로 받아들이고 표현하며 때로는 침묵함으로써 명료함을 기다린다.
- **의식** : 의식이란 동의된 결과를 성취하기 위한 다양한 자원과 지혜를 명료하게 관찰하여 의식적으로 가능한 자원을 끌어내고 통합하는 능력이다. 사람들은 자신의 능력과 탁월성, 존재 가치를 의식하면 스스로 잠재되어 있는 풍부한 자원을 사용하기 시작하고 혁신적인 아이디어를 만들어 낸다.

마. Responsibility(상호책임)

상호책임은 상대가 정한 인생의 큰 목표나 해결 방안들에 대해 구체적인 행동목표를 설계하고 그것을 실제로 실천하도록 함께 상호 책임지는 능력이다. 코치는 사람들이 새로운 인식과 정리된 생각을 바탕으로 구체적인 계획을 세워서 스스로 실행하고 책임질 수 있도록 도움을 주는데 이는 행동목표와 계획 그리고 책임의 세 가지 척도로 구성된다.

- **행동목표** : 일과 삶에서 지속적으로 배움과 성장을 창조하고 성공적인 결과를 만들어 내는 가장 효과적인 행동목표를 설계한다. 이때 행동목표는 구체적이고 측정 가능하며 구체적인 실행계획이 세워질 때 보다 확실하고 성공적인 결과를 만들어 낼 수 있다.
- **계획** : 코치는 행동목표를 이루기 위한 최적의 환경을 조성하고 최적의 결과를 만들어 내기 위한 효과적인 방법을 강구하며 그것이 이루어지는 시기를 정하여 단계별로 실제로 진행되도록 정확하게 계획을 세운다.
- **책임** : 탁월한 코치는 상대가 선택한 방법에 대해 스스로 책임지고 지속적으로 실천하도록 지지하고 후원함으로써 상호 책임지는 사람이다. 상대가 설계한 행동목표를 반드시 실천할 수 있는 실제적인 방안들을 강구하고 상호책임 시스템을 구축해서 목표를 달성하는 최적의 환경을 조성한다.

■ 프로그램 평가

1. 평가 계획

코 치	이순신	코치이	홍길동
행동변화 목표(KPI)	1. 그룹목표 : 의식 향상 (현수준 : 56 → 목표수준 : 80) 2. 개인목표 : 목표발견(Refocus) (현수준 : 60 → 목표수준 : 90)		

2. 평가 실행

행동목표 선정 배경	• 그룹 목표는 그룹 멤버들 전원이 의식 부분에 점수가 낮았고, 멤버 모두가 의식의 확장, 향상에 대한 열정이 있어서 그룹 목표로 채택하였음 • 개인 목표인 부분은 전체 5R 코칭 하위 11가지 역량 대부분이 개발해야 할 역량으로 파악되었으나 개인적으로 향상하고자 원하는 부분은 윤리와 주제에 동의하는 역량이었음

3. 평가 결과

● 사전사후 향상도 평가

	5R 평균점수		
	사전	사후	차이
Relation (관계형성)	67	87	20
신뢰	75	87	12
동반	58	86	28
Refocus (목표발견)	60	86	26
윤리	61	91	30
주제 동의	59	82	23
Reality (현실인식)	65	75	10
경청	72	76	4
분별	58	74	16
Resources (대안선택)	67	90	23
명료한 대화	78	88	10
의식	56	91	35
Responsibility (상호책임)	58	80	22
행동목표	56	83	27
계획	61	80	19
책임	56	76	20
평균	63	84	21

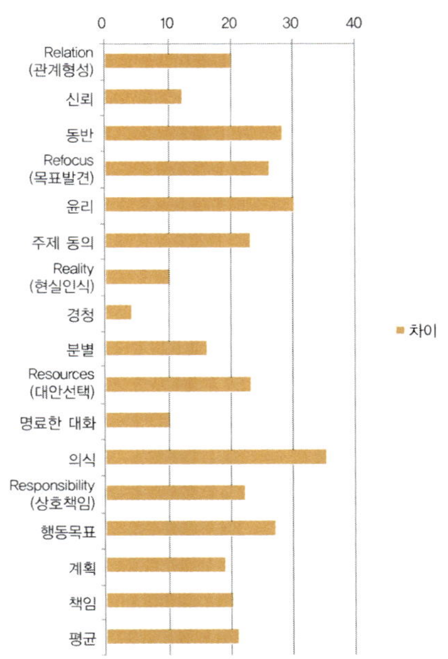

출처 : 아시아코치센터(2008). 5R 코칭리더십 역량평가 결과지.

● 전문코치 코멘트

탁월성	• 윤리적 자세 • 겸허한 자세 • 솔직한 전달
개발할 요인	• 상대방 입장에서 경청하고, 상대방이 스스로 해결방안을 찾도록 질문하는 것이 요구됩니다. • 갈등이 생겼을 때 상대방에게 자신의 감정과 생각을 사실적으로 표현해서 갈등을 해결해 나가는 것이 필요합니다. • 자신의 내면의 생각과 감정의 변화를 순간순간 포착해서 그 생각과 감정을 인식하는 것이 필요합니다.

■ 논의

● 코칭 프로그램 제안

① 직무 중심의 코칭 프로그램

최근 국내에서도 코칭 프로그램이 관리자의 리더십과 역량 강화를 위한 효과적인 방법으로 관심을 끌고 있다, 대부분의 관리자들은 목표설정, 업무추진, 업무지시, 실적관리 등에는 뛰어난 반면, 직원의 직무활동 코칭 부문은 취약한 것으로 보이므로 직무 중심의 코칭을 효과적으로 활용해야 할 것으로 보여진다.

② 부하육성 중심의 코칭 프로그램

관리자는 직원의 성장 방향과 적절한 학습방법을 제시해 주어야 할 책무가 있다. 직원 행동에 대한 체계적인 분석을 근거로 해결책을 마련해 주는 코칭 스킬을 발휘할 때 높은 성과를 보일 가능성이 높아지고 부하육성에 자신감이 생긴다. 이러한 부하육성을 위해 다음과 같은 분석기법을 적용하는 것을 제안한다.

- 직원들의 요구와 개인적인 계획을 들어주는 데 시간을 할애한다.
- 직원과 면담할 때, 코칭방향, 면담방법, 목표수립 여부 등의 질문을 사용한다.

- 직원의 성장을 위한 육성계획을 함께 만든다.
- 저성과 직원의 경우, 그의 행동을 분석하고 문제점을 찾는다.

③ 결론

코칭 리더십 개발 프로그램을 통한 코치의 리더 개발에 대한 모델을 제공하는 데 있어서 평가, 도전, 지원의 세 가지 요소가 코칭을 위한 구조에 적합하다고 판단된다. 그리고 코치의 리더십 개발 관점은 코치이와 공동의 목표를 향해 함께 협력하면서 책임을 지는 관계를 형성하여 코치이의 개인 발전에 초점이 맞추어져 있다고 보여진다.

6. 창의적 리더십 개발 프로그램

〈(주)○○자동차의 핵심 인재 창의적 리더십 개발 프로그램〉

■ 기관소개

1967년 설립된 ○○자동차는 전 세계 190여 개국을 대상으로 승용차, RV, 트럭, 버스 등 다양한 자동차를 생산, 판매하고 있다. 1991년에는 국내 최초로 자동차 핵심 부품인 엔진과 변속기를 독자 개발하여 한국 자동차산업의 기술 국산화에 크게 기여하였다. ○○자동차는 대한민국 자동차산업과 경제를 이끌며 발전을 거듭해 왔으며, 인도 · 중국 · 터키 · 미국 · 체코 · 러시아 등지에 해외공장과 연구시설을 마련하여 글로벌 기업으로서 위상을 높여가고 있는데, 2005년 『비즈니스위크』가 발표한 '글로벌 100대 브랜드'에 한국 자동차산업 최초로 선정된 이래 2009년 60위권에 진입하였다. ○○자동차는 친환경 브랜드 『블루 드라이브(Blue Drive)』를 통해 저탄소 녹색 성장이라는 국가비전 달성과 세계 4대 그린카 강국 조기진입에 이바지하고자 '쏘나타 하이브리드', 전기차 '블루온' 등을 선보이면서 미래 친환경 자동차 개발과 친환경 기업으로의 성장을 위한 비전을 제시했으며, 현재 국내를 대표하는 자동차 메이커이다.

■ 프로그램 개발배경

18세기 중엽 영국에서의 산업혁명으로 농경사회에서 산업사회로 진화해 가면서 기업의 개념과 생산성 그리고 문화 등 많은 부분에서 변화가 발생했다. 이러한 산업사회를 거쳐 현재 우리는 지식정보화 사회를 살아가고 있는데, 산업사회와 지식정보화 사회의 차이는 가치창출의 원천이 노동과 토지 등에서 지식과 정보로 바뀌었다는 것이다. 이처럼 지식과 정보가 가치창출의 원천인 지식정보화 사회에서는 창의성이 부가가치의 핵심 원천이 된다.

창의성이 현대사회 부가가치의 핵심 원천임에도 불구하고 우리나라의 기업들은 창의성을 기르고 내재화하는 일에는 소극적이었다. 이러한 이유는 여러 가지가 있겠으나 그중 중요한 이유로는 창의성이라는 역량을 한국 기업이 절실하게 갖추어야 할 필요역량으로 여기지 않았다는 점이다. 즉, 한국 기업은 미국이나 일본의 성숙기에 있는 제품이나 기술을 도입 또는 모방하여 비교적 값싼 노동력을 활용하여 저가 제품을 생산 판매하여 경쟁력을 확보(백유성·김영호, 2011)하는 이른바 Fast Follower 전략으로 시장에 대응함으로써 조직 구성원들의 창의성을 고무시켜야 가능한 새로운 기술이나 제품개발을 등한시 해왔다는 것이다. 그러나 언제까지 이러한 전략이 통할 수는 없으며, 역할모델로 여기며 모방을 했던 기업들(토○○, 노○○ 등)이 위기에 봉착해 몰락하거나 어려운 상황을 맞이한 현 시점에서 이제 한국 기업들은 창의성 역량 함양을 통한 새로운 돌파구를 찾아야 할 시점이다. 즉, 사라진 역할모델로 인한 전략방향을 찾고, 현재 봉착하고 있는 위기를 극복하고 생존하기 위해서는 조직 구성원들의 창의성을 개발하고 창의경영을 통하여 기업의 활로를 모색하여야만 할 것이다.

이상과 같은 문제인식을 바탕으로 ○○자동차에서는 미래의 CEO 후보군인 핵심 인재가 갖추어야 할 역량으로 풍부한 상상력을 바탕으로 한 창의성이라 규정하고 이러한 역량을 기반으로 Business의 미래를 선도할 수 있는 Vision 제시 역량과 의사결정력 함양을 위한 프로그램을 개발하였다.

○○자동차는 2008년에 미래 CEO를 양성하기 위한 교육과정을 기획/ 개발하여 현재까지 이르고 있다. 과정은 총 세 개의 과정으로 구성되어 있으며 현

재 4번째 단계의 과정을 개발 중에 있다.

Step I과 II는 MBA 과정으로서 미래의 CEO가 갖추어야 할 비즈니스 마인드와 비즈니스 응용 능력을 함양하기 위한 과정이다. 따라서 주로 경영전략, 마케팅, 재무/ 회계 등 경영학 과목으로 구성되어 있으며 지식 활용을 위하여 전략시뮬레이션 게임 등도 과정에 포함되어 있다. Step I은 대부분은 One-way 강의 방식으로 이루어지고 Step II에서는 경영사례를 가지고 토론을 하는 방식으로 교육이 이루어지고 있다.

Step III는 앞의 두 단계를 이수한 교육생이 참여할 수 있는 과정으로 리더십 역량 개발을 위한 과정이다. 특히 ○○자동차가 앞으로 지속적으로 유지/ 발전할 수 있도록 다양한 비즈니스 관점을 함양하여 미래에 대한 비전을 제시할 수 있는 상상력과 창의성 향상에 초점이 맞추어져 있다. 이 과정에 참여할 수 있는 교육 대상자는 인사고과와 다양한 평가를 통하여 선발되며, 평가 결과의 상위 5% 이내에 속하는 차장 및 부장급이 90%를 차지하고 있다.

[○○자동차 핵심 인재 양성과정 개요]

목적	글로벌전문가과정은 글로벌 경영안목 및 시장선도 능력을 갖춘 Strategy Enabler로서의 미래경영자 양성을 목표로 함
대상자	○○자동차 내부 평가 결과 상위 5% 이내의 차장 및 부장급 직원

STEP III — Creative Leader Development Course
- 미래 지향적 Vision 수립 역량 강화
- 창의적 의사결정력 배양
- 임원 관점의 Management Insight 함양

STEP II — MBA Advanced Course
- 경영지식의 적용(Application) 능력 강화
- Module 간 · Module 내의 지식 통합(Integration)

STEP I — MBA Core Course
- 기본 경영 이론의 습득(Acquisition)
- Module(Function)별 경영지식 학습

창의성을 개발 증진시키기 위해서는 개인수준 차원, 작업환경 수준 차원, 팀과 그룹 수준 차원, 조직수준 차원의 지원이 필요한 것을 알 수 있다. 즉, Oldham과 Cummings(1996)가 제시한 개인적 요소와 정황적 요소가 동시에 필요한 것이다. 개인적 요소란 조직원 개인의 인식 스타일 및 특성을 말하며, 정황적 요소란 개인의 창의성을 높이는 작업환경, 팀과 그룹의 환경, 조직수준의 환경 등 환경적 요소를 말하는 것이라고 할 수 있다. 앞에서 제시한 네 가지 차원의 요소들은 조직에서 창의적 성과를 내기 위해서는 유형자원에 대한 투자뿐만 아니라 무형자원 투자에 대한 필요성을 제시하고 있으며 조직 창의성의 책임이 조직원 개개인의 임무이기보다는 리더의 영역임을 웅변하고 있다(Pelz & Andrews, 1976).

Pelz와Andrew(1976) 역시 조직원 개인의 창의성은 리더의 지원에 관한 영역이며 리더가 조직원들에게 '명확한 목표와 전략방향의 제시, 자율성, 리더의 비억압(Oldham & Cummings, 1996)을 제공해야 창의성이 개발되거나 증대된다고 제안했다.

따라서 창의성을 위한 Step Ⅲ뿐만 아니라 Step Ⅰ, Ⅱ, Ⅲ 등 모든 과정이 원래 목적대로 이행된다면 교육 참가자의 창의성뿐만 아니라 부하직원의 창의성을 향상시킬 수 있는 토대의 기반이 마련될 수 있을 것이다. 이를 위해서는 참여자뿐만 아니라 구성원의 창의적 역량을 향상시키기 위해서는 창의적 환경을 위한 조직문화 개선도 당연히 뒤따라야 할 것이다.

■ 프로그램 내용

창의적 리더십 개발을 위한 Step Ⅲ의 교육목적은 미래의 비전제시 역량이다. 즉, 빠르게 변화하는 지식 정보화 사회에서 다양한 관점과 시각으로 비즈니스를 바라보고 이를 기반으로 미래에 대해 통찰하여 ○○자동차가 어떤 방향으로 가야 할지에 대한 비전을 제시할 수 있는 것을 말한다.

■ 프로그램 목적

[창의적 리더십 과정 교육목적과 기대효과]

Step Ⅲ

교육목적	• 경제, 사회 / 문화, 정책 등의 변화를 예측할 수 있는 다양한 비즈니스 관점 습득을 통한 차세대 경영자로서 Vision 제시와 창의적 의사결정 역량 함양
기대효과	• 창의적 조직관리와 비즈니스에 대한 개발 역량 강화 • 미래의 환경에 대응할 수 있는 리더십 강화
교육대상	• Step Ⅰ, Ⅱ 이수자

Step Ⅲ는 크게 세 개의 범주로 구성되어 있다. 첫 번째는 Step Ⅲ의 과정을 소개하고 이 과정을 통해 얻고자 하는 바를 전달하여 과정에 대한 공감대를 형성하는 Introduction 모듈이고, 미래 CEO로서 기본적으로 갖추어야 할 의사결정 역량 함양을 위하여 의사결정 시 봉착할 수 있는 오류와 이에 대한 사례를 살피고 인간의 심리를 기반으로 올바른 의사결정을 위한 지식과 방법을 다루는 Decision Making 모듈이 두 번째이며, 마지막으로 다양한 관점과 시각으로 비즈니스를 바라볼 수 있도록 하기 위한 Business Insight 모듈이다. 이 모듈은 환경, 인문, 사회, 기술 등 다양한 분야의 컨텐츠를 다룬다.

[창의적 리더십 과정 Framework]

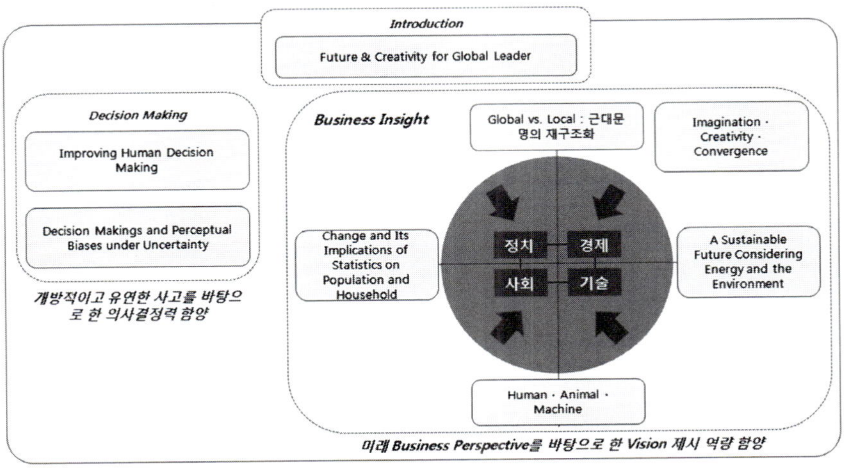

각 모듈별로 구체적으로 어떤 내용을 담고 있는지 살펴보면 다음과 같다.

• 모듈 1 : Introduction

학습목표

- 미래 경영 환경을 선도할 Creative Leader의 역할과 중요성에 대한 이해

Deliverables

- 창의적 의사결정과 Vision 제시 역량의 중요성 인식
- Global 경영 환경의 Key Issue에 대한 이해
- 임원 관점의 Perspective 배양

Contents

- Introduction
  - 미래 경영 환경 변화와 Global Leader의 자질
  - Creative Leader의 개념과 중요성
- Leader와 Decision Making
  - Creative Decision Making의 개념
  - 개방적, 유연적 사고
- Leader와 Business Insight
  - 창의적 사고와 Business 기회
  - 미래경영 Code

• 모듈 2 : Decision Making

학습목표

- 다양한 상황에서 인간이 보이는 심리적 · 인지적 오류에 대한 이해

Deliverables

- 다양한 의사결정 상황에서의 심리적 · 인지적 오류와 편향 이해
- 심리학적 이론을 바탕으로 한 오류 극복 및 합리적인 의사결정을 위한 대안 제시
- 의사결정과 인식의 오류에 대한 이해를 통해 의사결정능력 함양

Contents

Topic	Contents
1. Improving Human Decision Making : Insights from Understanding psychological Biases	• 경제적 의사결정에서의 오류 • 미래 예측의 실패 • 과거 회상에서의 오류 • 타인에 대한 잘못된 판단 • 소비자 선택에서의 오류
2. Decision Makings and Perceptual Biases under Uncertainty	• 의사결정 과정에서 노출되는 인식의 오류 • 집단의사결정에서의 인식의 오류 • 불확실성하에서의 의사결정과 인식의 오류 • 개인의 다양성과 의사결정

• 모듈 3 : Business Insight

학습목표	• 다양한 분야의 지식의 Business Convergence Practice를 통한 Creative 역량 함양
Deliverables	• 진보적이고 실험적인 주제에 대한 지식 습득 및 사고력 확장 • 미래경영 환경의 Key Issue 도출 및 예측력 향상 • 임원 관점의 Business Perspective 함양

Contents

Topic	Contents
1. Imagination · Creativity · Convergence	• 과학적 창의성 : 신화를 넘어 • 융합과 혁신 : 분트, 래드랩(Rad-Lab), 아인슈타인
2. Global vs. Local : Restructuring of Modern Civilization	• 근대 세계사의 새로운 이해 : 문명 교류와 해양사의 관점 • Country Trade : 새로운 사업 모델 • 글로벌과 로컬 : Glocalization
3. Change and Its Implications of Statistics on Population and Household	• 인구의 구조 및 규모의 변화와 국가의 사회경제적 영향 • 미래 가구 및 가족의 구조기능적, 사회문화적 변화전망 • 세계 / 주요 국가의 인구변동과 경제력과의 관계
4. A Sustainable Future Considering Energy and the Environment	• 에너지 이용의 역사 • 대안에너지의 실현 가능성 • 에너지 미래의 전망
5. Human · Animal · Machine	• 인간에 대한 과학적 이해 • 인간-기계-사이보그의 공존과 진화의 미래 • 디지털 네이티브의 특징과 미래 사회에 대한 전망

창의성에 관한 연구는 창의성에 관한 직접적인 요인에 관한 연구뿐만 아니라 창의성에 영향을 미치는 간접적인 요소들과 혹은 직접적 요소들이 간접적인 요소들과 결합할 것을 제안하는 연구들도 진행되고 있는데, 간접적인 요소 중 Eysenck(1993), Simonton(1999)은 수평적 조직구조가 창의성을 불러오는 요소이며 조직이 창의성을 촉진하려면 과학과 예술과 같은 이질적인 타 분야와 결합할 것을 제안하고 있다. 특히 McIntyre 외(2003)와 Kabanoff와 Worldgroup 부사장인 Marcio Moreira 역시 모든 MBA 프로그램에 창의성에 대한 강좌를 이수해 줄 것을 건의했다. McIntyre, Hite와 Rickard(2003) 등도 창의성 훈련을 통해 비즈니스과정 졸업생들의 창의성 관련 능력 증가를 실험을 통해 증명함으로써 창의성 훈련의 필요성을 제안하였다.

○○자동차의 본 프로그램은 인문, 환경, 과학 등 다양하고 이질적인 분야의 컨텐츠로 구성되어 있어 교육 참여자의 효과적인 창의성 촉진을 위한 기반을 마련했다고 평가할 수 있다.

● 프로그램 정책과 철학

해당 리더십 개발 프로그램은 내용적인 측면에서 다른 리더십 프로그램과는 약간 차별화된 면을 가지고 있다. 우선 리더십을 위한 스킬적인 측면은 전혀 다루지 않고 있다. 보통 역량 향상을 위해서 KSA(Knowledge, Skill, Attitude)를 말하는데 이 중 Skill은 전혀 다루지 않고 있다. 또한 기본적으로 해당 프로그램은 급속한 사회변화를 특징으로 하고 있는 지식정보 사회에서 수많은 기업들이 한순간에 사라지고 있음에 따라 ○○자동차가 지속 가능한 경영과 발전을 이룰 수 있는 토대를 마련하고자 하는 것을 핵심 철학으로 담고 있다. 즉, ○○자동차의 미래 리더는 냉철한 판단력과 솔선수범 그리고 미래에 대한 통찰력을 갖추어야 한다는 철학에서 출발하였으며 Step Ⅲ 과정은 이 중 미래 통찰력을 위한 창의성 함양에 초점을 맞추고 있는 것이다. 그리고 필요한 리더십의 Skill 측면은 다른 과정에서도 많이 접할 수 있으므로 해당 프로그램에서는 이러한 부분을 완전히 배제하였다.

유정석과 백윤정(2011)은 창의성을 프로세스에 초점을 두고서 '개인이나 조직이 문제를 인식하고, 문제 해결 대안을 세우고, 다른 이와 의견을 의사소통하며, 최적의 대안을 선택하여, 결과가 기대에 부합되도록 하는 과정'이라고 정의하고자 한다고 하였다. 이와 같이 창의성을 결과물로 여기기보다는 과정으로 볼 경우, 조직 구성원들의 창의성 역량을 제고시킬 교육 및 개발이 강조될 뿐만 아니라 이 과정에 영향을 미치는 다양한 상황요인들의 중요성이 강조된다. 즉, 본 프로그램은 ○○자동차의 지속적인 발전을 위한 창의성 함양이라는 철학과 함께 창의성은 타고난 선천적인 재능이기보다는 다양한 교육을 통해 육성이 가능하다(Drazin, Glynn, & Kazanjian, 1999)는 철학을 내포하고 있다.

● 프로그램 교육방식과 특징

○○자동차의 창의적 리더십 개발 프로그램은 다른 교육 프로그램에서 보기 어려운 특징과 요소를 가지고 있다. 우선 강의는 우수한 연구실적을 보유하고 있는 현직 대학 교수가 수행하고 있고, 강의는 ○○자동차 교육연수원에서 오프라인으로 진행되고 있다. 교육 기간은 4개월 정도 이루어지고 있으

며 이 기간 동안 과제관리와 Q&A 관리가 온라인 학습관리시스템으로 이루어지고 있다.

[창의적 리더십과정 운영 프로세스]

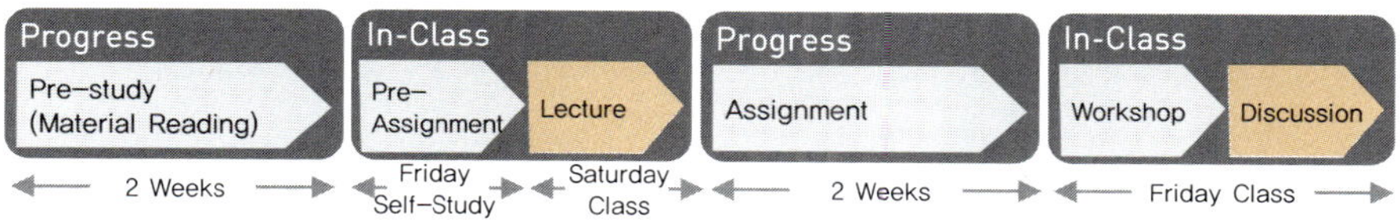

	목적	운영내용
Pre-Study	• Lecture의 학습목표 이해 • Lecture에 대한 사전학습 유도	• Lecture 2주 전 Reading Material 제공 → Topic 주제와 관련된 도서 및 전문자료 Compilation
Reading Check	• 강의주제 사전학습 • Material Reading 여부 점검	• Reading Check : 학습 Point 중심의 Question에 대한 Report • Self Development Issue : 주제와 관련한 질문 또는 토론 주제 제시
Lecture	• Perspective 확장을 위한 다양한 주제 강연	• Topic별 전공 Faculty의 강의 • Self Development Issue에 대한 Discussion
Assignment	• 강의주제에 대한 사고의 심화 • Business Perspective 확장	• 개인과제 : 강의주제에 대한 사고 심화 또는 Biz 관련 과제 • 팀과제 : Business Implication 도출을 위한 Project
Workshop	• Discussion 발표를 위한 준비	• Team별로 강의장에 집결하여 Presentation 준비
Discussion	• Idea Sharing 및 사고의 확장	• 팀과제 Presentation 및 Peer Discussion • Faculty Feedback 및 다양한 주제 토론

본 프로그램의 교육방식은 우선 강의가 이루어지고 2주의 기간 동안 과제를 수행하며 다음 차수에서는 과제 Feedback과 토론을 하는 과정을 거친다. 과제는 팀 차원과 개인 차원으로 부여되고, 팀 차원의 과제가 토론대상이 된다. 과제내용은 비즈니스와 Step Ⅲ에 포함된 과목의 내용이 결합된 것으로 이루어진다.

즉, 역사에 대한 강의를 듣고 이를 통해 비즈니스 측면에서 얻을 수 있는 교훈과 시사점에 대한 과제가 주어지고 토론에서는 이러한 과제를 가지고 토론하며 각 과목 교수와 경영학 교수가 함께 참여하여 관련 이슈에 대해 의견을 나누며 토론을 한다. 각 교수들은 과제수행에 대해 온라인으로 Feedback을 해주며 토론 시에도 각자의 시각과 관점에서 의견을 나누며 토론을 한다.

[창의적 리더십과정 참여자의 역할]

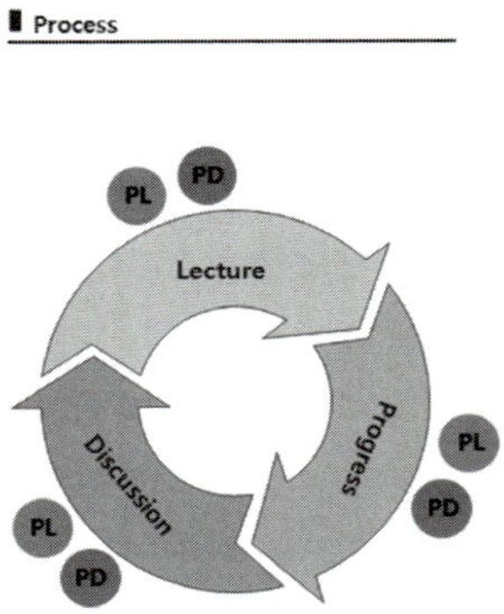

▮ 역할

	PL Professor for Lecture	PD Professor of Discussion
Lecture	• Topic 강연 - 미래지향적 사고와 창의적 사고 함양을 위한 강연 실시	• Topic 강연 동반참석 - Business Implication Guide 제시
Progress	• Pre-Assignment - Required Reading Material 선정 - 과제 제시 및 Feedback • Individual Assignment - Suggested Reading Material 선정 - 과제 제시 및 Feedback • Team Assignment - 과제 제시 및 Feedback	• Individual Assignment - 과제 제시 및 Feedback • Team Assignment - 과제 제시 및 Feedback
Discussion	• 주제 관점 Feedback • Further Study 주제 제시	• Discussion Facilitation • Business 관점 Feedback • Wrap-up

이러한 교육방식은 본 프로그램만이 가지고 있는 특징이자 장점으로 인식이 되며 비즈니스와 이질적인 분야의 단순한 결합이 아닌 효과적인 융합을 통하여 창의성 향상이라는 교육목적 달성의 극대화를 이룰 수 있는 중요한 포인트라고 생각된다.

■ 프로그램 평가

현재 교육에 대한 평가는 교육 참여자 만족도 이외에는 시행되고 있지 않다. 교육 종료 후 일정 기간 후에 행동변화 평가 등에 대한 필요성이 제기되었으나 평가에 대한 효과와 타당성 등에서 의문이 제기되어 현재는 만족도 평가만 이루어지고 있는 상황이다.

■ 논의

○○자동차의 창의적 리더십 프로그램은 컨텐츠, 교육방식 등에서 다른 교육 프로그램과는 차별점을 가지고 있고 이는 교육효과를 높일 수 있는 매우 중요한 요소라고 생각된다. 하지만 몇 가지 개선되어야 할 부분이 있는 것으로 보인다.

첫 번째, 컨텐츠의 다양성이다. 현재는 Business Insight 모듈에서 4개의 과목이 진행되고 있으나 비즈니스에 대한 다양한 관점과 시각이라는 교육목적을 위해서는 정치, 과학, 예술 등 보다 더 다양한 컨텐츠로 구성되어야 할 것이다. 이러한 부분은 ○○자동차의 교육비용과 연계되어 쉽게 의사결정할 수 있는 것은 아니나 필요성에 대한 공감대가 형성되어 현재 컨텐츠 확대에 대한 긍정적인 검토가 이루어지고 있다고 한다.

두 번째, 과제내용이다. 현재 과제는 Business Insight 모듈의 과목을 수강한 후 이를 기반으로 비즈니스 시사점을 도출하는 것이다. 그러나 인문, 환경 등 비즈니스 이외의 내용을 가지고 비즈니스 시사점을 도출하기란 여간 어려운 일이 아니다. 따라서 과제 자체가 작위적인 면이 없지 않으며, 과제수행 결과 또한 과제를 위한 과제를 수행한 점이 역력히 보인다. 따라서 비즈니스와 이질적인 분야의 융합을 통한 창의성 향상이라는 목적에 부합하는 방법에 대해 심도 있는 논의와 강구가 필요하다.

세 번째, 교육평가이다. 현재 교육평가는 교육생 만족도 평가만 이루어지고 있다. 교육생 만족도 평가는 5점 만점에 4.3 정도가 나올 만큼 높은 수준이다. 하지만 이는 흥미로운 분야의 과목이 많이 포함되어 있는 결과라는 의견이 지배적이다. 비즈니스 시사점을 도출해야 하는 과제가 힘들고 어렵지만 역사, 철학 등 쉽게 접하기 어려운 흥미로운 분야의 강의와 토론이 만족도를 높였다는 의견이다. 따라서 이를 해결해 줄 수 있는 평가도구 개발이 필요할 것으로 보인다. 많은 비용을 투자하고 있는 ○○자동차 입장에서는 합리적인 평가도구를 매우 필요로 하고 있다. 그러나 이 부분은 쉽게 해결할 수 없는 것으로 많은 시간과 연구가 필요해 보인다.

창의적 리더십 향상을 위한 Step Ⅲ 과정은 Step Ⅰ, Ⅱ와 교육방식에서 매우 다른 점을 가지고 있다. 또한 Step Ⅰ, Ⅱ보다 만족도 차원에서도 훨씬 좋은 결과를 나타내고 있다. 이는 여러 가지 이유가 있겠지만 그중에서도 강의 이후 과제에 대한 수행과 토론에서 교육생과 교수와의 발달적 관계를 실현하기 때문으로 보인다. 과제 수행 시 2주라는 시간 동안 온라인 시스템을 통해서 꾸준히 질문하고 이에 대한 답변을 받고 있으며 과제에 대한 Feedback 또한 질적으로 우수하게 이루어지고 있다. 그리고 토론에서도 과제에 대한 정답을 제시해 주기보다 교육생 스스로 많은 생각을 하게 하고 새로운 관점과 시각을 갖게 하도록 교수들이 퍼실리테이팅을 하고 있다. 이러한 효과적인 발달적 관계를 형성해 나감으로써 교육생 또한 교육효과를 긍정적으로 생각하고 있는 것으로 보인다. 온라인 교육은 말할 필요도 없고 많은 오프라인 교육이 정보와 지식을 일방적으로 전달하는 강의식 교육으로 이루어져 있다. 하지만 ○○자동차와 같은 사례에서 볼 수 있듯이 교육생이 참여하는 경험적 학습에서 교육생이 느끼는 효과와 만족감이 매우 높다는 것을 확인할 수 있다. 따라서 비용과 시간이 허락하는 선에서 발달적 관계를 실현할 수 있는 다양한 경험적 학습을 활용하는 것이 성인교육의 효과를 극대화할 수 있는 하나의 방법이 아닌가 생각해 본다.

7. 영성 리더십 개발 프로그램

〈○○**지도력훈련과정**(Office's Leadership Training Course)〉

■ 기관소개

① ○○○ 조직 개요

18세기 영국 교회가 가난한 사람들과 소외된 자들을 배척하던 시기에 1865년 런던의 슬럼가에서 감리교 목사였던 윌리엄 부스(William Booth)가 구세군을 창립하여 누구나 올 수 있는, 특히 기존 교회에 거부당했던 가난하고 소외된 계층을 위한 교회를 만들었다. ○○○은 영적인 사역과 더불어 음식을 나누어 주고, 쉼터를 제공하고, 매춘여성들을 위한 숙소 등을 포함한 다양한 사회 복지적 차원의 프로그램들을 운영하기 시작했으며, 더불어 노예해방운동과 노동자들의 인권을 위한 활동도 병행했다. ○○○은 기존의 교회에서 영향력을 미치지 못한 부분까지 전인적인 구원을 목표로 영적 사역뿐 아니라, 사회구원까지 나아가는 깊은 신학적 이해를 바탕으로 사역을 진행하고 있다.

② ○○○ 사관직의 이해

○○○의 사관은 기독교(개신교)의 '목사'와 비슷하지만 보다 포괄적인 의미를 내포하고 있다. 목사직이 갖고 있는 교회를 세우고, 치리하고, 목양하는 것뿐 아니라, 전인적 구원인 사회복지의 영역에서 ○○○의 사관(officer)으로서 소외된 계층을 섬기는 역할도 감당해야 한다. 그래서 ○○○은 교회를 담임하고 있는 담임사관, 복지시설에서 소외된 계층을 섬기는 시설사관, 행정으로 교회와 시설을 돕고 동역하는 행정사관이 있다.

■ 프로그램의 배경

○○○사관은 신학교육과 영성과 리더십 훈련을 모토로 하는 ○○○사관대학원대학교 석사과정(2년)을 마치고, 3년간 통신교육과 행정지도자의 실무훈련을 통해 '5년 사관 평가회'를 통과하면, 구세군의 정식 사관이 된다. 그리고 본 프로그램이 개발되기 이전까지는 정식으로 사관이 된 지 10년 차에 진급을 앞두고 '15년 사관 연수회'라는 세미나를 시행하였다. 그 외 직책과 계급에 맞는 국제적인 훈련 프로그램(미국, 호주, 영국, 싱가포르 등에서 국제적으로 시행)을 통해 경험적인 리더십 개발을 위한 훈련과정을 시행하였다. 그러나 그동안 시행된 한국 ○○○의 교육과 훈련 과정이 리더십보다는 신학교육과 영성훈련, 실무실습에 초점이 맞추어져 있기에, ○○○의 보다 균형 있는 발전과 성장을 위한 사관들의 리더십 개발의 필요성을 절감하고, 2015년에 기존에 진행하는 '15년 사관 연수회'를 사관 리더십 개발에 초점을 맞춘 '사관지도력 훈련과정'으로 조직을 개편하였다(원장 인터뷰 중에서, 2015).

■ 프로그램을 위한 요구분석

본 프로그램의 요구조사는 전문가집단 워크숍과 관찰법의 형태로 실시되었다고 볼 수 있다. 참여대상자에게 면접, 설문지 등의 구조적이고 체계적인 요구분석을 실시하지는 않았지만, 대상자와 함께 동역하며, 지도자로서 지도하면서 관찰한 내용들을 20년 이상 사관직을 수행한 사역전문가들로 구성된 운영위원의 회의를 통해 리더십 개발의 요구를 분석하였다. 그에 따라 15년 사역기간의 탈진 상태를 회복하기 위한 프로그램과 미래 목회를 희망적으로 설계할 수 있는 프로그램, ○○○ 조직의 공동의 비전과 사역의 방향성을 인식하고 청사진을 그려가기 위한 프로그램이 필요하다고 분석하였다(원장 인터뷰 중에서, 2015).

■ 프로그램의 목적 및 목표

○○○대한본영은 「사관지도력 훈련과정 종합계획서」(2014)에서 다음과 같이 목적 및 목표를 밝히고 있다.

① 성결한 지도자를 양성하고, 사관들의 자기성찰을 통한 리더십 개발 및 현장사역의 이해를 향상시킴으로 효과적인 사역을 감당한다.

② 단순한 이론적 교육보다는, 실제적으로 자신의 사역을 돌아볼 수 있고, 깨달을 수 있는 프로그램으로 운영한다.

③ 국제 ○○○과 한국 ○○○에 대한 이해도를 높이고, ○○○의 전체적인 조직과 정신 안에서 개별적인 사역을 감당할 수 있게 한다.

④ 사역 중에 나타나는 탈진현상을 막고 미래 지향적인 희망의 목회를 시작할 수 있도록 프로그램을 진행한다.

⑤ 훈련과정 대상은 참령진급 예정자(15년 사관)로 한다.

■ 프로그램 참여자의 역할

① 설계자

사관지도력훈련원의 원장, 부원장, 총무와 실무위원 등으로 구성된 운영위원에서 본 프로그램을 설계하였다. 원장은 직전사령관(교단장)인 박○○, 부원장은 한국 ○○○의 인사권을 책임지고 있는 인사국장 김○○, 총무는 한국 ○○○의 교육을 총괄하고 있는 교육부장 조○○, 그 외 실무위원(3명)으로 구성되어 있다[사관지도력훈련과정(OLTC) 운영규정, 2014]. 본 프로그램은 3차에 걸쳐 운영위원들의 회의를 통해 설계되었다(원장 인터뷰 중에서, 2015).

② 강사

각 분야의 저명한 전문가 및 조직을 가장 잘 이해하고 있는 조직 내 전문가로 선정하였다.

③ 학습 대상자

「사관지도력 훈련과정 종합계획서」(2014)에서 밝힌 것처럼 학습대상자는 참령(major) 진급을 앞두고 있는 15년 사관으로 분명히 밝히고 있다.

■ **프로그램 내용**(OLTC 프로그램 종합계획서, 2014)

① **제1단계 : 힐링 캠프**(2박 3일)

15년 사관이 된다는 것은 중진 목회자가 되는 것이며, 인생에 있어서 제2의 목회를 준비해야 할 시점이다. 하지만 이 시기는 목회자의 탈진, 가정문제, 부부문제, 경제적 문제, 목회현장의 문제, 미래에 대한 불투명 등으로 매우 혼란스러울 수 있는 시기이다. 이에 자신의 지난날을 돌아보고 미래를 준비하는 계기를 가져야 하며, 지난 15년간 가지고 있던 고민들을 털어놓고 힐링하는 시간을 가져야 한다. 특히 오리엔테이션을 통해 새로운 지도력 훈련과정에 대한 이해를 높이고, 기쁨으로 이 과정에 참여할 수 있도록 본 단계에서 이끌어 주는 과정이다.

② **제2단계 : 독서보고 및 감상문 제출**

3개월간의 기간 중 매월 주제별로 독서보고와 아울러 좋은 지도력을 보여주는 영화 1편에 대한 감상문을 제출하도록 한다. 독서는 혼자서 자기 스스로를 돌아볼 수 있는 좋은 기회가 된다. 또한 자기만의 시간에 책 속에 빠져들 수 있는 장점이 있다. 이번에 추천하는 도서들은 구세군 발행도서 5권과 일반도서 6권이 포함되어 있다. 영화는 시대에 맞는 영화 1편을 추천하여 진행한다. 훈련에 참여하는 사관들은 매월 말일까지 독서보고서를 제출해야 한다. 독서 주제는 첫째 달은 구세군정신, 둘째 달은 지도력(리더십), 셋째 달은 미래사역으로 한다. 사관들은 이 과정을 통해 지도력에 대한 전문가의 가르침에 대해 충분히 이해하는 시간을 갖게 될 것이다. 독서보고에 대한 과정을 2단계에 넣은 것은 아무런 사전 이해 없이 처음부터 독서보고서를 제출하라고 하면, 교육적 효율성이 떨어질 것으로 생각되기 때문이다.

③ 제3단계 : 지도력 강화를 위한 캠프(4박 5일)

1단계와 2단계 과정을 거친 사관들이 그동안의 모든 것을 정리할 수 있는 시간이다. 3단계 프로그램에서는 자신의 진면목을 발견하고, 잘못된 것은 바로잡으며, 새로운 결단과 각오로써 미래의 목회를 준비할 수 있는 기회를 갖게 된다. 구체적인 강조점은 다음과 같다.

가. 사전 학습과 훈련을 마친 사관들이 일정 기간 함께 지내며, 자신들의 장단점을 나누고 발견하는 기회를 갖는다.
나. 2단계의 독서보고 내용을 모두가 함께 나누고 토의하는 시간을 갖는다.
다. 가장 최신의 사회변화와 국내외 교회사역 정보에 대해 강의를 통하여 습득한다.
라. 모범적인 목회 리더들의 삶과 사역을 듣고 배운다.
마. 미래 사역을 긍정적이고 희망적인 것으로 변화시키는 기회를 제공한다.
바. 미래 ○○○의 리더에 요구되는 자질에 대하여 배운다.
사. 미래 ○○○의 실질적인 문제를 해결할 안목과 대안에 대하여 배운다.
아. 자신을 돌아보고 자신의 지도력에 대한 냉철한 평가를 받는 기회를 갖는다.
자. 미래의 목회에 대해 새로운 눈을 뜨게 하며, 새로운 마음으로 목회계획을 세우도록 한다.

● 프로그램 구조(OLTC 프로그램 종합계획서, 2014)

① 제1단계 : 힐링 캠프(2박 3일)

시 간	첫째 날	둘째 날	셋째 날
07:30~09:00		아침 식사	
09:00~09:30		개인 기도회	
09:30~11:30		강의 2 행복한 가정생활	강의 4 성품 가꾸기
11:30~12:00			새로운 시작을 위한 예배
12:00~13:30		점심 식사	점심식사
13:30~14:00		자아와 대화하기	※ 수시로 상담
14:00~14:30	여는 예배		
14:30~15:00	오리엔테이션	강의 3 소통의 목회	
15:00~16:00	화합의 시간		
16:00~16:30	휴 식		
16:30~18:00	강의 1 자화상의 발견	1m 간격 좁히기	
18:00~19:30	저녁 식사		
19:30~21:00	God's way with me	God's way with me	

② 제2단계 : 독서보고 및 감상문 제출

가. 로버트 스트리트(2005). 섬기는 지도자(Servant Leadership). 서울 : 구세군출판부.

나. 로버트 왓슨(2002). 구세군의 리더십. 서울 : 한국경제신문사.

다. 최윤식(2013). 2020 2040 한국교회 미래지도. 서울 : 생명의 말씀사.

라. William Booth(2009). 최암흑의 영국과 그 출로. 서울 : 구세군출판부.

마. 빌 하이벨스(2006). 섬김. 서울 : 두란노.

바. 존 스토트(2010). 제자도. 서울 : 한국기독학생출판부(IVP).

사. 이용규(2006; 2012). 내려놓음, 더 내려놓음. 서울 : 규장.

아. 유성준(2009). 예수처럼 섬겨라. 서울 : 평단문화사.

③ 제3단계 : 지도력 강화를 위한 캠프(4박 5일)

<table>
<tr><th>시 간</th><th>1일</th><th>2일</th><th>3일</th><th>4일</th><th>5일</th></tr>
<tr><td>06:00~07:30</td><td rowspan="7"></td><td colspan="4">아침기도회</td></tr>
<tr><td>07:30~08:30</td><td colspan="4">아침 식사</td></tr>
<tr><td>08:30~09:00</td><td colspan="4">찬양의 시간</td></tr>
<tr><td>09:00~10:10</td><td>연구발표－1
(독서보고)</td><td>연구발표－2
(독서보고)</td><td>연구발표－3
(독서보고)</td><td>간증 나누기</td></tr>
<tr><td>10:10~10:30</td><td colspan="4">휴식 및 간식</td></tr>
<tr><td>10:30~12:00</td><td>God's Way
With Me</td><td>God's Way
With Me</td><td>강의4
본영의 사역
맛보기(본영사
관의 역할)</td><td>새로운
시작을 위한
예배</td></tr>
<tr><td>12:00~13:30</td><td colspan="4">점심 식사</td></tr>
<tr><td>13:30~14:30</td><td>여는 예배 및
오리엔테이션</td><td>조별 역할극
(영문운영위원회
/가정단 회의)</td><td rowspan="2">지도력을 위한
공동체 훈련1</td><td>강의5
창의적 생각
만들기</td><td rowspan="7">사역지를
향해!</td></tr>
<tr><td>14:30~15:40</td><td>강의1
참된 지도력이란</td><td>팀별 발표 및
개인소감 발표</td><td>미래의 사역
－계획 세우기</td></tr>
<tr><td>15:40~16:00</td><td colspan="4">휴식 및 간식</td></tr>
<tr><td>16:00~17:30</td><td>강의2
참된 지도력을
위한 제안</td><td>강의3
갈등 해결의
방법</td><td>공동체 훈련2</td><td>미래의 사역
－계획 나누기</td></tr>
<tr><td>17:30~19:00</td><td colspan="4">저녁 식사</td></tr>
<tr><td>19:00~21:00</td><td>사역 나누기
－참석자 전체</td><td>공동체
프로그램1－나
를 보여줍니다.</td><td>공동체 프로그램
2－당신을
보여줍니다.</td><td>기도회1
－헌신의 시간</td></tr>
<tr><td>21:00~</td><td colspan="4">취 침</td></tr>
</table>

● 수업 활동과 방법(OLTC 프로그램 종합계획서, 2014)

① 제1단계 : 힐링 캠프

가. 여는 예배(opening worship) : 인도자가 준비하여 모든 참가자들과 함께 은혜의 말씀을 간단히 나눔으로 2박 3일의 일정이 시작된다.

나. 오리엔테이션 : 15년 사관의 리더십 과정에 대한 설명과 함께 2박 3일의 일정을 간단히 소개한다.

다. 화합의 시간 : 모든 참가자들이 어우러져 서로의 장벽을 허물고 다양한 게임과 순서들을 통해 서로를 알아가고 더 친숙해질 수 있도록 돕는다.

라. 자화상의 발견 : 내재되어 있는 열등감과 알게 모르게 쌓인 내적 상처들을 치유함으로써 모든 삶의 영역에서 승리할 수 있도록 돕는다.

마. God's Way With Me : 개인 간증의 시간으로 적절한 사진을 준비하여 PPT로 진행한다. 간증은 20분 이내로 진행하며 유소년시절(2분), 회심한 배경(2~3분), 사관이 된 배경(5분), 가족소개 및 사역과 비전 나눔(10분)의 내용으로 구성한다.

바. 아침기도회 : 참가자들 중에서 아침기도회를 인도할 담당자를 미리 정하여 짧고 깊은 묵상으로 하루를 시작한다.

사. 행복한 부부생활 : 이혼 문제가 사회적으로 심각한 현대에서 목회자들의 부부갈등도 그 심각성이 증가하고 있다. 부부갈등의 문제를 해결하지 않고서는 건강하고 균형 잡힌 목회를 기대하는 것은 불가능하다. 따라서 가족치유 전문가를 초청해 목회자 부부를 대상으로 갈등의 원인과 그 해결책을 찾기 위한 심리치료, 역할극, 집단상담, 레크리에이션 등 다양한 관계치유 프로그램을 실시한다.

아. 소통의 목회 : 강의와 다양한 치유 프로그램을 통해 목회현장에서 목회자들이 겪는 다양한 갈등의 요인들에 대하여 함께 생각하고, 쌓여 있는 목회갈등을 치유할 수 있도록 실질적으로 돕는다.

자. 1미터 간격 좁히기(대인관계 계발 워크숍) : '1미터 간격 좁히기'는 서로를 웬만큼 안다고 생각하지만 우리는 서로를 너무 모르며 지내는데 함께 사역하는 동역자들과의 더 깊은 만남과 앎을 통해 진정한 동역자가 될 수 있도록 경험하는 시간이며 그 대인관계 기술을 목회와 군우들에게 적용하여 영문 내 관계가 계발을 도와 목회에 시너지 효과를 맛볼 수 있도록 한다.

차. 성품 가꾸기 : 목회자로서 자신의 성품을 지속적으로 가꿀 수 있도록 지식을 전달하고 동기부여를 해주는 시간이다.

카. 새로운 시작을 위한 예배(New Starting Worship) : 사회자와 설교자를 선정하여 예배를 계획하고 2박 3일의 시간들을 통해 배우고 경험한 것들을 자신의 삶과 목회에 잘 적용할 수 있도록 결단하며 헌신하는 시간이다.

② 제2단계 : 독서보고 및 감상문 제출

가. 필독서 2권과 선택 2권(총 4권), 영화 한 편을 선택하도록 한다.

나. 독서는 독후감을, 영화는 감상문을 작성하여 제출토록 한다.

다. 독후감 발표자 중 3명을 택하여 3단계 캠프 때에 읽은 도서에 대해 연구발표하고 참석자들이 의견을 나누는 시간을 갖는다.

③ 제3단계 : 지도력 강화를 위한 캠프

가. 강의 1, 2, 3 : 지도력에 대한 강의를 실시함으로써 지도력의 개념에 대해 확실히 인식하여 자신의 지도력을 돌아보게 한다.

나. 아침기도회 : 아침기도회를 통해 하루를 하나님께 맡기고, 묵상기도를 통해 자신을 돌아보는 시간을 갖는다.

다. 연구발표 1, 2, 3 : 매일 아침 시간에는 2단계 과제 중 1가지씩을 선택하여 참석자로 하여금 연구발표를 하게 한다.

라. 사역 나누기 : 첫날 저녁 참석자 전원이 자신의 사역에 대해 간략하게 발표함으로써 상호 간 공감대를 형성하는 시간을 가진다.

마. God's Way With Me : 둘째 날과 셋째 날에 걸쳐 자신의 가정과 지난 목회를 소개하는 시간을 통하여 자신과 함께하신 하나님의 임재를 이야기한다.

바. 조별 역할극 : 가상의 상황을 조별로 부여하고, 역할극을 통하여 상황을 풀어나가는 훈련을 통하여 자신의 지도력의 장단점을 발견하게 한다. 1개조는 4~5명 정도로 하고, 각각 정교, 단장, 서기, 재무, 사관 등의 명찰을 걸어준다. 명찰 뒤에는 그날 상황극에서의 자신의 역할이 적혀 있

다. 시간에 따라 몇 번씩 역할을 바꾸어 가며 진행한다.

사. **팀별 발표 및 개인소감 발표** : 각 조별로 역할극을 통해 느낀 점을 발표한다. 개인의 느낀 점도 발표한다.

아. **공동체 프로그램－나를 보여줍니다** : 타인에게 자신을 솔직하게 보여주는 시간이다. 이를 통해서 자신이 보는 자기는 어떤 모습인지를 알게 한다. 준비된 페이퍼에 자신에 대한 소개를 적어서 참석자들이 옆으로 돌려본다. 페이퍼에는 자신의 인격, 지도력, 목회 자기평가, 기타 등의 질문을 넣는다(참석자 숫자대로 제작).

자. **공동체 프로그램 － 당신을(너를) 보여줍니다** : 타인이 자신을 어떻게 보는지 알아보는 시간이다. 이를 통해서 그동안 자신이 착각했던 것을 깨닫고, 자신에 대한 타인의 객관적인 평가를 받게 된다. 또한 자신이 알지 못했던 장점과 단점을 알게 된다. 각자의 이름이 적힌 준비된 페이퍼에 돌려가면서 참석자 각자의 생각을 적는다. 다 적은 다음 자신의 이름이 적힌 페이퍼를 자신이 보고, 남들이 자신을 어떻게 평가하는지 발표하게 한다. 페이퍼에는 당사자의 인격, 지도력, 목회 자기평가, 기타 등의 질문을 넣는다(참석자 숫자대로 제작).

차. **지도력을 위한 공동체 훈련** : 야외 프로그램을 통하여 참석자의 단결력, 지도력을 평가한다.

카. **본영사역 맛보기**(강의) : 미래의 지도자들인 참석자들이 본영(교단본부)에서 이루어지는 사역들을 미리 간접체험 함으로써 좀 더 큰 시선으로 구세군을 볼 수 있는 기회를 마련한다. 본영에서 사령관, 혹은 서기장관이 소개한다.

타. **창의적인 생각 만들기**(강의) : 새 시대에 맞는 새로운 생각의 전환을 통하여 남은 목회를 구상할 수 있는 시간을 갖는 데 강의의 목적이 있다.

파. **미래사역 계획 세우기** : 훈련 프로그램을 통하여 자신이 느낀 것을 반영하여 앞으로의 사역을 어떻게 진행해 나갈 것인지를 직접 작성해 본다. 분야별로 제목을 적은 페이퍼를 준비해 준다(예 목회, 심방, 설교, 회의, 인간

관계, 동료관계, 자기개발, 기타 등등).

하. **미래사역 계획 나누기** : 앞에서 작성한 계획서를 발표함으로써 자신의 각오를 새롭게 하는 시간을 갖는다.

거. **기도회-헌신의 시간** : 그동안 워크숍을 통해서 느낀 것을 통해 자신의 부족함을 돌아보고 철저히 낮아지고, 겸손히 주님 앞에 무릎 꿇는 시간을 갖는다. 회개의 기도를 통해서 새롭게 일어서는 힘을 얻고자 한다.

너. **간증 나누기** : 그동안의 1, 2, 3단계 프로그램을 통해 깨달은 것을 간증한다.

더. **새로운 시작을 위한 예배** : 목회 현장으로 떠나기 전 하나님의 능력을 구하고, 자신을 온전히 맡기는 시간을 갖는다. 수료식은 예배 중에 갖는다.

■ 프로그램 평가

Velsor와 McCauley(2010)가 제시한 리더 발달과정 모델에 따라 본 사관 지도력훈련과정(OLTC)을 분석해 보고자 한다.

① 개발경험(ACS 모델)

Velsor와 McCauley는 개발경험으로 측정, 도전, 지원의 3요소를 제시하였다. 세 가지 요소에 따라 본 프로그램을 분석해 보고자 한다.

가. 측정(Assessment)

본 프로그램은 제1단계 힐링캠프를 통해 현재의 자신의 상태를 파악하고 성찰하는 측정(assessment)의 요소가 가미되어 있다고 볼 수 있다. MBTI를 통한 자기이해, 자아와 대화하기, 성품 가꾸기, IM 간격 좁히기 강의와 활동을 통해 자신의 개인적 인격과 성품, 성격, 그리고 대인관계능력에 대해서는 측정할 수 있는 시간을 가졌지만, 현재 사관사역의 문제점 또는 자신의 능력 등을 평가하는 체계적이고 전문적인 도구를 사용하지는 않았다. 따라서 개인과 자신의 능력을 포함하는 객관적인 측정보다는 개인의 능력과 성향에 따른 주관적인 측정이 이루어졌으며, 직무(사역)보다는 개인의 인격과 의사소통에만 초점이 맞춰졌다고 볼 수 있다. 그러나 리더십은 개인적인 부분에서 시작되지만, 개인에게만 국한된 것이 아니라, 서로 소통하고, 더 나아가 조직 전체에 영향을 미치며 어떤 직무(사역)와 관련하여 나타난다는 점에서는 반쪽짜리 측정이라고 볼 수 있다.

나. 도전(Challenge)

본 프로그램은 제3단계 지도력 강화를 위한 캠프를 통해 기존 사역의 기술과 관점, 접근 방식의 적합성에 대한 의문을 제기하는 불균형의 상태를 만들어 도전에 직면하게 한다. 최신의 사회변화를 살펴보고, 국내외 교회사역에 대한 정보를 접하면서, 모범적인 목회 리더들의 삶과 사역을 듣고 배우면서, 또한 사역의 현장에서 일어나는 갈등의 상황을 역할극을 통해 연출해 봄으로써 사관들이 도전 속에서 성장하는 리더십을 배울 수 있게 구성되었다.

단, 3단계 프로그램이 아직 시행되지 않아, 효과성에 있어서는 알지 못했다.

다. 지원(Support)

1~3단계 프로그램이 진행되는 동안 수시로 멘토가 될 수 있는 실무자, 상사, 동료 등의 상담을 통해 심리적인 지원을 프로그램 안에 계획하였다. 또한 함께 토의하는 과정에서 서로의 사역을 긍정해 주고, 지지해 주는 시간을 갖게 될 것이다. 무엇보다 사역의 중심에 있는 하나님과의 관계를 통해 지원받을 수 있도록 1단계와 3단계 저녁 프로그램으로 'God's way with me', 그리고 아침기도회를 계획하였다.

② 리더 발전(Leader Development)

Velsor와 McCauley(2010)는 리더의 발전을 자기 자신을 어떻게 이끌어 가느냐 하는 개인관리능력(self management), 타인을 어떻게 이끌어 가는지에 대한 사회적 역량(social capability), 조직을 어떻게 이끌어 가는지에 대한 조직촉진능력(work-facilitation capability)으로 설명하였다. 이 세 가지 요소에 따라 본 프로그램을 분석해 보고자 한다.

가. 개인관리능력(Self Management) – "Leading Oneself"

본 프로그램은 개인관리능력으로서의 자기 인식, 상충되는 요구의 균형을 조율할 수 있는 능력, 리더십의 가치를 고민하고 리더가 성장할 수 있는 프로그램을 구성하였다. 그러나 배울 수 있는 능력(ability to learn)은 본 프로그램에서 다루지 않았다. 그러나 Velsor와 McCauley가 이야기하듯 배우는 능력이야말로 리더십 개발 경험을 리더의 맥락 안에서 리더 발전으로 변화되도록 하는 가장 중요한 역할을 한다고 볼 수 있다. 배우는 능력이 부족한 사람은 같은 프로그램을 경험하고도 리더 발전의 큰 효과를 가져올 수 없기 때문이다. 따라서 본 프로그램은 '배우는 능력'으로서의 개인관리능력에 초점을 두고 보완할 필요가 있겠다.

나. 사회적 역량(Social Capability) – "Leading Others"

본 프로그램은 3단계의 강의와 활동을 통하여 관계를 만들고 유지하는 능력, 효과적인 직무그룹을 만드는 능력, 타인을 발전시키는 능력, 의사소통능력을 증진시키기 위한 일부 프로그램이 마련되어 있다. 그러나 본 프로그램의 효과성을 입증하려면 프로그램 후속의 피드백과 실무지도가 보완된다면 훨씬 효과적일 것으로 보인다.

다. 조직촉진능력(Work-facilitation Capability) – "Leading Organization"

본 프로그램은 3단계의 ○○○의 비전과 지도자들의 사역제시를 통해 전략적으로 생각하고 행동하는 능력, 미래의 지도력과 모범적인 목회 사례, 미래 사역 계획을 통해 변화를 주도하고 실현하는 능력을 개발하기 위한 프로그램들을 배치하였다. 단, Velsor와 McCauley가 제시하는 창의적으로 생각하는 능력(ability to think creatively)은 포괄적으로 프로그램에 녹아 있긴 하지만, 구체적이고 명확하게 이 능력을 개발하기 위한 것은 시행되지 않아 아쉽다. ○○○의 권위적이고 보수적인 조직의 특성과 맞물려 리더인 사관들에게 창의성을 개발하는 리더십 프로그램은 강조되지 않은 것으로 보인다. 그러나 모든 시대의 훌륭한 리더는 창의적으로 생각하는 남다른 능력을 소유했던 사람이다.

따라서 본 과정에서도 창의적으로 생각하는 능력을 길러줄 수 있는 보다 명확하고 확실한 프로그램이 필요할 것으로 보인다.

■ 논의

본 사관지도력훈련과정(OLTC)을 Velsor와 McCauley(2010)가 제시한 리더 발달 과정 모델에 따라 분석해 보니 전문적인 요구분석과 학문적인 연구가 뒷받침되어 있지 않음에도 불구하고, 실무전문가로서 구성된 운영위원의 워크숍을 통해 프로그램 설계가 나름대로 의미 있고, 알차게 구성되었다고 보인다. 다만, 학문적인 식견을 가진 전문가의 자문을 통해 미비점을 보완한다면 보다 효과적이고 효율적인 리더십 개발 프로그램이 될 수 있을 것으로 보인다. 그리고 또 한 가지의 문제점은 프로그램의 기획과 프로그램 구성 과정에서 참여자가 성인학습자임에도, 학습의 자율성과 자기주도성이 확보되지 못하고, 조직의 필요와 발전의 차원에서 구성된 느낌이 있다. 그러나 반대로 프로그램이 진행되는 과정에서는 조직 안에서의 직무능력이나 역량을 측정하고, 도전하고, 지원하기보다는 개인적인 차원에 초점을 맞추어 프로그램이 운영되고 있는 것 같다. 따라서 사역(직무)과 관련된 측정, 도전, 지원 등을 보완한다면 보다 훌륭한 리더십 개발 프로그램이 될 수 있을 것으로 보인다. 필자는 본 프로그램이 기존의 프로그램의 한계성을 극복하기 위하여 개발, 변경되었으나, 아직 시행 초기 단계이기에(1단계 프로그램만 진행된 상태임) 프로그램의 참여자들이 느끼는 만족도, 프로그램의 효과성에 대해서는 정확하게 파악하지 못했다는 단점이 있다. 추후 프로그램이 진행되는 과정 속에 프로그램의 효과성을 살펴볼 수 있는 다양한 장치들을 마련하여 계속적으로 수정, 보완하여 발전하는 프로그램이 되길 기대해 본다.

8. 여성 리더십 개발 프로그램

〈중소기업 여성 중간관리자 리더십 역량 개발 프로그램〉

■ 기관소개

① 프로그램 개발 조직 : 한국양성평등교육진흥원

여성발전기본법 제21조의(한국양성평등교육진흥원의 설립 등)에 근거

한국양성평등교육진흥원

구분				
설립목적	성차별적 의식과 관행 개선 및 양성평등한 사회기반 조성			
미 션	양성평등 및 성인지교육의 효율적 추진으로 성평등 의식기반 구축			
비 전	성평등 의식과 문화를 선도하는 글로벌 양성평등 진흥 전문기관			
전략목표	책임경영 실현	소통하는 교육 – 공감하는 양성평등	생활 속 성평등 실현 – 체감하는 양성평등	열린 교육을 통한 – 양성평등 선진화
전략과제	• 가치기반 조직문화 정착 • 선제적 경영시스템 구축 • 성과 중심의 경영관리	• 정책방향과 부합하는 교육통화로 정책실행 기반 강화 • 교육과정 내실화 및 체계화로 교육효과 제고 • 전문인력 양성교육 내실화 및 관리 강화	• 양성평등의식 및 문화 확산 추진 • 여성대표성과 여성 역량 제고를 위한 전략사업 추진 • 국내외 교육사업으로 선순환적 네트워크 협력체계 구축	• 양성평등의 접근성 강화 • 국민의 양성평등 및 폭력예방 교육 확대 • 감동적이고 공감하는 이러닝 콘텐츠 구현

| 그림 10-9 | 한국양성평등교육진흥원 개요

② 프로그램 운영 조직 : 중소기업연수원

중소기업연수원은 중소기업의 인력양성을 위하여 교육받을 수 있도록 네트워크를 구축하여 중소기업의 전 직무와 관련한 다양한 공개집합연수를 운영하고 있으며 본 프로그램의 대상이 중소기업 여성 중간관리자를 대상으로 한 프로그램의 대상적 특징에 의해 연수를 주관하였다. 서울의 안산과 호남, 대구 경북, 부산 등 전국 4곳의 연수원이 있으며 본 프로그램은 지역별로 이루어졌다. 중소기업에게 보다 많은 교육기회를 제공하기 위해 다양한 방법의 교육을 운영한다. 연수시설이 없어 체계적인 직원교육을 실시하기 어려운 중

소기업에 양질의 인재양성 기회를 제공하고, 중소기업의 기업가 정신 함양 및 실무응용능력 향상을 목표로 한다.

■ 프로그램의 배경

최근 우리나라 여성인력의 인적자본 수준은 점차 높아져 2009년 처음으로 여성의 대학 진학률이 남성을 앞질렀으며(여성 82.4%, 남성 81.6%), 2012년 기준 여성의 대학 진학률은 74.3%, 남성 68.6%로 점차 격차가 벌어지고 있다. 또한 전문직 여성도 점차 늘어나 전문직종 취업자 중 여성 비중이 1980년 32.1%에서 2012년 45.3%까지 증가하여 남성과 유사한 수준까지 증가하였다. 늘어나는 여성 직원들을 어떻게 활용하느냐에 따라 기업의 미래, 더 나아가 국가의 미래가 좌우될 수도 있는 것이다. 인재를 키우는 것은 결국 교육을 통해서다. 글로벌 기업이나 대기업들은 이미 자체적인 연수시스템을 통해 꾸준히 인재들을 관리하고 있다. 하지만 우리나라 중소기업들은 아직까지 그렇지 못한 것이 현실이다. 특히 여성 인력에 대한 맞춤형 특화교육을 기업 자체에 맡긴다는 것은 중소기업이 자체적으로 담당할 비용, 시설, 역량 면에서 볼 때 어려움이 많다. 그렇기 때문에 국가적인 정책과제로 여성가족부에서는 한국양성평등교육진흥원을 통해 여성인재아카데미 프로그램을 운영하도록 하였다. 여성인재아카데미 같은 프로그램을 통해 다양한 시도와 접근을 하고 관련 데이터도 축적해서 여성인재를 발굴하고 개발하며 교육하는 것이 현실적으로 효과적인 방법이 될 수 있는 것이다. 특히 이 프로그램은 여성의 경력 단절을 예방하고 여성 관리자로서의 자기 만족도와 조직 역량을 강화할 수 있도록 중소기업 여성 중간관리자를 대상으로 리더십 역량 개발 교육 내용으로 구성되어 있다. 교육생들이 지속적으로 자기계발을 할 수 있게 되면 여성들의 경력단절도 줄어들 수 있고 동시에 여성들이 직장에서 여성 리더십 역량을 발휘하여 효율성을 올릴 수 있을 것이다.

■ 요구분석

2013년부터 이루어진 여성인재아카데미의 프로그램 중 하나인 중소기업 여성 중간관리자 리더십 역량 개발 프로그램에 대한 수요도는 2012. 5. 14.부터 2013. 5. 14.(12개월)까지 이루어진 2013년 여성인력패널조사 자료를 분석하였다. 이 조사는 여성 관리자의 근로실태와 경력개발, 근로여건 등 관리직 진출 관행 및 장애요인 등을 조사하여 여성의 관리직 진출을 지원할 수 있는 정책을 발굴하기 위한 기초자료를 축적하기 위하여 실시하였으며 기업 내에서 여성을 둘러싼 조직적 요인, 기업문화와 근로방식, 개인의 경력과정과 이들이 경험하는 상황의 특징과 요인을 파악하였다.

① 요구분석 도구

2013년 여성인력패널조사 : 여성관리자패널조사(KWMP : Korean Women Manager Panel)

② 요구분석 내용

- 여성 관리자에게 현재 업무에 가장 도움이 되는 교육 프로그램은?
- 여성 관리자들이 현재 업무 수행을 위해 가장 필요한 교육 프로그램은?

③ 요구분석 결과

교육훈련을 받은 경험이 있는 여성 관리자에게 현재 업무에 가장 도움이 된 교육 프로그램에 대해 알아보았다. 전체 여성 관리자의 30.5%가 '각종 기술교육'이라고 응답하여 가장 많았고 이어 '인간관계 및 의사소통 기술'이 22.4%, '리더십 훈련'이 15.9%, '국제화교육'이 8.6% 순으로 현재 업무에 도움이 된 교육훈련 프로그램이라고 응답하였다. 업종별로 보면, 사람을 대상으로 일하는 교육서비스업은 '인간관계 및 의사소통 기술'이 현재 도움이 되었다고 응답한 비율이 36.1%로 가장 높았고 '각종 기술교육'의 해당 비율이 가장 높은 업종은 공공행정으로 55.9%나 되었다. 직급별로는 뚜렷한 경향성을 발견할 수 있는 훈련이 있는데, '인간관계 및 의사소통 기술'과 '각종 기술교육', '직무교육'이 업무에 도움이 되었다고 응답한 비율은 부장급 이상에서 대리급으로 직급이 낮을수록 높았고 반대로 대리급에서 부장급 이상으로 직급이 높을수록 '리더십 훈련'이 도움이 되었다고 응답하여 직급별로 업무에 도움이 되는 훈련의 내용이 차이가 있었다.

여성 관리자들이 현재 업무 수행을 위해 가장 필요한 교육 프로그램에 대해서 알아본 결과 도움이 된 교육 프로그램으로 응답비율이 높았던 프로그램과 유사하였다. 즉, '인간관계 및 의사소통 기술'(32.3%), '리더십 훈련'(32.8%), '전략개발'(11.5%), '각종 기술교육'(11.1%) 등의 교육 프로그램이 상위 4순위 안에 들었다. 직급별로는 '인간관계 및 의사소통 기술'과 '각종 기술교육'은 부장급 이상에서 대리급으로 낮아질수록 필요하다고 응답한 비율이 높았다. 반대로 '전략개발'과 '리더십 훈련'은 대리급에서 부장급 이상으로 직급이 높을수록 필요하다고 응답한 비율이 높아, 고위직으로 갈수록 기업 경영의 전략과 조직원 관리의 리더십에 대한 교육훈련 수요가 높아지는 것을 알 수 있었다.

■ 프로그램 내용

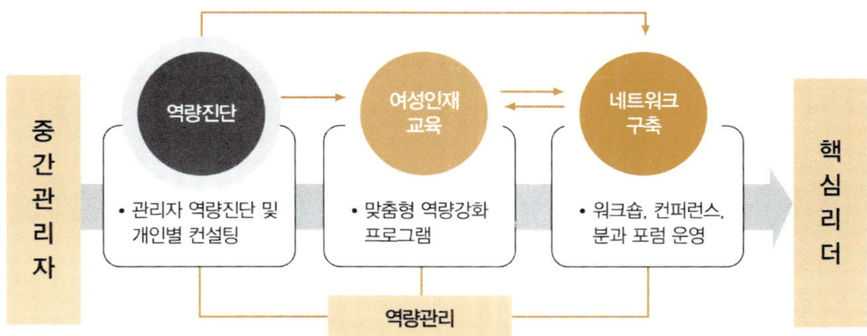

그림 10-10 리더십과 역량 개발 교육 프로그램 개요

① 프로그램명

중소기업연수원・한국양성평등교육진흥원 공동주관 여성 중간관리자 리더십 역량강화 과정

② 교육목표

가. 여성 중간관리자의 비전과 목표, 조직 내 리더십 역량 개발과 조직성과

창출 도모

나. 조직문화를 고려한 현장 중심의 문제해결 전략 및 커뮤니케이션 역량 강화

③ 프로그램의 철학 및 원리

양성평등과 여성 리더십은 기업 내에서 여성으로서 자신에 대한 자신감과 자긍심을 심어준다. 리더십 역량 강화를 통해 여성 중간관리자가 경력이 단절되지 않고 많아져서 여성 관리자로 성장할 수 있도록 한다.

여성 리더십에서 변혁적 리더십이 높을수록 만족감, 생산성, 팀워크, 부하의 성장성이 높아진다. 따라서 여성 리더십을 통해 기업에서 여성 중간관리자의 역량개발을 활성화시킬 수 있다.

④ 프로그램 참여자의 역할

가. 설계자

한국양성평등진흥교육원 여성인력 개발팀은 여성가족부의 여성인력을 위한 사업의 취지를 파악하고 교육 담당 기관의 설립 목적에 부합하는 여성 관리자의 역량을 강화하기 위한 프로그램을 기획하였다. 프로그램 설계를 위해 여성인력 패널조사 분석을 통해 요구를 조사하였고, 그 요구에 부합하는 리더십 역량 강화 프로그램 교육과정과 교육을 담당할 수 있는 강사를 위촉하였으며, 교육이 원활히 이루어질 수 있도록 중소기업연수원과 네트워크를 구축하여 교육 프로그램을 홍보하여 교육대상자를 확보하였다.

나. 강사

리더십 전문가 및 여성으로서 사회에서 성공을 이루어 롤모델이 될 수 있는 인물들로서 교육 프로그램에 대한 이해가 높고, 강의를 위한 다양한 자료를 제공하고, 다양한 교수 방법으로 접근하여 학습자에게 흥미와 참여도를 높이는 역할을 하였다. 특히 학습 대상인 여성 중간관리자들이 자신의 정체성을 파악하고 직장에서 여성 리더십을 발휘하여 커뮤니케이션을 통해 문제를 해결하는 노하우를 체험할 수 있도록 경험을 제공하였다. 다양한 사례 중심, 활동 중심의 교육 방법으로 접근하여 교육의 효과를 높이는 역할을 하였다.

〈표 10-9〉 **프로그램 강사 명단**

김○○ 한국협상아카데미 대표파트너	주○○ 리더십다양성센터 대표
• 외교통상부 : 고위직 외교관 협상 훈련 • 삼성전자 : 임원 필수과정 협상리더십 훈련 • 삼성크레듀 : "싸우지 않고 이기는 협상전략" • 지난 10년 동안 기업, 공직, NGO 분야 여성 리더를 위한 협상리더십 훈련 경험	• 한국퍼실리테이션협회 이사 • 경기도 가족여성연구원 외래교수 • 아시아여성학센터 연구원 • 한국여성연구원 연구원
김○○(경기개발연구원 사무처장), 정○○(전국지방의료원연합회 사무총장), 김○○(전 국민은행 본부장), 오○○(전 우리투자증권 상무), 이○○(시앤비경영연구원(주) 대표 컨설턴트)	

다. 대상자

중소기업 여성 중간관리자 35명으로서 다양한 직종의 다양한 연령층이 참가하였다. 프로그램에 참여하게 된 동기도 다양하였으며, 본 프로그램에 참여하여 자신의 역량을 강화하고자 하는 자발성과 직장에서 의무적으로 참여하게 된 대상 등 다양함을 보인다. 본 프로그램을 통해 자신의 여성 중간관리자로서 리더십 역량을 강화하여 직장에서 자신의 역할을 통해 행복하고 발전적인 생활이 되기 위해 강의에 적극적으로 참여하였다.

⑤ 교육 프로그램의 개요

가. 교육대상 : 전국 소재 중소기업 근무 중간관리자급 여성(각 기수별 35명 내외)

- 조직 내 팀장, 과장 등 중간관리직급
- 근속 3년 이상자로서 조직 내 중간관리직급 여성
- 기타 인사담당부서에서 기업 내 중간관리자로 추천 가능한 자

나. 교육내용 및 방법

- 교육 프로그램은 1박 2일 과정으로 진행
- 자기진단을 통한 조직 내 관계관리 역량강화
- 일 가정 양립, 여성 리더십 이슈 공유, 팀워크 전략 등

다. 교육 장소 : 중소기업연수원(안산) 및 전국 중소기업연수원

라. 비용 : 신청자 전원 무료

⑥ 프로그램의 주요 프로세스

여성인력 패널조사를 통한 참여자의 요구 파악	프로그램 확정 및 홍보	프로그램 진행	멘토링 및 네트워크 구성
• 참여 대상 그룹 선정 • 교육 요구 의견 수렴	• 교육과정 및 강사 확정 • 홍보 및 참여자 확정	• 프로그램 진행 • 강의 50%	• 교육 피드백 분석 • 네트워크 및 온라인

⑦ 교육과정

구 분		교과목	주요 내용	교수방법
1일차	오전	여성 리더십과 경력관리	• 비전 · 목표설정 • 조직 내 젠더 이슈 이해 • 생애주기별 경력개발, 일과 삶의 균형, 관리자의 역할과 역량	강의 사례특강
	오후	리더십 Start Line '나와 타인 이해하기'	• 자기이해와 조직 이해 – 역량진단, 유형진단을 통한 객관적, 체계적인 자기인식 – 조직 유형과 조직 내 관계 이해 – 자기이해를 바탕으로 중기적 역량개발 계획 수립 • 다양성 관리 : 남녀 간, 여성 내부의 다양성 이해	사전진단 토론 강의
2일차	오전	고민 나누기 노하우 더하기	• 전략적 소통 및 커뮤니케이션 – 팀 빌딩과 파트너십의 의미 이해 – 갈등 해결을 위한 전략적 협상 기술 실습 – 소통을 통한 균형 잡힌 역할 설정 • 선배여성/ 인사담당자와의 대화	실습 강의 멘토링
	오후	리더십 실전 역량 UP! (모의과제 실습)	• 비전제시 · 동기부여/ 갈등관리/ 조직관리/ 일 · 가정 양립 등의 주제에 대한 모의과제 실습 – 젠더 관점에서 문제상황 다시 보기 – 상황별 모의실습을 통한 전략적 해결방법 도출 – 여성 리더에게 필요한 조직관리 및 사례 공유 – 여성의 일과 가족 성공의 의미 성찰	토론 발표 사례특강

■ 프로그램 평가

① 학습자 후기를 통한 프로그램의 효과

구○○(PPD 코리아 차장)

"첫 번째 강의를 맡아준 김○○ 전 국민은행 본부장의 강의는 나를 되돌아보고 앞으로 나아갈 방향을 생각하게 만들어 준 시간이었다. 김○○ 전 본부장이 현장에서 직접 경험한 사례들을 토대로 직장 내 사원-중간관리자-고위관리자의 위치에서 느꼈던 감정들을 듣고 있자니, 중간관리자로서 후배와 상사들의 감정에 대해 생각해 보지 않을 수 없었다. 무엇보다 오늘 하루를 살아가는 데 급급하여 잊고 있었던 10년 후의 내 모습을 생각해 볼 수 있는 계기가 되었다는 점이 유익했다. 그 강의는 내 목표와 계획을 다시 재정비할 수 있도록 기회를 제공해 주었다. 교육 전에 사전진단을 받는 동안 브레인컬러연구소 김○○ 소장의 강의가 제일 기대되었다. 강의가 점심 시간 직후라 나른해진 눈꺼풀에 힘을 주며 강의에 집중했다. 간단한 진단을 통해 한 번도 만나본 적 없는 직원들의 특성을 콕 집어내는 김○○ 소장이 마치 점쟁이처럼 보일 정도로 흥미롭고 재미있는 시간이었다. 나와 다른 성향을 지닌 동료와 업무를 수행하면서 느꼈던 갈등을 이해하게 되었고, 나와 다르지만 내가 가지고 있지 않은 성향이 장점으로 보이게 되었다.

지칠 대로 지친 마지막 시간을 어떻게 견딜까 고민하고 있었는데, 한국서비스교육원의 김○○ 원장의 강의는 그야말로 그 고민을 한방에 날려줄 정도로 압권이었다. 교육생들은 강의 시작부터 끝까지 계속 웃느라 머리가 아플 지경이었다. 하지만 '언중유골(言中有骨)'이라 했던가. 유쾌한 강의였지만, 그 와중에 허를 찌르는 한마디들은 그간 업무 중에 동료들에게 무심코 내뱉었던 나의 말들을 생각해 보게 했다.

<중략>

바로 변화하기는 힘들겠지만 일과 가정의 양립을 위해 나에게 부족한 성향인 '감정'을 키워나가고 '소셜 네트워크' 구축을 위해 노력하겠다는 다짐을 해보았다.

다른 직원들도 들었으면 좋았을 것 같다는 생각이 들 정도로 전체적으로 유익한 시간이었다. 실제로 과정에 참석하지 못한 초급관리자급 직원들이 부러워하며 관심을 표명할 정도로 강의실 내의 분위기와 열기가 매우 뜨거웠다. 앞으로도 계속 알차고 다양한 프로그램들이 많이 개발되어 여성인력의 양적 · 질적 성장이 이루어질 수 있으면 좋겠다."

권○○(부천성모병원 수석)

"교육이 끝나고 일상적인 업무로 복귀한 나는 누가 교육이 어땠냐고 물어보면 '정말 좋았다'고 답한다. 특히 중간관리자를 꿈꾸고 있는 여성이라면 이 교육이 아마 큰 자극이 될 것이며, 자신감과 열정을 찾을 수 있는 계기가 될 것이라고 강조한다. 물론 업무와 인간관계에서 많은 도움이 될 것이라는 점도 빼놓지 않는다.

<중략>

둘째 날에 들었던 토크컨설팅 최○○ 대표의 '인간관계와 의사소통을 위한 효과적인 대화기술'에 대한 강의는 정말 많은 감동을 받았다.

<중략>

내가 들었던 강의 내용을 떠올리며 권하고 싶은 것이 있다. 우선 자기이해 진단을 받아보라 하고 싶다. 이번에 4F[Fact(파랑), Form(초록), Future(노랑), Feeling(빨강)]로 성격을 진단하는 '브레인 컬러 진단'을 받아보니 내 성격을 이해하고 타인의 성격을 이해할 수 있어 인간관계를 맺을 때 많은 도움이 될 것 같았다. 특히 리더인 경우 자질이 향상될 것으로 보인다. 둘째, 효과적인 대화기술에 대한 강의를 듣고 배웠으면 좋겠다. 강의를 들으면서 커뮤니케이션을 잘 하기 위해 연습을 하라는 말이 기억에 남는다. 사회생활을 할 때 커뮤니케이션은 대단히 중요하다. 커뮤니케이션은 내가 누구인지를 나타내는 것이기 때문에 잘 하기 위해 노력해야 한다. 커뮤니케이션은 반복해서 익숙해질 때까지 연습해야 한다. 좋은 말도 관찰과 모방에서 시작하기 때문에 연습을 통해 자기 것이 되도록 할 필요가 있다. 가장 기억에 남는 내용은 최○○ 토크컨설팅 대표의 '상하좌우 인간관계를 잘 하기 위한 말하기 연습 여섯 가지'이다. <생략>"

김○○(부천성모병원 팀장)

"여성인재아카데미의 교육은 현장에서 적용할 수 있는 내용이 많았다. 그리고 적용 가능한 지식을 가르치는 교육이 효과적인 교육이라는 생각이다. 앞으로도 여성인재아카데미의 교육은 남성과는 다른 장점을 가진 여성 리더가 보다 많이 양성될 수 있도록 현장에서 적용할 수 있는 다양한 프로그램을 개발하여 교육하고 실습해야 한다고 생각한다. 그래야 훌륭한 여성 리더가 우리 사회에서 공헌할 기회가 더 많아질 수 있을 것이다."

김○○(재외동포 재단 차장)

"여성인재아카데미를 통해 받은 교육은 나의 고민을 해결하는 데 깊고 실질적으로 도움이 되는 교육이었다. 또한 현장에서 만난 여러 기관 중견여성간부들의 사례를 들으며 그들의 경험과 노하우, 고충과 진취적 사례를 들을 수 있어 대단히 소중한 시간이었다고 생각한다. '나와 타인을 이해하기'(김○○ 박사) 강의의 가장 핵심적인 내용은 '나 자신을 파악하기'에 있었다고 본다. '앞으로의 나'를 설계하는 데 큰 도움이 되었다."

분○○[(주)한독 대리]

"특히 여성 리더십에서 중요한 '다섯 가지 균형점'과 관련한 이슈에 대해 토의하는 시간이 가장 인상적이었다. 6~7명씩 조를 구성해 토의한 내용을 발표하고 함께 해결점을 모색하는 시간이었는데 그날의 교육 중에 가장 열띤 토의가 이루어졌던 시간이 아니었나 싶다.

<중략>

리더역할과 여성역할에 대한 이야기를 할 때는 환경이 변화할 때 역할도 변하기 마련인데, 어떻게 대처해야 하는지에 대한 고민, 수동적 조직문화 속의 리더와 자율적 규정 준수를 중시하는 리더에 대한 이야기, 오너가 원하는 중간관리자의 역할, 성별과 리더의 관련성에 대한 이야기 등 다양한 주제의 토론이 이어졌다.

<중략>

교육기간이 짧아 다소 아쉽기도 했는데, 앞으로 이런 기회들이 다른 여성 리더들에게도 많이 제공되었으면 하는 바람이다."

송○○(교통안전공단 과장)

"자신감과 열정을 다시 돌아볼 수 있었고 여성 중간관리자로서 나의 위치와 리더십, 리더의 역할에 대해 생각해 볼 수 있어서 큰 도움이 된 시간이었다. 앞으로도 여성인재 양성을 위해 다양한 교육과 소통의 장을 마련하여 여성의 역량 강화에 도움이 될 수 있었으면 좋겠다. 그리고 여성들뿐만 아니라 남성 관리자들도 같이 들었으면 좋겠다는 생각도 들었다."

이○○(국민연금공단 대구지역본부 부장)

"여성들이 교육에서 배운 대로 자신을 돌아보고, 효과적으로 대화하는 기술을 계속 연마하고, 여성 특유의 섬세함을 활용해 소통하는 리더십을 발휘한다면 유리천장을 뚫고 세상을 향해 힘찬 날갯짓을 하게 되리라 믿는다."

참가자들의 교육 후기 및 면담 내용으로 볼 때 프로그램을 통해 자기진단 및 자기이해를 강화하여 자신감과 열정을 갖게 함으로써 문제해결력을 강화하는 효과를 가져온 것으로 보인다. 또한 대부분의 내용에 의사소통 방법을 익혀 커뮤니케이션 역량이 개발되는 효과를 가져온 것으로 파악된다. 자신에 대해 깊이 이해할 수 있었고, 직장에서 자신의 역할을 되돌아보아 문제해결을 하는 데 필요한 역량이 강화된 것으로 보인다. 또한 소통을 위해 커뮤니케이션 역량의 강화가 필요하다는 것을 알게 하여 커뮤니케이션 역량이 강화되는 효과가 있는 것으로 보인다.

또한 강사의 교수법이 사례 중심이고 참가자들의 활동 중심으로 이루어져서 프로그램의 효과가 큰 것으로 분석된다.

② 강사 후기를 통한 프로그램 평가

김○○(한국협상아카데미 대표 파트너)

"사실 지난 10여 년 동안 공직·비즈니스 분야의 사람들을 대상으로 교육하면서 놀라웠던 것은 점점 여성들의 숫자가 늘어난다는 것이다. 그럼에도 여전히 많은 의사결정권자와 CEO들이 남성들이고 이들 대부분이 남성 중심적 문화에 익숙해져 있는 상태이기 때문에, 앞으로는 여성들 중심으로만 교육을 실시하기보다 역량 있는 남성들과 함께 네트워킹도 하고 다양한 교육도 함께 할 수 있는 기회가 주어지면 좋겠다. 소통과 협상의 원리를 함께 공유한다면 남성과 여성들이 서로를 이해하면서 지지해 주는 데 더 도움이 될 것이다."

정○○(전국지방의료원연합회 사무총장)

"교육현장에서 만난 여성 중 몇몇은 상당한 열정과 기대를 가지고 교육에 참여했다. 눈빛이 살아 있었고, 꿈과 비전을 가지고 있었다. 학습에 대한 열정도 높았다. 이런 사람들이 기업과 함께 쑥쑥 성장할 수 있는 여성인재들이라 생각한다. 여성 대통령 시대를 맞아 여성 리더에 대한 기대가 높아진 이 시점에서 우리 여성 리더들은 행복한 리더로 거듭나야 한다. 자신의 꿈과 비전을 찾아 행복해져야 한다. 모두가 기업 내에서 행복지수를 높이는 여성 리더, 그 행복의 에너지로 우리 사회에 기여할 수 있는 일을 하는 행복한 여성 리더가 되기를 바란다."

김○○(전 국민은행 본부장)

장벽 앞에 선 여성들, 지식의 공간에서 그 해답을 찾다.

"우리의 사회적 여건이나 시기를 살펴볼 때 2013년 하반기부터 집중적으로 실시된 2013년 여성인재아카데미 여성 중간관리자 역량강화 교육은 엄청난 의미를 지닌다. 우선 조직에서 가장 중추적인 역할을 맡고 있는 직급인 중간관리자, 그것도 여성 중간관리자들을 지식이 모이는 공간으로 모이게 했다는 점이다. 이번 교육에 참가한 교육생들은 참으로 다양했다. 대기업처럼 조직적 또는 시스템적으로 연수나 교육을 받을 수 있는 기회가 상대적으로 적은 중소기업이나, 신용보증기금, 보건공단 같은 공공기관, 외국계 기업, 관세사, 변호사협회 등 전문가집단에서 일하고 있는 여성 관리자나 여성 리더들이 필요한 역량을 향상시키기 위해 이 과정에 많이 참여한 것이다. 참여한 교육생들이 맡고 있는 직무나 직급도 다양했고, 특히 20대 후반부터 50대 초반까지 참여 연령대도 매우 다양했다. 참여의 형태도 교육생별로 매우 달랐다. 본인이 적극적으로 원한 경우도 있었지만, 일부는 회사의 정책에 따라 참여한 것이라 약간은 수동적으로 교육에 임하는 경우도 있었고, 교육생 중 일부는 이런 형태의 교육에 처음 참가하는 이들도 있었다.

교육생들은 자신이 처해 있는 현실을 답답해했고 보다 나은 미래에 대해 목말라 했다. 연령대가 높은 일부 교육생들은 본인의 경력을 잘 관리해서 임원이나 CEO까지도 꿈꾸고 있었지만 나이가 어린 자녀들을 둔 교육생들은 하루하루 주어진 일을 처리하느라 급급해서 본인의 커리어 설계는 꿈도 꾸지 못한다며 일과 가정의 양립에 대한 어려움을 여과 없이 드러내놓기도 했다.

'어떤 리더십을 발휘해야 성과를 못 내는 팀원들이 팀 성과를 낼 수 있을까요?'

'현재 몸담고 있는 조직에서 성공하고 싶은데 경력관리와 개발을 위한 좋은 방법은 어떤 것들이 있을까요?'"

■ 논의

① 프로그램 개선 방안

문헌연구와 후기 면담을 통한 프로그램을 분석한 결과 본 프로그램은 중소기업 여성 중간관리자에게 리더십 역량을 강화하여 문제해결력과 커뮤니케이션 역량을 강화하는 데 유의미한 영향을 미치는 것으로 분석되었다. 그러나 더 발전적인 프로그램을 위해 다음과 같은 개선 방안이 도출되었다.

가. 프로그램 사전 준비 단계 개선 방안

- 자문위원 제도를 도입하여 여성인재아카데미의 교육과정을 지속적으로 발전시킬 필요가 있다. 교육과정을 자문하는 일은 평생교육 프로그램 개발에서 기본이 되는 과정이다.
- 교육 대상자에게 전체 프로그램에 대한 사전 안내를 한다.

- 강사들에게 수강생에 대한 사전 정보(나이, 경력, 업종 등)를 제공하여 맞춤식 수업이 이루어질 수 있도록 한다.

나. 프로그램 교육과정 및 교수방법 개선 방안

- 본 프로그램은 사례 중심의 강의로 리더십 개발 프로그램의 다양한 내용은 부족한 편이다. 따라서 교육 시간을 늘려서 중간관리자에게 필요한 역량 중심의 리더십 프로그램으로 강화하여 수준 높은 양질의 프로그램으로 강화한다.
- 프로그램의 심화과정을 도입한다. 교육생들에게 교육의 주기(cycle)에 대해 정확히 고지해 일회성이 아닌 지속적인 학습을 유도해야 한다. 예를 들어, 소통이라는 주제에 대한 교육이 이루어진다면, 기본, 심화 과정 등으로 나누어 강의에 참석한 교육생들에게 커리큘럼을 나누어 주는 등 관심을 유도하고 다음 단계 학습에 대한 관심을 갖게 해 지속적으로 배울 수 있도록 해야 한다.
- 교육에 참여하는 강사들 간 네트워킹을 할 수 있는 장을 마련함으로써 지속적으로 자신의 역량을 발전해 나갈 수 있도록 지원한다.

다. 프로그램 사후 관리 개선방안

- 중소기업 여성인력의 자기계발을 위한 프로그램을 지속적으로 제공한다.
- 코칭과 멘토링 프로그램 도입으로 강사와 참여자와의 지원 체제를 구축한다.
- 강사와 교육생이 1:1 매칭으로 버디버디 매칭, 멘토링을 제공하여 직장생

활을 하면서 부딪히게 되는 어려움이 해결될 때까지 지속적으로 도움을 주어 성공사례를 누적해 나갈 수 있도록 환경을 마련한다.
- 강사와 수강생의 피드백을 프로그램에 발전적으로 적용한다.
- 보수과정 및 심화과정 등의 여성인력의 역량 강화와 네트워킹이 필요하다.

9. 산·관·학 협력 리더십 개발 프로그램

〈○○○시 산·관·학 협력 글로벌 리더스쿨 프로그램〉

■ 기관 소개

경기도 ○○○시는 서울에서 동(東)으로 26km 지점으로 경기 동북부에 위치하며 인구 64만 명, 면적 458.0km^{2}의 도농복합도시이다. ○○○시는 천혜의 자연환경을 갖추고 있어 인구유입이 계속적으로 이루어지고 있는 수도권 개발 도시로, 전체 면적의 41%인 182.23km^{2}가 개발제한구역, 42.3%인 194.9km^{2}가 수질보전특별대책지역, 9.2%인 42.38km^{2}가 상수원보호구역, 8.9%인 40.73km^{2}가 군사시설보호구역으로 규제가 중첩되어 재원확보에 어려움을 겪고 있다. 도시 인구 구성은 도농복합도시로 택지개발로 인한 타 지역 유입인구와 정주민의 인구가 양분되는 특성이 두드러지며, 정주민의 경우 택지개발 등으로 인하여 부유층으로 급상승하기도 하였다. 갑작스러운 유입인구는 정주의식이 매우 부족하여 여건이 허락되면 인근 도시나 서울로 이주하는 추세이다. 이러한 도시의 여건을 감안하여 지역의 숨은 인재를 발굴하여 평생학습으로 역량을 강화하여 지역발전에 기여할 지역사회 리더가 필요하였으며, 이를 토대로 노블레스 오블리주를 실천하여 지역의 문제를 스스로 해결하는 시민참여 도시행정이 대두하게 되었다(○○○시청, 2014).

〈표 10-10〉 ○○○시 지역 특성

지리적으로	경기 동북부에 자리한 사통팔달의 교통 요충지
기능적으로	수도권 동북지역 거점도시이자 남북한 연계관광의 중간 거점도시
공간적으로	도시지역의 산재로 중심성이 미약한 다핵 공간구조의 도시
역사적으로	다산 정약용 선생 생가와 학구적 뿌리를 둔 역사성을 가진 도시
문화적으로	실학답사, 역사탐방, 이색체험, 레저문화를 체험할 수 있는 도시
환경적으로	맑고 깨끗한 자연경관을 지닌 청정 환경의 녹색도시

출처 : ○○○시청(2014).

■ 프로그램의 배경

○○○시는 타 지방자치단체에 비해 재정자립도가 2013년 기준 65.3%로 낮은 편이고, 전체 등록 사업체 30,338명 중 5인 미만의 사업체가 80.5%, 5~19명 16.8%, 20~49명 1.9%를 차지하고 있으며, 100명 이상은 전체 사업체 수의 0.2%에 그쳐 대부분 중소기업이거나 영세업체로 구성되어 있다. 지식기반 경제에서는 가치 창출의 원천이 토지에서 지식으로 바뀜에 따라 개발의 중심이 토지와 천연자원 개발 위주에서 새로운 인적자원 개발로 전환하고 있다(이희수 외, 2006). 이에 따라 우리나라에서 인적자원 개발은 2000년부터 정부의 핵심 정책으로 떠올랐으며, 인적자원 개발의 일환으로 빼놓을 수 없는 분야가 공공 부문의 차원 높은 리더십 부문이다(장소영 2010). 이는 공공 부문이 국가경영, 국민경제와 생활에 미치는 영향이 지대하고 국가경쟁력을 이끄는 추동력이 되므로 민간 부문을 가이드하고 효율적으로 지원하는 역할이 필요하기 때문이다(김정일 2009). 그런데 공공 부문의 경우 강력한 정치권력에 의해 움직이기 때문에 관료체계의 성격이 강한 공공 부문의 리더가 공공조직의 효과성에 미치는 영향력을 상대적으로 과소평가하는 경향으로 공공 부문의 리더십에 대한 관심이나 연구가 부족하였다(이창원, 2004). 이러한 인식의 기초는 리더십을 직위가 높거나 타고난 것이라든지 카리스마(소위 강력한 리더십) 등과 연계한 수직적인 영향력의 행사로 보는 낡은 리더십관이 지배하는 데서도 일단의 원인이 있는 듯하다(김정일 2009).

그러나 오늘날 행정 환경은 급격한 지식정보의 폭발적 증가와 더불어 혼돈스럽고 불안정하여 예측하기 어려운 상황에 놓여 있어 공공 부문이 민간 부문의 혁신과 변화를 지원하자면 먼저 공공 부문이 솔선수범을 하여 선도할 때 설득력과 신뢰성을 확보할 수 있다. 일반적으로 리더십은 변화와 혼돈 상황에서 결정적으로 중요하며 새로운 사회질서를 창조하는 데 요구되기 때문이다(Kouzes & Posner, 1991; Wheately, 1996, 김정일, 2009 재인용). 따라서 공공 부문의 지도자는 민간 부문보다도 더 넓은 영역에서 리더십을 발휘하여야 위치와 권한을 부여받고 동시에 국민의 생활과 사회의 각 부문에서 권력과 영향력을 발휘할 책임이 공공 부문에 부하되어 있다(김정일, 2009). 한편 우리나라 중소기업은 2008년 기준으로 전체 사업체의 99.9%, 전체 고용의 87.7%를 차지하고 있다.
또한 2001년 이후 7년간 중소기업 고용인원은 2,291,476명이 증가하였지만 대기업은 고용인원이 오히려 97,470명 줄어든 것으로 나타나 중소기업이 일자리 창출에서 주도적 역할을 하고 있다. 따라서 중소기업의 조직유효성 향상은 개별기업 차원에서뿐만 아니라 일자리 창출 등의 국가 경제적 차원에서도 중요하다(홍성화 · 최은수, 2011). 경제적 · 기술적 차원에서 대기업에 비해 열악한 중소기업의 경우 인적자원 개발은 조직유효성 향상에 중요한 방법이다. 그러나 인적자원의 개발을 위한 중소기업의 교육훈련 참여율은 불과 8%에 그쳐 대기업의 77.2% 이상과 대조를 이룰 뿐만 아니라(김미숙 · 오영훈 · 이 성 · 김수원, 2006, 홍성화 · 최은수, 2011 재인용), 전체 중소기업의 70% 이상이 직원들에 대한 교육을 전혀 시키지 않고 있다(중소기업청, 2007, 홍성화 · 최은수, 2011 재인용). 이 같은 중소기업의 인적자원 개발 부족은 기업의 성장 가능성 저하로 이어지고, 그것은 다시 기업의 인적자원 개발 투자 저하로 연결되는 악순환이 만들어진다. 이러한 악순환의 고리를 깨기 위해서는 인적자원 개발을 개인 근로자에 대한 교육훈련의 문제로 보지 않고 개인의 직무역량 향상을 포함한 정기적 차원의 경쟁력 향상이라는 관점에서 학습조직을 구축해야 한다(김영생 · 김기찬 · 이 찬 · 김현경 · 이대호, 2009, 홍성화 · 최은수, 2011 재인용). 또한 정부에서도 학습조직이 중소기업의 조직유효성 향상 방안으로서 가진 가능성을 인식하고 중소기업 학습조직화를 돕기 위해 노력하고 있다. 그러나 제한된 예산으로 인해 정부지원을 통한 중소기업의 학습조직화 지원활동과 그에 따른 중소기업의 경쟁력 향상은 더디게 이루어지고 있는 실정이다(홍성화 · 최은수, 2011). 인적자원 개발의 주체인 국가, 시장, 시민 등 3자 간의 균형이 더없이 요구된다(이희수, 2004). 3자 간의 균형을 위한 중심적 역할을 하는 기관 중의 하나가 공공기관이라 할 수 있다. 이는 공익성을 추구해야 하는 동시에 시장경제 원리에 입각한 기업성도 강조되어야 하는 특수성을 가지는데, 공공기관에서 제공하는 서비스의 대상이 다름 아닌 시민이기 때문이다. 공공기관이 미치는 국가적 영향력이 실로 크다고 할 때, 공공기관의 구성원에 대한 인적자원 개발의 중요성 또한 크다고 할 수 있다. 인적자원 개발의 일환으로 빼놓을 수 없는 분야가 차원 높은 리더십 교육 부문이라 할 수 있다. 끊임없는 리더십 교육이 필요한 이유는 지구화, 분권화, 그리고 정보기술의 집약적 사용이 새로운 공공조직의 변화요인이 되고 있으며, 이에 따라 새로운 리더십 패러다임을 요구하고 있기 때문이다. 이것은 기존 조직 과정이나 교육 프로그램을 재설계, 재구축, 재창조하려는 많은 욕구를 불러일으키고 있다(장소영, 2010). 최근에는 효과적인 동기부여를 통해 조직원들의 생산성을 향상시키는 중간관리자의 리더십 역량에 대한 관심이 증가하고 있다. 중간관리자는 부하들 자신이 개인의 이해관계를 넘어 조직의 목표에 전념할 수 있도록 높은 수준의 욕구를 자극시킴으로써 자발적 참여와 개발을 유도해야 한다. 조직 규모가 대규모이든 소규모이든 현장에서 리더십을 발휘해야 할 위치에 있는 중간관리자들에게 요구되는 역할은 점점 많아지고 있다. 중간관리자가 조직원 개개인에게 맞는 리더십을 발휘한다는 것은 불가능한 일이다. 이제 중간관리자가 해야 하는 중요한 일은 조직원들이 일을 잘할 수 있도록 분위기를 만들어 주는 것이다. 다시 말해 관리자는 많은 직원들이 '할 수 있다'라는 생각을 가지고 도전할 수 있도록, 그들이 끊임없이 자기 자신을 독려할 수 있도록 불씨가 되어주어야 한다(모경자 2008). 이런 면에서 리더십 교육에 대한 중요성은 평생학습의 관점에서도 중요성이 부각된다. 성인은 학습에 참여를 함에 따라 그들의 정체성이 분명해지며, 그들이 처한 특정한 환경과 상호작용함에 따라 정체성이 재정립된다. 또한 학습적 역량을 개발시킬 뿐만 아니라 자아를 새롭게 정립하며 사회적인 임파워먼트를 얻는다(홍아정, 2009). 공공 부문 리더십 교육은 그들로 하여금 바르게 변화하는 환경에 따라 변화하는 리더십 패러다임의 상호작용을 도와 새로운 자아정립 및 사회적인 임파워먼트를 기르는 데 도움을 주는 역할을 할 것이다(장소영, 2010). 현 정부는 새로운 경제성장의 패러다임으로 '창조경제'를 현안으로 총력을 기울이고 있고, 지방자치단체 역시 지방 재정자립도와 세수확보를 위해 지역경제 살리기를 최우선 정책 목표로 주력하고 있다고 해도 과언이 아니다. 특히 지방정부 경제의 중추적 역할을 담당하고 있고 지역 일자리 창출의 주역으로서 중소기업의 육성은 정책적 현안이다. 그러나 영세한 중소기업의 경우 열악한 근무환경에서 자체적인 교육 프로그램을 개발하여 시행하는 데에 많은 어려움이 따르고 있는 것이 현실이다. 그래서 지방자치단체의 지역경제 발전을 위한 핵심 인적자원 개발이라는 측면에서 공공기관 공무원과 중소기업 관리자의 리더십 개발 프로그램 지원은 매우 중요하게 고려할 수밖에 없다. 이에 따라 ○○○시청에서 산·관·학 협력체계로 운영하는 지역사회 시민리더 육성 프로그램(신·관·학 협력 글로벌 리더스쿨)을 성인 교육적 측면에서 분석해 보고자 한다.

■ 목적 및 목표

① 프로그램의 목적

공직자 및 기업체 CEO 및 중견관리자의 지식 경쟁력과 리더십 역량을 강화시켜 창조경제를 활성화시키고 지역사회 발전을 이끌어 갈 수 있는 지역사회의 시민 리더를 육성하는 데 있다.

② 프로그램의 목표

- 급변하는 글로벌 지식경쟁 사회에서 창조경제를 이끌어 갈 창의적 인재 양성으로 기업경영능력을 배양시켜 지역경제를 활성화하고자 한다.
- 지역사회 인적 네트워크를 조성하여 다양한 학습조직의 장을 마련하여 개인과 기업성장에 기여하도록 한다.

• 아카데미 수료 후 지역사회에 봉사하는 리더로서 시정발전에 적극적으로 참여하는 시민참여의 장을 마련해 주고자 한다.

■ 프로그램의 내용

○○○시청은 S대학교 등 대학과 상공회의소와 협약을 체결하여 2007년부터 관내 기업체 CEO 아카데미와 중견관리자를 주요 대상으로 글로벌 리더스쿨을 1억여 원의 예산을 보조하여 위탁 운영하고 있다. 매년 관내 기업체 CEO와 중견관리자, 공무원들을 대상으로 기수별 50명을 공개 모집하여 24주간의 리더십 교육을 하고 있다.

CEO 아카데미 과정은 원우회는 2007년부터 2015년까지 10기수, 500여 명의 회원을, 중견관리자 과정은 2013년부터 2015년까지 3기수, 150명의 원우회를 구성하여 지역사회 내에서 다양한 형태로 시정에 참여하며 사회적 약자를 위한 봉사활동에 참여하고 있는 등 ○○○시 시민리더 조직의 하나라고 할 수 있다.

- **예산액** : 99,000천 원
  - CEO 아카데미 : 54,000천 원, 중견관리자 : 30,000천 원
    ※ 중국무역경영자과정 : 시비 15,000천 원 (자부담 : 35,000천 원 미포함)
- **사업기간** : 2014. 4.~2014. 11.(8개월)
- **교육대상** : 관내 중소기업체 대표자 및 중견관리자
- **운영과정** : CEO아카데미, 중견관리자아카데미, 중국무역경영자
- **교육인원** : 215명 이내
- **교육장소** : 경기 동부상공회의소 교육장, 고용복지센터 교육장
- **수탁(운영)기관**
  - CEO 아카데미 과정 ⇒ 경기동부상공회의소
  - 중견관리자 아카데미 과정 ⇒ S대학교(커리큘럼) + 경기동부상공회의소
  - 중국무역경영자 과정 ⇒ 중국대외무역경제무역대학 + 경기동부상공회의소

교육과정

【 CEO 교육 과정 】

CEO 아카데미과정

- 기간 : '14. 4.~11.
  - ▸ 매주 화, 목, 금
- 시간 : 7:30~9:00
- 강의 : 24강(90분)
- 과정 : 3개과정

경영전략	경영심화	최고경영자
1년차 ➡	2년차 ➡	3년차

- 인원 : 145명

중국무역경영자과정

- 기간 : '14. 7.~10.
  - ▸ 매주 수요일, 4개월
- 시간 : 7:00~10:00
- 내용
  - ▸ 비즈니스 중국어
  - ▸ 중국무역경영
- 강의 : 16강(3시간)
- 인원 : 20명

중견관리자과정

- 기간 : '14. 4.~11.
  - ▸ 매주 수요일
- 시간 : 19:00~21:30
- 내용
  - ▸ 창조경영, 재무
  - ▸ 산업시찰 등
- 강의 : 24강(150분)
- 인원 : 50명

● 교육 프로그램 설계

본 리더십 프로그램은 기업의 창조경영능력과 기업성장을 높이고자 ○○○시가 산·관·학과 협력하여 '글로벌 리더스쿨'이라는 주제로 관내 기업체의 CEO와 중견관리자를 대상으로 각 24주 과정으로 운영되었다.

CEO 아카데미 프로그램은 지난 7년간의 운영결과 등을 반영하여 기업인의 경영능력 배양에 역점을 주어 아카데미 1~3년차 과정으로 단계별로 설계되었고, 중견관리자 과정은 업무추진능력과 팀 리더십 향상을 강화시키는 것을 주 목적으로 설계되었다.

중견관리자 과정

강좌	강의명	강사명
1강	오리엔테이션 및 수강생 소개	서강대학교 평생교육원 주임교수 강○○
2강	리더십의 토론이슈	서강대학교 평생교육원 주임교수 강○○
3강	기업과 이해관계자	삼성전자 오○○ 이사
4강	리더의 업무와 리더로서의 핵심 역할	서강대학교 김○○ 교수
5강	커뮤니케이션과 경청기술	인하대학교 최○○ 교수
6강	재무회계의 이해와 경영분석	경기대학교 장○○ 교수
7강	에티켓과 매너, 이미지의 중요성	단국대학교 김○○ 교수
8강	개인 및 회사 부동산 관리와 투자	세종대학교 최○○ 교수
9강	철학과 리더십	서강대학교 평생교육원 제○○ 원장
10강	기업윤리와 기업문화의 커뮤니케이션	우리기업(우리은행) 본부장 박○○
11강	협상과 경영전략과 사례	서강대학교 평생교육원 강○○ 교수
12강	리더의 자격과 자질 및 특성	동국대학교 곽○○ 교수
13강	조직의 발전과 자기 주도 리더십	협성대학교 이○○ 교수
14강	가치관 충동과 관련된 행동문제 해결	신성대학교 조○○ 교수
15강	전략적 리더십과 조직성과에 영향을 미치는 요인	세종대학교 박○○ 교수
16강	서양사에서 배우는 소통의 지혜	서강대학교 평생교육원 최○○ 교학부장
17강	리더십 교육훈련의 효율적 설계와 개발활동	오산대학교 김○○ 교수
18강	언어를 통한 리더십 기법	서강대학교 국제문화교육원 김○○ 교학감
19강	기업과 경영환경, 다양한 이해관계자	중앙대학교 김○○ 교수
20강	마케팅과 고객만족경영	서강대학교 평생교육원 이○○ 교수
21강	조직에서의 인간관계와 스트레스의 주요 원인	서정대학교 원○○ 교수
22강	직무만족과 동기부여 방법 연구	서강대학교 김○○ 교수
23강	성공한 리더십과 조직관리	용인송담대학교 박○○ 교수
24강	고객 관리와 커뮤니케이션 리더십	서강대학교 평생교육원 강○○ 주임교수

CEO 아카데미 경영전략 과정(1년차 과정)

강좌	분 야	강의명	강 사		
			성 명	소 속	직 급
1강	창조경영	창조와 열정이 개인과 기업의 운명을 바꾼다	윤○○	창조경영연구소	소장
2강	인맥	휴먼 네트워킹	양○○	휴먼네트워크연구소	소장
3강	리더십	마지막 1% 정성 & DID	송○○	한국인재인증센터	대표
4강	경영사례	Glocal시대 중소기업의 변화와 대응	조○○	한국도키멕유공압㈜	대표이사
5강	웃음	웃음으로 나를 경영하라	윤○○	경운대학교	교수
6강	시간관리	나를 위한 시간혁신	함○○	View & Coach	대표
7강	경영	잘나가는 기업들의 경영기법	강○○	두원공과대학	교수
8강	IT	소셜, IT 비즈니스 전략	신○○	T.S 컨설팅	대표
9강	영업	CEO 세일즈맨십과 영업	이○○	세종대 경영전문대학원	교수
10강	경제	새정부 경제정책 변화 및 대응	엄○○	경기대학교 서비스 경영전문대학원	교수
11강	경영	여성 CEO 경영사례	김○○	(주)커핀그루나루	대표이사
12강	경영	난세와 위기를 이기는 블루오션 경영	장○○	국립한국교통대학교	교수
13강	특강	특강(원장 추가로 강의함)	이○○	대진대학교	총장
14강	경영사례	글로벌경쟁력과 리더십	김○○	BMW코리아	대표이사
15강	회계	CEO가 알아야 할 재무제표의 이해	심○○	NH농협은행	수석컨설턴트
16강	생산성	선진제조현장 벤치마킹	박○○	한국생산성본부	전문위원
17강	협상	비즈니스 협상	박○○	위캔컨설팅	대표
18강	창조경영	새로움을 보는법	강○○	IGM 세계경영연구원	원장
19강	커뮤니케이션	리더의 스피치 커뮤니케이션	이○○	태평양아카데미센터	수석강사
20강	건강	CEO의 건강관리(암, 알아야 이긴다)	백○○	이대여성암전문병원	병원장
21강	리더십	인간경영리더십(미인대칭 비비불)	최○○	㈜카네기연구소	소장
22강	노무	기업경영과 노동법	최○○	노동행정연수원	교수
23강	마케팅	CEO가 가져야 할 마케팅마인드	이○○	국민대경영대학원	교수
24강	경제	글로벌 금융시장의 이해	이○○	영산대학교 인도비즈니스학과	교수

※ 강사진은 변동이 있을 수 있습니다.

● CEO 아카데미 경영심화 과정(2년차 과정)

강좌	분 야	강의명	강 사		
			성 명	소 속	직 급
1강	리더십	리더십 커뮤니케이션 스킬	공OO	커뮤니케이션클리닉	원장
2강	경영	여성 CEO 경영사례	한OO	(주)한경희생활과학	대표이사
3강	경영	불황을 이기는 경영리더십 5가지 특징	김OO	한국경영리더십컨설팅	교수
4강	특강	협동조합에 대한 이해	강OO	한국협동조합연구소	사무국장
5강	마인드	성공하려면 상승기류를 타라	용OO	유머자신감연구원	원장
6강	경영	스마트 시대의 뉴 패러다임	이OO	코글로닷컴	회장
7강	성공	우연한 성공은 없다	정OO	성공자치연구소	소장
8강	리더십	감성과 소통의 리더십	송OO	경기대 서비스경영전문대학원	교수
9강	경영	경영패러다임의 변화와 새로운 비즈니스 모델	문OO	건국대학교	교수
10강	건강	CEO의 스트레스, 긍정의 에너지	정OO	정이안 한의원	원장
11강	유머	유머가 이긴다	신OO	서울종합예술학교	교수
12강	위기관리	파워풀한 리스크관리	맹OO	포스코전략대학교	교수
13강	소통	최고경영자여 사상체질로 소통하고 힐링하라	류OO	㈜지식정보연구소	소장
14강	유머	웃음 힐링 유쾌한 소통	권OO	한국웃음치료협회	회장
15강	비전	21C 한민족시대, 최고경영자의 비전과 선택	백OO	한국산업개발연구원	원장
16강	이미지	앞서가는 CEO의 이미지 전략	김OO	이미지메이킹센터	대표
17강	리더십	소통과 성과를 위한 마중물 리더십	홍OO	한국직무능력개발원	원장
18강	경영	행복한 일터 만들기	심OO	유어파트너	대표
19강	건강	내 몸이 원하는 최고의 밥상	김OO	신흥대학교	교수
20강	실용	창조혁신을 위한 정리력 향상(공간, 인맥, 시간 정리의 기술)	윤OO	베리굿정리컨설팅	대표
21강	통찰	생각을 바꾸면 기회가 보인다	김OO	날카로운 상상력연구소	소장
22강	창조	창조적 사고와 자기혁신	진OO	연세대학교	교수
23강	협상	나도 더 만족하고, 고객도 더 만족하는 시너지협상	정OO	동국대학교	교수
24강	특강	내 인생의 황금기는 지금	강OO	법무법인 넥스트로	변호사

※ 강사진은 변동이 있을 수 있습니다.

● 최고경영 과정(3년차 과정)

강좌	분 야	강의명	강 사		
			성 명	소 속	직 급
1강	소통	돈 버는 소통, 돈 드는 불통	맹○○	포스코전략대학	교수
2강	재무관리	CEO 자산관리	김○○	위너스자산관리	대표
3강	인문학	고전에서 배우는 삶과 경영의 지혜	공○○	공병호경영연구소	박사
4강	경영사례	인생에 변명하지 마라	이○○	총각네 야채 가게	대표
5강	홍보	SNS 홍보마케팅	박○○	마케팅 홍보연구소	소장
6강	경영	여성 CEO 경영사례	김○○	(주)씨이오 스위트	대표이사
7강	협동조합	협동조합기본이해	박○○	(사)한국협동조합연구소	팀장
8강	이미지	성공하는 리더의 이미지 컨설팅	강○○	퍼스널이미지연구소	소장
9강	인생	고○○의 abcd 성공법 : 꿈꾸며 노력하면 이루어진다	고○○	(사)꿈을키우는사람들 드림파머스	변호사
10강	경제	세계 경제의 흐름과 한국의 미래	이○○	세계전략연구소	박사
11강	독서경영	책만이 살길이다	이○○	이지리더독서경영연구소	소장
12강	스피치	신뢰와 호감을 주는 스피치 커뮤니케이션	이○○	서울현대전문학교	교수
13강	창조	키워드로 살펴보는 창의경영	안○○	열린비즈랩	대표
14강	리더십	명품리더의 조건	송○○	인천재능대학교	교수
15강	인사	ceo의 言tech마력	김○○	㈜비전홀딩스	대표
16강	전략	지속성장을 위한 트렌드 인사이트 & 전략적 시사점	계○○	에이프릴 컨설팅	대표
17강	조직문화	말이 통하는 조직 만들기	이○○	국민대학교/ 생활커뮤니케이션연구소장	교수
18강	미술	리더십을 통한 아트멘토링	유○○	유경희예술처방연구소	미술평론가
19강	마케팅	(Brand+Marketing)지용활	이○○	이화여대, 경희대학교	박사
20강	소통	소통이 잘되는 행복한 일터 만들기	최○○	비전경영연구소	소장
21강	인문학	라이벌의 역사를 통해 본 성공적인 리더십	허○○	서강대평생교육원	원장
22강	혁신	혁신으로 가는 길	김○○	INNOCATALYST대표	교수
23강	인문학	광해군과 니체, 리더십을 말하다	신○○	신동기인문경영연구소	교수
24강	건강	100세 시대 건강과 장수	김○○	조선일보의학전문기자	박사

※ 강사진은 변동이 있을 수 있습니다.

■ 교육 참여자 현황

글로벌 리더스쿨 교육 참여자는 관내 사업체를 두고 있는 기업의 CEO 141명과 중소기업 중견관리자 86명으로 총 227명을 대상으로 실시하였으며, 중견자의 경우 과장급 54%, 부장급 36% 차장급 8%, 대리급 2%로 분석되어 대부분 과장급 직급 참여자가 과반수 이상을 넘는 것으로 분석된다.

교육 참여자 중 출석률 60% 이상의 비율을 보면 CEO 아카데미 1단계 경영전략 과정 54명 중 45명(83.3%), 2단계 경영심화 과정 47명 중 30명(62.5%), 3단계 최고경영자 과정 40명 중 17명(42.5%)으로 나타나, 신규 교육자(1단계)일수록 출석률이 높은 것으로 분석된다. 한편 중견관리자 과정의 경우 86명 중 44명(51%)이 60% 이상의 출석을 보여 근무환경상 CEO보다는 출장, 연장근무 등 상대적으로 근무에 제약사항이 많이 따르고 있기에 출석률이 다소 떨어지는 것으로 사료된다.

● CEO 아카데미 개강식

- 일 시 : 2014. 4. 3.(경영심화), 4.(최고경영자), 8.(경영전략) 09:00
- 장 소 : 교육장 4층
- 참석인원 : 141명(과정별 교육생)
  ※ 경영전략(54명), 경영심화(47명), 최고경영자(40명)
- 참석내빈 : ○○○시장, 원우회 임직원, 상공회의소 회장

● 중견관리자 개강식

- 일 시 : 2014. 4. 8. 19:00~21:30
- 장 소 : ○○○고용복지종합센터 3층 교육장
- 교육참여기관 : S대학교 평생교육원
- 참석인원 : 86명(교육생)
- 참석내빈 : ○○○시장, S대학교 평생교육장, 원우회 임직원, 상공회의소 회장

■ 홍보

교육생 선발은 공개모집을 통하여 신청한 자 중에 내부 심의를 거쳐서 선발한다. 선발조건은 ○○○시 관내 사업자등록이 되어 있는 기업체로 제조·생산업 근무자를 우선시하여 업종별 안배를 한다. 교육수료 후 시정활동을 고려하여 거주지별 지역 안배도 함께 고려된다.

내부 심의자는 ○○○시청 관리자, 상공회의소 임원, 원우회장 등으로 구성되며, 신청자가 많을 경우 1차 내부심의, 2차 면접을 통해 교육생으로 선발된다.

면접시험에서는 첫째, 학업의욕과 성실도, 둘째, 학업 및 수료 이후 시정참여 및 지역리더로 활동의지, 셋째, 시에 대한 애정도 및 관심도, 넷째, 지역사회 활동과 참여도, 다섯째, 우리 시 발전을 위한 정책 제안, 여섯째, 창의력, 특기, 의지력 등 시정발전 기여 가능성 등을 평가한다.

홍보는 ○○○시청 홈페이지, 읍면동을 통한 홍보, ○○○소식지 궤:(월간), LED전광판, 버스승강장, 각종 회의 및 원우회, 상공회의소 소식지 등을 통하여 실시한다. 모집 공고문은 아래와 같다.

* 공고문 1 : CEO 아카데미 경영전략 과정
공고문 2 : 중견관리자 역량강화 아카데미

(공고문 1)

제8기 경기동부 CEO 아카데미 경영전략 과정 교육 안내 및 교육생 모집 공고

産(경기동부상공회의소)·學(D대학교)·官(○○○시) 협력사업으로 기업 CEO의 경영지식을 재충전함으로써 끊임없이 변화하는 기업환경의 경영전략을 수립하여 CEO의 자기계발 및 기업 발전을 도모하고, 나아가 지역 CEO의 교류와 친목의 장으로 거듭나고 있는 「제8기 경기동부 CEO 아카데미 경영전략 과정」 교육생을 모집합니다. 기업체 CEO분들의 많은 관심과 참여 바랍니다.

□ 교육개요

1. 교 육 명 : 제8기 경기동부 CEO 아카데미 경영전략 과정
2. 교육기간 : 2014. 4. 8.(화)~11. 25.(화) ※ 7~8월은 휴강
   ※ 1년차－경영전략 과정, 2년차－경영심화 과정, 3년차－최고경영 과정
   ※ 경기동부 CEO 아카데미 과정은 총 3년간 진행됩니다.
3. 교육횟수 : 총 24회(매수 화요일) *공휴일 제외
4. 교육시간 : 오전 7시~오전 9시
   － 조찬 : 오전 7시~오전 7시 30분(30분)
   － 교육 : 오전 7시 30분~오전 9시(90분)
5. 교육장소 : 경기동부상공회의소 교육장
6. 교육비용 : 15만 원(교재 등)
   ※ CEO 아카데미 원우회 및 기수 운영 등의 비용에 대해서는 운영기관에 문의
7. 주관기관 : ○○○시
8. 운영기관 : 경기동부상공회의소
9. 교육내용
   － CEO 강의(경영, 경제, 경영사례, 마인드, 영업, 회계 등)

- 네트워크 활동(임원선출, 초청간담회, 체육대회, 워크숍 등)
- 기업체 순회 방문

10. 수료기준 : CEO 아카데미 과정 2년간 교육의 70% 이상 참가한 교육생
11. 수 료 식 : 2년차 과정 수료 후 시행(2015년 12월 초)
12. 수 료 증 : D대학교 총장, 경기동부상공회의소 회장 공동명의 발급

□ 모집개요

1. 모집인원 : 48명 내외 (변동 가능)
2. 지원자격 : ○○○시 중소기업체 CEO
3. 선발방법 : 제조기업 CEO 우대, 지역분배하여 선정(○○○시 및 ○○시, ○○군)
4. 접수기간 : 2014. 3. 11.(화)~3. 14.(금)/ *토, 일 제외
5. 제출서류 : 입학원서 1부 및 사진 1매
6. 서류교부 : 경기동부상공회의소(gecci.korcham.net) 및 ○○○시 기업지원센터(1472.nyj.go.kr) 홈페이지 – 공지사항 참조.
7. 서류접수 : ○○○시 기업지원과 이메일(bang0664@korea.kr) 및 방문 제출
   경기동부상공회의소 이메일(gecci@korcham.net) 및 방문 제출

□ 교육 세부일정(안)

1. <붙임 : 프로그램 설계> 참조
   * 강사진은 변동될 수 있습니다.

□ 문의

1. 주관기관 : ○○○시 기업지원과 기업지원팀장 (031) 590-2284
2. 운영기관 : 경기동부상공회의소 전○○ 과장
   - 주　　소 : ○○○시 금곡동 651 다남프라자 405호 (교육장은 407호)
   - 전화번호 : (031) 592-3095　　　　- FAX번호 : (031) 591-3054

(공고문 2)

S대학교와 함께하는 중견관리자 역량강화 아카데미 제2기 교육 안내 및 교육생 모집 공고

기업의 성장과 미래를 주도할 중견관리자의 자기계발 및 업무능력을 향상하고, 체계적이고 전문적인 교육을 통한 역량 있는 중견관리자를 양성하고자 다음과 같이 S대학교와 함께하는 「○○○시 중견관리자 역량강화 아카데미」 교육생을 모집합니다.

중소기업체 임직원분들의 많은 관심과 참여 바랍니다.

□ 교육개요

1. 교 육 명 : 중견관리자 역량강화 아카데미
2. 주관기관 : ○○○시
3. 운영기관 : 경기동부상공회의소
4. 교육기관 : S대학교
5. 교육기간 : 2014. 4. 9.(수)~2014. 11. 26.(수) ※ 7월 중순~8월은 휴강
6. 교육횟수 : 총 24회(매주 수요일)
7. 교육시간 : 오후 7시~오후 9시 30분(150분)
8. 교육장소 : ○○○고용복지종합센터 3층 교육장
9. 교육비용 : 무료
10. 교육내용 : 교육 세부일정(안) 참조
11. 수료기준 : 교육의 70% 이상 참가한 교육생(S대학교 수료증 수여)

□ 모집개요

1. 모집인원 : 50명
2. 지원자격 : ○○○시 중소기업체 재직 중인 중견관리자(임직원)

※ 제조기업체 우대, 1개 기업체 근로자 최대 2명 가능

3. 접수기간 : 2014. 3. 12.(수)~3. 18.(화)/ 토, 일 제외
4. 제출서류 : 교육참가 신청서 1부
5. 서류교류 : 경기동부상공회의소 홈페이지(gecci.korcham.net) 공지사항 및 ○○○시 기업지원센터 홈페이지(1472.nyj.go.kr) 공지사항에서 다운로드
6. 서류접수 : ○○○시 기업지원과 이메일(bang0664@korea.kr) 및 방문 제출 경기동부상공회의소 이메일(gecci@korcham.net) 및 방문 제출
7. 선발통보 : 접수마감 후 1주일 이내 개별 통보

□ 교육 세부일정(안)

1. 붙임 : 프로그램 설계 참조

※ 교육 강사진은 사정에 의거 변동될 수 있습니다.

□ 문의

1. 주관기관 : ○○○시 기업지원과 기업지원팀장 (031) 590-2284
2. 운영기관 : 경기동부상공회의소/ 전○○ 과장, 권○○ 주임
   - 주　　소 : ○○○시 홍유릉로 248번길 39 다남프라자 405호
   - 전화번호 : (031) 592-3095　　　- FAX번호 : (031) 591-3054

■ 프로그램 평가

① 교육 만족도 설문조사 결과

가. CEO 아카데미 총평

☞ '만족' 이상의 답변이 평균 92.9%로 만족도 높음

구 분	매우 만족	만 족	보 통	미 흡	매우 미흡
8기 경영전략 과정	66.7%	28.6%	4.7%	–	–
7기 경영심화 과정	44.5%	50.0%	5.5%	–	–
6기 최고경영자 과정	43.2%	45.8%	11%	–	–

나. CEO 아카데미 강의 및 강사 만족도

☞ '만족' 이상의 답변이 91.7%로 강의(강사)에 대한 만족도 높음

구 분	매우 만족	만 족	보 통	미 흡	매우 미흡
8기 경영전략과정	47.6%	52.4%	–	–	–
7기 경영심화과정	33.4%	61.1%	5.5%	–	–
6기 최고경영자과정	42.3%	38.5%	19.2%	–	–

다. 중견관리자 역량강화 아카데미 총평

☞ '만족' 이상의 답변이 93% 이상으로 만족도 매우 높음

매우 만족	만 족	보 통	불만족	매우 불만족
20.8%	72.7%	3.9%	2.6%	0%

라. 중견관리자 역량강화 아카데미 강의 및 강사 만족도

☞ '만족' 이상의 답변이 90% 이상으로 강의(강사)에 대한 만족도 높음

매우 만족	만 족	보 통	미 흡	매우 미흡
27.3%	63.6%	6.1%	3.0%	0%

마. 동 교육의 지속적 시행 필요성

☞ 교육에 대한 지속운영 및 필요성은 100% 공감

계속 유지	업그레이드 운영	필요없음
35.7%	64.3%	0%

② 교육 강사별 만족도 조사

리더십 교육 강사의 평가는 90% 이상 '상'으로 평가되었고, 기업 CEO 직책의 특성상 경영 관련 프로그램이 긍정적인 평가를 받은 것으로 분석된다.

③ 교육 참여자 평가(인터뷰)

CEO 아카데미 과정 2명과 중견관리자 과정 2명, 리더십 교육운영인 상공회의소 기관 관계자를 대상으로 프로그램 운영 전반에 관한 평가에 대해 인터뷰를 하였다.

가. 중견관리자 인터뷰 질문 : '글로벌 리더스쿨' 프로그램 교육 내용과 운영 전반에 대한 소감과 개선할 점 또는 평가는 어떻습니까?

▶ 중견관리자 과정(에벤에셀, 부장 윤○○)

"회사에서 중간관리자의 위치가 아래 직원들과 위에 상사분 사이에 끼어서 심적인 고민을 많이 하게 되는 것 같아요. 이번 리더십 교육은 중간관리자 입장에서 정말 유익했던 것 같습니다. 조직생활에서 어려움의 원인이 무엇인지 알게 되었고, 그 대처 방법도 좀 깨달을 수 있었던 것 같고요. 원론적인 리더십 이론도 좋았지만, 실질적인 리더십 훈련 프로그램이 더 구성되면 좋을 것 같아요. 그리고 저는 부장인데도 평일 저녁시간은 출장도 그렇고 연장근무도 그렇고 여러 가지 상황이 안정적으로 참여하기가 좀 힘든 점이 많거든요. 가능하다면 토요일도 좋고 주말에 수업하는 것이 더 좋을 것 같다는 생각이 드네요."

▶ 중견관리자 과정[(주)토페즈, 과장 이○○]

"저는 리더십 프로그램이라고 해서 카리스마적인 역량을 키워주는 교육을 기대했었던 것 같습니다. 그런데 상대에게 영향을 주는 기술보다는 나 자신을 잘 이해할 수 있는 시간이었고, 조직생활에서 긍정적인 소통방법이 도움이 많이 되었던 것 같아요. 중간관리자로서 인사관리가 무엇보다 중요하고, 어떤 면에서는 오히려 CEO보다 제가 직원들과 직접적으로 대면하고 영향력을 행사하는 위치일 수 있거든요. 그렇지만 영세한 중소기업에서 이런 리더십 교육을 시켜주기는 사실 어려운 형편이거든요. 그런데 시청에서 이런 교육 기회를 무료로 제공해 주는 것이 큰 도움이 되죠. 그리고 개인적으로 인맥을 넓히기 어려운데 지역에서 기업인 관계자들을 더 많이 알게 될 수 있는 계기가 돼서 좋았던 것 같아요. 좀 아쉬웠던 것은 강의 중심보다는 교육생이 서로의 경험을 적극적으로 나눌 수 있는 시간을 만들어 준다면 실질적인 네트워크 형성에도 많은 도움이 될 수 있었을 것 같습니다."

나. CEO인터뷰 질문

1. '글로벌 리더스쿨' 참여동기는 무엇인지요?
2. 리더십 프로그램에 대한 전반적인 평가와 개인적인 교육의 의미는 어떤 것이 있습니까?

▶ CEO아카데미 과정[(주)희망키움터, 대표 김○○]

"저희 회사는 2014년 4월 1일 오픈한 전자부품 회사인데, 주로 사회 소외계층을 우선 고용해서 운영하고 있지요. 저는 기업이 어려운 분들을 많이 채용하여 그들이 일을 통해 자립하는 것이 곧 복지라고 생각합니다. 그래서 가능한 한 소외계층을 많이 채용하려고 합니다. 현재 직원은 30명으로 기초수급자 17명, 차상위수급자 13명이 채용되어 근무하고 있는데 99명 채용까지 목표로 합니다.

제가 '글로벌 리더스쿨' 프로그램을 신청한 주요 이유는 향후 회사를 사회적 기업으로 운영할 계획입니다. 근로자들이 대부분 사회적 약자이고, 환경적으로 좀 어렵게 생활하시는 분들이 많아서요, 일반적인 경영만으로는 힘든 점이 있고, 동기부여 같은 것이 필요할 것 같다고 생각이 들었습니다. 저는 그분들을 어려운 소외계층이라거나 빈곤층이라는 용어로 구분지어 말하고 싶지는 않습니다만, 그분들이 조직생활을 하는데 있어서 소통이나 협업 그리고 자신감이 떨어지는 것은 사실입니다. 경영자 입장에서 이해가 필요하고 쉽게 포기하지 않도록 이끌어 줘야 할 것 같더군요. 그래서 리더십 교육과정을 신청했지요. 단순히 기술을 가르치기보다는 마인드를 높여서 스스로 성취감을 느끼도록 하려면 내적 동기를 심어주는 것이 작업성과를 높일 수 있다는 것에 공감하게 되었고, 경영자 입장에서 많이 도움이 되었던 것 같습니다. 교육 이후에 제가 직원들을 대하는 스킬이나 커뮤니케이션에서 변화하고 있는 자신을 느끼게 됩니다. 그리고 교육 프로그램 운영에 있어서는 실제 사례들을 중심으로 수업한다면 피부로 더 와닿지 않을까 하는 생각이 들더군요. 좀 아쉬운 부분이 있다면 교육 프로그램 자체가 일방적으로 정해져 있는 과정을 듣다 보니 개인적으로는 좀 불필요한 과정도 있어서 프로그램 내용을 좀 더 세분화시켜서 선택할 수 있게 계획해 주면 더 효과적일 것 같습니다. 그리고 향후에 기업의 사회공헌이라는 측면에서 프로그램을 보완해 주면 지역사회 시민참여라는 면에서 더 좋을 것 같다고 생각합니다. 단지 리더십 교육 차원에서 끝나는 것이 아니라 원우회에서 정기적으로 하는 사회봉사 활동을 통해 개인 차원에서 혼자 하기 힘든 것들을 단체에서 함께 하면서 ○○○시 시민으로 소속감도 생기게 된 것 같습니다."

▶ CEO아카데미 과정[(주)○○행복나눔터, 대표 이○○]

"우리 회사는 사회적 기업이에요. 다문화 이주여성과 장애인을 주로 채용하여 판촉물을 수작업하여 생산하는 기업입니다. 현재 직원은 총 10명인데요, 그중 취약계층이 8명이 채용되어 근무하고 있지요. 사회적 기업을 운영하면서 경영상 많은 어려운 점들이 있죠. 그중에서도 가장 어려운 부분이 마케팅이죠. 소외계층을 채용하여 열심히 물건을 생산해도 구매자를 찾지 못하면 기업의 성과를 내기 힘들죠. 이 프로그램은 상공회의소 소식지를 보고 알게 되었는데요, 저는 ○○○시 기업인들과 인맥을 넓혀 지역에서 네트워크가 형성되면 마케팅에 도움이 될 것 같다는 생각과 사회적 기업가로서 사회공헌 활동도 보다 효과적으로 할 수 있을 것 같았어요.

평소 경영 관련 수업을 받고 싶었는데 저 역시 장애인이라 이동이 자유롭지 못하고, 업을 하다 보니 바빠서 마음같이 쉽지 않더군요. 그런데 시에서 이런 교육을 가까이에서 받을 수 있게 해줘서 저에게 좋은 기회였던 거죠. 대학에서 나와서 교육한다니 더 매력적이구요.

저는 '글로벌 리더스쿨' 교육을 받고서 좀 더 전문적인 경영마인드로 사업 운영을 분석해 보는 식견이 생겼고, 새로운 변화가 필요하거나 도움을 받아야 할 때 관련 기관의 정보들을 알 수 있어서 제가 혁신적인 마인드를 갖는 데 힘이 되었던 것 같습니다. 프로그램 내용은 전반적으로 유용하고 좋았는데요, 제가 사회적 기업가라서 그런지 몰라도 사회소외계층에 대한 이해와 기업의 사회공헌 활동에 관한 내용들도 프로그램에 포함되면 좋을 것 같습니다.

그리고 저는 리더십 교육을 받고 나서 직원들, 특히 이주여성들이나 장애인분이 기업에 소속감을 갖고 한 가족처럼 일할 수 있도록 해야겠다는 마인드가 생긴 것 같아요. 무엇보다 지역에 봉사하고 기여하는 방법에 대해 더 많은 관심을 갖게 된 것 같습니다.

○○○시 시민으로서 지역에 뭔가 의미 있는 활동을 더 많이 하고 싶어졌고, 공동체의식 같은 것이 생긴 것 같습니다."

④ 교육 운영기관의 평가(인터뷰)

가. 교육 운영자 인터뷰 질문 : '글로벌 리더스쿨' 프로그램에 대한 평가는?

▸ 동부상공회의소(국장 김○○)

"현실적으로 ○○○시 관내 기업들의 95% 이상이 중소 영세업체들이기 때문에 이러한 교육이 필요해도 자체적으로 하기 힘든 한계가 있죠. 기업체 관계자들에게 경영과 리더십 관련 교육적 기회를 제공했다는 점만으로도 의미가 있다고 봅니다. '글로벌 리더스쿨' 리더십 교육 프로그램이 기업인의 경영역량을 높여 기업의 성과를 내도록 지원하는 의미도 있지만, 궁극적으로는 ○○○시 지역사회 발전을 위한 교육이기 때문에 교육 이후에도 원우회 차원에서 지속적인 관계유지와 사후관리가 더 중요하다고 생각합니다.

교육을 통해 기업 CEO와 중간관리자가 조직에서 긍정적인 리더십을 발휘하여 생산성을 높이는 것도 중요하지만, 이윤 추구를 넘어 시민의식을 갖고 ○○○시에 대한 애향심과 소속감을 가지고 함께하는 공동체 의식을 갖도록 하는 것이 필요하다고 봅니다. 교육에 참여한 기업인들이 상호 네트워크를 형성하여 사회공헌 활동에도 적극적으로 활동할 수 있는 장을 만들어 준다는 점에서 리더십 프로그램에 대해 긍정적으로 평가받고 있습니다. 리더십 교육 참여자를 어떻게 ○○○시의 좋은 인적자원으로 활동할 수 있을지를 좀 더 고민해야 할 것 같습니다. 상공회의소 '글로벌 리더스쿨' 원우회에서 정기적으로 소외계층을 위한 쌀 기증이나 후원금 기탁 등 다양한 형태로 사회공헌 활동을 하고 있고, 개별 기업체에서도 다양한 형태로 봉사활동들을 펼치고 있는 것으로 알고 있습니다. 지역사회 독거노인 무료급식 지원, 경로잔치 후원이나 희망케어센터로 정기 후원금 지원 등 기부활동들이 점차 활발해지고 있는 것 같습니다.

상공회의소가 ○○○시(관)와 기업체(민) 관계자들을 잘 연결시켜 교육생이 지역의 시민 리더로 적극적인 활동을 할 수 있도록 지원하는 시민 리더 육성 같은 후속 프로그램을 더 보완하면 좋겠다고 생각합니다."

■ 논의

'글로벌 리더스쿨' 프로그램 참여자 및 운영기관 관계자 등의 인터뷰와 교육을 운영기반으로 하여 프로그램에 대한 전반적인 논의를 해보고자 한다.

① 공공 부문 리더십 교육 프로그램 개선방향 제고

가. 단기적 비연속성 교육

'글로벌 리더스쿨' 아카데미 과정은 8기 운영하면서 경영전략 과정, 경영심화 과정, 최고경영자 과정으로 단계별 설계를 하였으나, 리더십 교육 내용적인 측면에서 보면 다소 파편적이고 연속성이 없는 한계가 있다.

리더가 갖추어야 할 바람직한 행동 특성은 단기간의 집중 교육으로 습득되기에는 한계가 있다. 이러한 행동 특성과 리더십 역량은 실제 현장에서의 업무활동과 유기적으로 통합된 상태에서 장기적인 리더십 개발교육을 통해서만 습득될 수 있다. 기존의 집합이나 위탁교육을 통해 부족한 스킬을 단편적으로 쏟아넣는 교육은 복잡하고 역동적인 현실 상황에서의 적응력을 키우기 어렵다(장소영 2010).

나. 강의식 집합교육의 한계

'글로벌 리더스쿨' 아카데미 과정은 교육 참여자들의 인터뷰를 통해 나타난 교육 프로그램의 개선점으로 교육생의 경험을 공유하며 사례 중심의 활동 프로그램으로 보완되었으면 한다고 지적되었다[(주) 토페즈 과장, 인터뷰 내용 중].

학습을 통한 리더십 개발이 어려웠던 이유는 기존의 대부분의 리더십 개발 교육 프로그램이 집합교육 중심으로 리더 개인의 역량 강화에 지나치게 초점을 맞추기 때문이라고 할 수 있다. 집합식 교육은 리더십 개발에 필수적인 환경적 메커니즘이나 구조 등을 제대로 반영하지 못한다는 측면에서 리더의 행동변화를 도모하기 어렵다는 한계점이 있는 것이다. 또한 성인학습자 스스로 자신의 고정관념을 깨고, 느끼며 자각하고 체험하는 자율적 학습을 전제로 행해지지 않는 한 개인의 변화는 물론 조직의 변화도 기대하기 어렵다(유영만, 2000). 아울러 집합교육을 통한 리더십 개발은 리더십 교육상황과 리더십 실천 현장 간의 격차가 발생한다는 한계점을 안고 있다. 즉, 강의실 상황에서 이루어지는 리더십 교육 내용은 실제 리더십이 발휘되어야 할 역동적이고 복잡한 업무의 상황 속에 쉽게 적용되기 힘들다는 것이다(이 성, 2006).

효과적인 리더십 개발을 위해서는 리더와 리더십 발휘 여건의 관계, 리더와 팀원의 관계를 고려하는 관계론적인 리더십 개발을 추구해야 한다(유영만, 2000). 또한 집합교육뿐만 아니라 다양한 교수방법을 동시에 활용해야 바람직한 행동으로의 리더십 행동변화를 기대할 수 있다(송영수, 2000; Carter, Giber, & Goldsmith, 2000; Conger, 1999; Saratoga Institute, 1998, 이 성, 2006 재인용). 또한 급격한 환경 변화에 적응해 나가기 위해서는 자기 스스로 문제를 발견하고, 해결을 위한 목표를 세우며, 스스로 정보를 수집·분석하고 해결해 나가는 자기 주도적 학습능력을 필요로 하며(유귀옥, 1999; French, 1999) 이러한 접근은 리더십 개발 프로그램에 그대로 적용된다고 할 수 있다(이 성, 2006). 최근 강의식 교육에서 탈피하여 토의식, 체험식 등의 참여형 교육으로 바뀌고 강사의 역할도 진행 촉진자의 역할을 중시하는 방향으로 가고 있으나 여전히 강사 중심의 내용 전달 집합교육에 그치는 경우가 많다. 또한 리더십 개발을 위해서는 현실과 자신의 입장을 성찰하고 이것을 기반으로 문제를 메우는 실천을 창안하는 것이 중요하다지만 여전히 이론에 치중되어 있다. 주제 중심의 나열식 교과 편성에서 벗어나 경험 혹은 목표 중심의 접근 방법에 의한 프로그램이 되어야 한다(장소영, 2010). 효과적인 리더십 개발을 위해서는 토론과 실습의 전략적 활용을 통한 학습자 중심의 교육이 이루어져야 할 것이다. 학습자들의 적극적 참여가 요구되는 토론 중심, 실습 중심의 프로그램 효과가 교수자 중심의 프로그램보다 효과가 더 크게 나타났다. 리더십 교육의 궁극적 목적이 리더십 이론에 대한 지식 습득보다는 실제적인 리더십 역량 개발인 만큼, 다른 학습자들과 의견을 교환하는 과정은 학습자들로 하여금 자신이 지닌 리더십 역량을 진단하거나 문제점을 발견할 수 있도록 도와주며, 역할연기나 게임, 현장실습 등의 경험적 요소는 리더의 역할 및 행동에 대한 경험을 통해 리더로서의 행동변화를 더욱 잘 이끌어 내도록 촉진한다(김진모·주현미·장상윤, 2011).

다. 체계적인 요구분석 부재와 형식적인 교수 설계

교육 참여자 (주)희망키움터 대표이사의 인터뷰에서 '글로벌 리더스쿨' 프로그램은 사전 욕구조사를 기반으로 교육내용과 교수방법이 설계되지 못하여 기성복처럼 일방적으로 교육되어 교육 참여자가 불필요하다고 생각되는 교육이 시행되었다.

교육 요구분석은 교육과정 개발의 첫 단추이자 교육 목적을 분명히 하는 매우 중요한 단계라는 점에서 교육과정의 특성에 다른 체계적·전문적 분석 방법이 선정되어야 한다(장소영, 2010).

Center for Creative Leadership(Velsor, McCauley, & Moley, 2009)에서는 다년간의 연구결과로 리더십 프로그램이 포함해야 할 주요 요소를 측정(assessment), 도전(challenge), 지원(support)으로 함축하고 있다. 측정의 목적은 현재의 리더 자신의 상태와 바람직한 상태의 격차(gap)를 파악하는 것이며, 도전의 목적은 리더로서의 도전의욕을 고취시키는 것이다. 또한 지원의 목적은 변화에 대한 긍정적 가치를 학습하고 설정할 수 있는 자신감을 주는 것이다.

리더십 개발 프로그램에 측정이 중요한 이유는 현재 상태와 감정, 역량수준, 리더십 효과성 등을 리더가 제대로 인식하도록 함으로써 향후 리더십 개발에 이정표가 되기 때문이다(장소영, 2010).

따라서 리더십 교육에 대한 조직의 각 부서 및 직급별 요구분석을 실시하여 그 결과에 기반한 맞춤형 리더십 개발 프로그램이 개발·운영될 필요가 있다. 리더십 역량에 대한 선행연구들에 의하면 조직 구성원들의 직급이나 역할, 소속된 부서에 따라 리더십 역량들의 중요도, 수행 빈도가 다르게 나타나고 있음을 알 수 있다(박은식 외, 2006; 손익준, 2007). 이에 교육대상자들의 특성을 명확히 반영하지 못한 획일적 리더십 교육이 운영될 경우 교육내용의 현장 적용도가 저하됨과 동시에 리더십 프로그램의 긍정적 효과를 보장하는 데 어려움이 발생한다(김진모·주현미·장상윤, 2011).

본 '글로벌 리더스쿨'은 ○○○시에서 주관하고 상공회의소에 교육 위탁하여 운영되는 프로그램으로 시 예산에 직접적인 영향을 받을 수밖에 없다.

또한 공공 부문에서 리더십 개발이나 교육훈련은, 멀리는 정부의 인력관리 정책이나 예산, 공무원 교육훈련의 구조적, 운영상의 문제가 직간접적으로 리더십 개발이나 교육으로 연결될 수밖에 없다(김정일, 2009). 그러나 관 주도의 공공 부문의 교육환경에서 다양한 욕구를 유형화시켜 맞춤형으로 시행하는 것은 현실적으로 한계가 따르는 것으로 사료된다.

그러나 상공회의소에서 기업체의 교육 요구조사를 실시하여 장기적인 안목에서 체계적으로 사전 교육설계를 한다면 보다 효과적인 교육이 될 것으로 생각된다.

② 프로그램의 성인 교육적 의의

가. 공공 부문의 리더십 교육을 통한 성인학습 조직화

우리 정부조직은 민간 부문에 비하여 대응력이 떨어지고 있는 상황이며 전통적인 조직구조와 인적자원 관리체계를 가지고 있다. 따라서 학습조직에 근거한 새로운 패러다임은 민간 부문에만 한정되는 것이 아니라 범공공 부문으로 확산이 필요하며 그 핵심 요소로서 정부 공공조직의 학습조직화가 될 수 있다. 그리고 이를 가능케 하는 중요한 조건 중에 하나가 평생학습체계의 개발이 될 수 있다(정무권 · 배득종 · 한상일, 2005). 국가의 경쟁력은 정부 또는 공공부문 조직 구성원의 인적자원과 리더십의 질에 크게 좌우될 것으로 성인교육학이나 성인교육자들이 공공 부문의 평생교육체계를 확립하고 인적자원 개발의 핵심 프로그램이 되는 리더십 개발에 기여할 수 있는 다양한 역할과 과제를 안고 있다(김정일, 2009).

학습조직은 조직유효성에 관한 직접효과가 있는 것으로 나타났다. 결국 개인 차원, 팀 차원, 조직 차원 모든 수준에서 학습활동이 이루어질 때 조직효과성은 증대된다고 볼 수 있다(김진혁 · 최은수, 2013). 따라서 ○○○시 '글로벌 리더스쿨'은 공공 부문 영역에서 지역사회 기업인들과 공무원의 학습조직의 장을 마련해 주었다는 측면에서 성인 교육적 의의를 부여할 수 있다.

나. 시민참여 교육을 통한 지역 공동체 활성화

지방자치단체의 평생교육과 관련한 선행연구로 하봉운(2009)은 '평생학습 활성화를 위한 지방자치단체의 역할과 과제'를, 류영아(2013)는 '시민참여 활성화 영향 요인 연구'에서 지방자치단체의 역할을 강조했다(임정임 · 최은수, 2014).

또한 평생교육의 주된 목표를 인적자본 개발에 두면서 사회적 협동이나 시민의식, 도덕, 윤리 등 사회적 자본 형성에는 소홀히 해온 것이 사실이다(김태준 외, 2009).

평생교육이 민주시민 교육을 활성화하는 데 중요한 역할을 담당해야 하는 것은 시대적 요청이며, 활성화될 수 있도록 다각도의 노력을 기울일 것을 제시하였다(신미식, 2011).

시민참여교육(Citizen Participatory Education)은 사회적 책무성과 공익성 활동이 목적으로 현대의 민주시민으로서 갖추어야 할 자질과 역량을 개발하며, 사회통합 및 공동체 형성과 관련하여 시민참여를 촉진하고 지원하는 평생교육이다.

따라서 이런 의미에서 ○○○시 '글로벌 리더스쿨' 프로그램은 지방자치단체 주관으로 기업인과 공무원을 지역사회 시민 리더로 양성하여 다양한 형태의 봉사활동과 사회 환원을 하고 있다는 측면에서 평생교육 시민참여 교육의 의미를 찾을 수 있다.

10. 글로벌 리더십 개발 프로그램

〈H대학교 리더십센터의 『HELP』 프로그램〉

■ 기관 소개

리더십센터는 체계적인 리더십 교육 프로그램을 통해 H대학교 학생들을 준비된 CEO로 양성하는 데 목적이 있다. 이를 위해 H대학교 고유의 실용 학풍과 사회적 지원을 기반으로 리더십 개발 요구를 분석하고, 리더십 인증 체제 H 리더십(HELP : H Essential Leadership Plus) 프로그램을 개발 및 제공하고 있다.

H대학교 리더십센터는 사회와 기업, 대학, 학생의 요구에 부응하기 위하여, 차세대 글로벌 CEO의 꿈을 키우는 준비된 리더를 양성하고자 설립되었다.

① 비전 및 핵심 가치

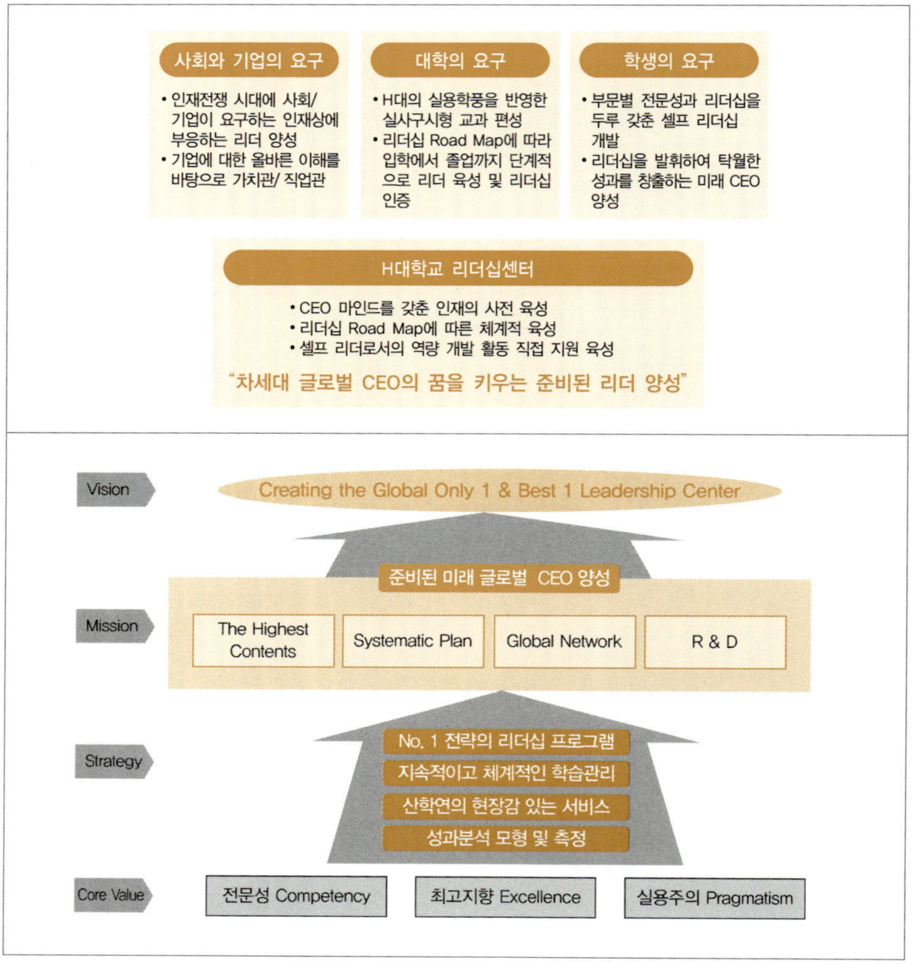
사회와 기업의 요구
• 인재전쟁 시대에 사회/기업이 요구하는 인재상에 부응하는 리더 양성
• 기업에 대한 올바른 이해를 바탕으로 가치관/ 직업관
대학의 요구
• H대의 실용학풍을 반영한 실사구시형 교과 편성
• 리더십 Road Map에 따라 입학에서 졸업까지 단계적으로 리더 육성 및 리더십 인증
학생의 요구
• 부문별 전문성과 리더십을 두루 갖춘 셀프 리더십 개발
• 리더십을 발휘하여 탁월한 성과를 창출하는 미래 CEO 양성
H대학교 리더십센터
• CEO 마인드를 갖춘 인재의 사전 육성
• 리더십 Road Map에 따른 체계적 육성
• 셀프 리더로서의 역량 개발 활동 직접 지원 육성
"차세대 글로벌 CEO의 꿈을 키우는 준비된 리더 양성"
Vision
Creating the Global Only 1 & Best 1 Leadership Center
준비된 미래 글로벌 CEO 양성
Mission
The Highest Contents
Systematic Plan
Global Network
R & D
Strategy
No. 1 전략의 리더십 프로그램
지속적이고 체계적인 학습관리
산학연의 현장감 있는 서비스
성과분석 모형 및 측정
Core Value
전문성 Competency
최고지향 Excellence
실용주의 Pragmatism

② 주요 사업

리더십 인증 아키텍처 구축

과제 1 H 리더십 로드맵 개발
-유형별 로드맵
-학년별 학습 제안

과제 2 리더십 인증 기준 설정
-단계별 인증

과제 3 리더십 진단 개발
-진단 도구 개발
-진단 시스템 개발

과제 4 리더십 교과목 Pool 개발

주요 프로그램 개발 및 운영

과제 5 HELP 프로그램 개발

구분	개발 완료 예정
HELP 1	2007년 2월
HELP 2	2007년 12월
HELP 3	2008년 12월
HELP 4	2009년 6월

과제 6 HELP 프로그램 운영

구분	운영 개시 예정
HELP 1	2007년 1학기
HELP 2	2007년 1학기
HELP 3	2008년 1학기
HELP 4	2009년 2학기

대내 · 외 네트워킹 및 홍보

과제 7 CEO 비전특강 운영
-본부 차원 특강 정례화
-연 4회 부문별 순환운영

과제 8 리더십 심포지엄 운영
-리더십 부문의 권위 있는 심포지엄으로 자리매김

과제 9 산학연 협조체제 구축
-글로벌 기업
-주요 대학 및 학술단체
-리더십 관련 연구소

과제 10 H 리더십 포털 구축

③ 조직도

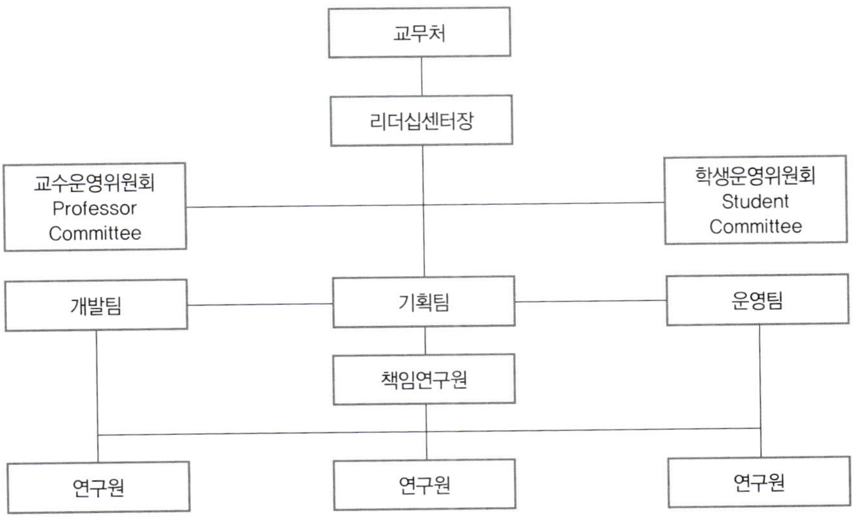

④ 주요 업무

부서/ 팀 구분	주요 업무
기획팀	• 리더십 로드맵 연구 및 개발 • 리더십 인증 시스템 구축 • 리더십 진단 도구 및 시스템 개발 • 산학연 협조체제 구축
개발팀	• H 리더십 HELP 콘텐츠 개발 • 리더십 포털 개발 및 운영 • 리더십 웹진 발간
운영팀	• H 리더십 HELP 운영 및 보완 • 리더십 심포지엄 기획 및 실시 • CEO 비전특강 기획 및 실시

"H대는 자기 분야 최고리더(CEO)를 키우는 대학입니다"

– 미래의 꿈과 비전을 심는 교육으로 명문 리더십센터가 되겠습니다 –

누구나 리더가 될 수 있습니다. 그러나 좋은 리더십을 갖춘 리더가 되는 것은 어렵습니다. 조직(기업/ 기관)의 경쟁력은 우수한 리더를 얼마나 많이 양성하고 보유하는가로 결정된다고 해도 과언이 아닙니다. 존경받는 리더가 되길 원합니까? 리더는 태어나는 것이 아니라 만들어진다고 합니다. 이를 위해서는 우수한 교육과 좋은 습관이 필요합니다. H 리더십센터는 H인들에게 글로벌 사회와 기업이 요구하는 최고의 리더십 교육 프로그램을 개발하고, 지속적으로 몸에 습득할 수 있도록 다양한 활동을 제공할 것입니다.

■ 프로그램 배경

H대의 대표적 리더십 개발 프로그램인 HELP(HELP : H Essential Leadership Plus)는 사회와 기업이 요구하는 인재를 사전에 육성하기 위하여 1학년에서 4학년에 이르는 체계적 리더십 개발 로드맵에 따라 개인의 리더십을 개발하도록 하는 H대의 삼위일체형 리더십 프로그램이다.

HELP 프로그램은 H의 역사, 현재, 비전 및 사회와 기업이 요구하는 가치를 이해하고 개인의 인생계획을 수립하는 1학년 단계, 글로벌 패러다임과 매너, 시장경제 원리 등 글로벌 역량 함양과 경영 마인드를 확립하는 2, 3학년 단계를 거쳐, 로드맵을 완성하여 사회인으로서의 준비를 마치는 4학년 단계로 구성된다.

■ 프로그램 내용

● 프로그램 개발 추진전략

– HELP 1 : 휴먼 리더십

- Pride in H : H인의 역사, 현재, 비전, 인재상, 사회봉사의 실천
- Humanities : 인문학적 감성과 소양을 강화하여 인간에 대한 올바른 가치관 확립
- Reader=Leader : 폭넓은 인문고전을 바탕으로 창의성과 리더십 함양
- Core Value : 사회와 기업이 요구하는 공통의 핵심 가치 이해 및 사례 연구
- Life Planning : 개인의 비전 및 미션 선언문 작성, 대학생활 계획 수립

– HELP 2 : 글로벌 리더십

- 글로벌 패러다임(Globalization, Global Leader, Global Management & Economy Trend)
- 글로벌 마인드셋(Openness, Flexibility, Integrity, Passion, Cross Cultural Understanding)
- 글로벌 리더십(Global CEO & Products) / 글로벌 리터러시(Communication, Meeting, Presentation)
- 글로벌 매너 및 에티켓

– HELP 3 : 비즈니스 리더십

- 자본주의와 시장경제 : 자본주의의 본질과 원리, 시장경제의 이해
- 기업의 본질 : 기업에 대한 이해, 초우량기업의 조건
- 사회진출을 위한 준비 : 취업과 창업, 사회와 기업이 요구하는 핵심 역량, 올바른 직업관
- 경영마인드 확립 : 자기관리, 조직 활성화, 조직육성 및 변화, 조직의 비전, 글로벌 리더(CEO)의 조건

– HELP 4 : 셀프 리더십

- 자신의 강, 약점 분석을 바탕으로 준비된 리더 육성
- 인턴십 참가, 프레젠테이션 발표 등 실무 진입
- 리더십 Roadmap 완성

● 프로그램 개발의 절차 및 방법

○ 휴먼 리더십(HELP 1)

본 과정은 대학생활을 새롭게 시작하는 신입생들의 올바른 인성과 가치관 확립에 역점을 두고자 인문학(독서)적 감성과 소양을 강화하여 인간에 대한 올바른 이해를 돕고, 핵심 가치를 중심으로 리더십을 익히는 프로그램이다. HELP 1을 통해 나는 어떤 사람이 되어야 하는가, 어떤 리더가 되어야 하는가에 대한 가치관을 정립하고 새로운 환경에 적응할 수 있는 균형 잡힌 리더십의 토대와 방향을 제공한다.

● 프로그램 개발의 개요

과목명	휴먼 리더십(HELP 1)
학수번호	SYH001
과목구분	기초필수(2학점)
적용학년/ 학기	1학년 1학기
학습형태	온라인 강좌(한글/ 영어전용 강좌 제공)
수료형태	절대평가 방식으로 A^+~F까지 학점 부여
관장학과	H리더십센터
과정목표	• H의 역사, 비전, 인재상 등의 이해를 통한 자부심 고취 • 신뢰에 바탕을 둔 인성의 중요성 강조 • 나눔과 사회봉사의 정신을 알고 실천할 수 있는 가치관 확립 • 폭넓은 인문고전을 바탕으로 통찰력과 창의성을 겸비한 교양인 육성 • 인문학적 감성과 소양을 강화하여 인간에 대한 올바른 가치관 확립 • 사회와 기업이 요구하는 핵심 가치를 이해하고 자신의 가치 정립 • 꿈과 비전, 미션을 바탕으로 인생을 설계하고 리더십 개발 로드맵 구축
학습기간	16주

모 듈	차 시	주요 내용
Pride in H	1차시 [H대학교]	• 강의를 시작하기에 앞서 H리더십(HELP)에 대해 알아보고 무엇을 배우게 되는지에 대한 준비단계 • H대학교 역사와 비전, 인재상에 따른 핵심 역량과 이를 실천하기 위한 구체적인 전략 수립
	2차시 [사회봉사/ 리더십 실천사례]	• 봉사의 개념을 명확하게 정의하고, 글로벌 리더의 봉사 마인드를 확인함으로써 새로운 봉사의 패러다임을 확인 • 리더십 실천사례를 통한 대학생활에서 실천할 수 있는 진정한 리더십에 대해 이해함
Humanities	3차시 [왜 인문적 가치인가?(Ⅰ)]	• 인문적 가치의 의미와 중요성을 인식하고, 인격의 형성과 교양의 함양에 미치는 영향에 대해 설명할 수 있음 • 인문학과 자연과학의 차이를 검토하고, 바람직한 삶을 살기 위한 삶의 의미와 목표를 세워봄 • 인문적 가치와 자신과의 관련성을 통해 자아의 인식과 유능한 지도력을 형성하는 역할을 이해함
	4차시 [왜 인문적 가치인가?(Ⅱ)]	• 경제질서의 재편과 인문학의 상관성을 통해 인문학이 추구하는 지향점을 살펴봄 • 창조성을 바탕으로 인문학에 대한 이해를 높이고, 고전 읽기가 오늘의 시대에도 왜 중요한지를 이해함
	5차시 [책 읽는 H인의 의미] –H인과 인문학(독서)–	• 21세기 디지털 시대에 독서의 중요성을 학생들과의 대담으로 살펴보고, 독서에 대한 다양한 관점과 방법을 살펴봄 • H인으로서 책을 읽는다는 것의 시대적 의미와 인문·독서교육 Master Plan을 살펴봄으로써 주도적인 독서교육을 이끌어 감
	6차시 [어떻게 읽을 것인가]	• 책을 읽는 다양한 방법과 나에게 맞는 독서법 선택 및 활용법에 대해 알아봄 • 창조적으로 활용할 만한 독서 십계명을 알아보고, 책 읽는 방법의 중요성과 책을 제대로 읽기 위한 방법을 이해함
Reader = Leader	7차시 [동양고전과 리더십]	• 동아시아 고전의 백미 중 하나로 손꼽히는 <맹자>를 통해서 바람직한 리더가 갖추어야 할 자질과 요소를 살펴봄 • 각 리더십 요소별로 고금(古今)의 리더십 성공 및 실패 사례를 살펴봄

Reader = Leader	8차시 [서양고전과 리더십]	• 서양 문명에서 리더십에 대해 논의된 플라톤의 <국가>에 담긴 리더십의 핵심 요소를 살펴봄 • '정의'와 '이익'의 관계에 대해 깊이 생각해 보고, 정의로운 리더의 가능성에 대한 다양한 관점을 살펴봄
	9차시	• 중간고사(대체과제 제출)
	10차시 [현대의 리더십과 독서]	• 현대의 리더(Leader)가 리더(Reader)인 이유 • 21세기 리더가 갖추어야 할 특징적인 자질과 '융합읽기'를 통한 독서의 의미와 가치를 생각해 봄
Core Value	11차시 [H 리더십 특강]	• H 리더십(HELP)과 리더십 인증제가 무엇인지 알 수 있음 • 가치의 개념을 이해하고 가치가 중요한 이유를 이해할 수 있음 • 사회적으로 요구되는 핵심 가치들이 무엇인지 이해할 수 있음
	12차시 [핵심 가치]	• 글로벌 인재가 되기 위한 노력과 꿈, 열정, 도전을 갖기 위한 방법을 이해함 • 혁신의 필요성을 공감하고, 정직과 신뢰에 바탕을 둔 사회와 기업의 핵심 가치 사례를 살펴봄 • 성희롱 예방교육을 통한 올바른 성역할을 배우고 실천함으로써 상호 존중과 신뢰를 바탕으로 한 인간관계를 형성할 수 있음
	13차시 [비전특강]	• 서○○ 감독의 리더십을 통해 대학생활에서 실천할 수 있는 진정한 리더십에 대해 이해할 수 있음 • 남이섬 강○○ 시장의 독창적이며 창조적인 아이디어로 가득 찬 감성 경영에 대해 이해할 수 있음
Life Planning	14차시 [가족 / 학교생활]	• 가족과 학교에서의 나의 역할을 재정립할 수 있음 • 좋은 스승과 진정한 우정, 성숙한 사랑의 모습을 통해 서로의 성장을 돕는 관계를 형성하고 준비할 수 있음
	15차시 [개인의 가치관(Road Map) 설정]	• 개인의 가치관의 중요성을 이해하고, 나만의 Vision과 Mission을 찾아봄으로써 인생의 큰 그림을 그릴 수 있음 • 나만의 Life Plan을 최종 점검하고, 앞으로 자신의 대학생활에 대한 계획을 수립할 수 있음
	16차시	• 기말고사

■ 프로그램 평가

○○리더십센터에서는 '취직'을 목표로 한 인재양성에서 한발 더 나아가 'CEO를 꿈꾸는 글로벌 리더의 양성'을 리더십센터의 목표로 설정하였다. 여기서 말하는 CEO란 반드시 기업의 최고경영자만을 말하는 것이 아니라 '자기 분야의 최고리더'가 되자는 것이다. 사회가 발전하고 산업구조가 변하면서 시대가 요구하는 핵심 역량은 매번 달라져 왔다. 지식 정보화 사회가 요구하는 인재는 창조적이고 끊임없이 학습하며, 글로벌 경쟁력뿐만 아니라 도덕성을 갖춘 인재를 요구하고 있다. 이러한 흐름에 걸맞은, 세계를 무대로 자신 있게 활동할 수 있는 CEO형 인재 육성을 목표로 1~4학년 각 단계별로 필요한 리더십 교육을 제공하였다.

첫째, 휴먼 리더십(1학년)

대학생활을 새롭게 시작하는 신입생들의 올바른 인성과 가치관 확립에 역점을 두고자 인문학(독서)적 감성과 소양을 강화하여 인간에 대한 올바른 이해를 돕고, 핵심 가치를 중심으로 리더십을 익히는 프로그램이다. HELP 1을 통해 나는 어떤 사람이 되어야 하는가, 어떤 리더가 되어야 하는가에 대한 가치관을 정립하고 새로운 환경에 적응할 수 있는 균형 잡힌 리더십의 토대와 방향을 제공하였다.

둘째, 글로벌 리더십(2학년)

대학생들이 글로벌 사회에서 요구되는 글로벌 마인드를 정립하고, 글로벌 경쟁력을 갖추기 위한 역량을 준비하기 위한 프로그램이다. 글로벌 사회의 특징, 이문화에 대한 이해, 매너 및 글로벌 리터러시 스킬 습득과 글로벌 리더십의 트렌드 및 이슈와 관련된 사례를 학습함으로써 글로벌 리더가 되기 위한 경쟁력을 갖출 수 있게 되었다.

셋째, 비즈니스 리더십(3학년)

사회와 기업이 요구하는 기초적이고 필수적인 정신을 확립하기 위한 프로그램으로 인턴십, 사회봉사 등 타 활동과 연계하여 진행된다. 시장경제 원리와 자본주의에 대한 이해를 기반으로 하여 경제 금융 상식을 학습하고, 특히 기업의 본질과 역할, 기업을 보는 시각 등 기업에 대해 올바르게 이해할 수 있는 시간을 가질 수 있었다. 또한 조직의 리더로 성장하기 위해서 조직 비전 이해와 활성화(동기부여), 변화관리 등을 학습하여 기초를 다지고 나아가 경영 마인드를 갖출 수 있게 되었다.

넷째, 셀프 리더십(4학년)

졸업을 앞두고 있는 4학년을 대상으로 한 프로그램으로, 셀프 리더십과 직업에 대한 이해를 바탕으로 사회가 원하는 준비된 리더로 거듭나기 위한 HELP의 마지막 단계이다. 시간관리, 매너, 습관, 자기표현법 등 자기관리 방법과 팔로워십, 창조적 아이디어 도출, 문제해결, 비즈니스 커뮤니케이션 전략 등 사회실무 적용 스킬을 익혀 최종적으로 리더십 로드맵을 완성하는 시간을 갖게 하였다.

■ 논의

20세기가 물질적 사회의 마지막이라면 21세기는 정신적 사회로의 진입을 의미한다.

이러한 측면에서 볼 때 대학의 역할과 인재육성 전략은 패러다임의 변화를 예고하고 있다. 이제 사람은 한 국가의 부의 인적자본을 대표하고 인적자본의 경쟁력이 국가의 경쟁력이다. 한 사람을 어떻게 키워나가느냐가 핵심 요건이다. 따라서 21세기 인재는 몇 가지 특성을 가져야 한다고 생각한다. 창조적이고 혁신적이며 늘 생각하는 사람, 그리고 생각을 실행에 옮길 수 있는 사람, 그것을 공유하고 통합하여 시너지를 만들어 내는 사람, 마지막으로 잠재된 역량을 개발하고 강화하기 위해 지속적으로 학습하는 사람이 21세기형 인재상이라고 생각한다.

대학의 역할과 인재육성 전략의 패러다임은 변화해야 한다. 특히 조직이 빠르고 복잡하게 변화하고 글로벌화되면서 리더의 역할이 강조되고 있기 때문에, 대학은 이러한 변화에 빠르게 대응할 수 있는 준비된 리더를 양성해야 한다.

조직이 복잡해지고 글로벌화되면서 리더의 역할도 더욱 중요해지고 강조되는 것 같다. 조직의 비전 및 핵심 가치를 분명히 이해하고 공유할 수 있는 리더, 변화에 도전적이고 유연하게 대처할 수 있는 리더, 조직과 구성원 간의 커뮤니케이션을 활성화할 수 있는 리더, 구성원의 역량개발과 학습에 대한 강한 의지를 가지고 코칭할 수 있는 리더, 마지막으로 도덕성과 사회공헌 등 조직과 구성원에게 신뢰를 줄 수 있는 리더가 앞으로 우리 사회에 꼭 필요한 리더십 역량이라고 생각한다.

참·고·문·헌

강민정(2013). 여성관리자의 승진과 퇴직 – 경력사건 결정요인을 중심으로 – . 연세대학교 대학원 박사학위논문.

강성조(2009). 교육훈련기관의 방향과 역할. 교육과학기술연수원, 2009 교수요원역량강화과정(제1기), pp. 3-28.

강찬석 · 최은수(2014). 성인학습인의 영성 체험을 통한 영성리더십 개발 과정 탐색. **Andragogy Today, 17**(2), 81-104.

____________(2012). 성인교육자의 변혁적 리더십 역량 개발을 위한 전환학습과 동양의 깨달음과의 융합적 접근. **평생교육 · HRD 연구, 8**(2), 1-26.

강형철 외(2006). **21세기 여성리더십모델**. 서울 : 숙명여자대학교출판국.

고용노동부(2012). 사회적기업 키움 심포지엄. 제2차 사회적기업 육성 기본계획.

교육과학기술연수원. www.nest.go.kr/webv2/index.jsp. 2008년도 교육훈련 자체 평가 보고서.

구세군대한본영(2014). 사관지도력훈련과정 종합계획서. 운영위원 인터뷰(사관지도력 원장 박만희, 운영위원 신기정). 서울 : 구세군대한본영.

____________(2014). 사관지도력훈련원 운영규정. 서울 : 구세군대한본영.

구세군출판부(2014). 구세군의 기원과 발전(15th ed.). 서울 : 구세군대한본영.

국민권익위원회 · 한국행정연구원(2013. 12). 기업윤리경영지원 활성화방안.

권춘오(2006. 4. 6). 매일경제.

기영화(2010). **평생교육 프로그램개발**. 서울 : 학지사.

길정우(2013). 지역사회와 함께 성장하는 사회적기업을 위한 간담회(p. 4). 2015 아시아 미래기업포럼(2015. 4. 22), 아시아경제.

김경희(2011). **사회복지행정론**. 서울 : 청목출판사.

김남현 역(2009). **리더십. Peter G. Northouse의 Leadership**(제4판). 서울 : 경문사.

김민정(2007). 대학생의 셀프리더십 개발에 영향을 미치는 학습자 변이 연구.

김상곤 · 최승희 · 안정선(2012). **사회복지 프로그램 개발과 평가**. 서울 : 학지사.

김선영(2014). 유아의 창의적 리더십 관련 변인에 관한 구조 분석. 강릉원주대학교 대학원 박사학위논문.

김양희(2006). **여성, 리더 그리고 여성 리더십**. 서울 : 삼성경제연구소.

김영숙 외(2002). **사회복지 프로그램개발과 평가**. 서울 : 교육과학사, p. 91.

김영순 역(2007). **코칭리더십**. 서울 : 김영사.

김영종(2004). **사회복지행정**. 서울 : 학지사.

김왕선 · 손승연 · 정원호(2015). 윤리적 리더십이 조직시민행동과 일탈행동에 미치는 영향. **인적자원관리연구**, 22(1), 121-145.

김위찬 · 르네 마보안(2005). **블루오션전략**. 서울 : 교보문고.

김이지(2011). 청소년 리더십 관련변인 메타분석 : 입학사정관 리더십 전형에의 시사점 도출. **한국학교심리학회지**, 8(1), 43-59.

김정수(2014). 학군(ROTC)장교의 리더십 향상을 위한 교육 프로그램 개선방안. 영남대학교 대학원 박사학위논문.

김정일(2003). **평생교육을 위한 리더십프로그램 개발 연구**. 한국성인교육학회 편. 서울 : 학지사.

______(2009) 공공부문의 리더부문의 리더모델 적용의 당위성과 성인교육자 역할. **앤드라고지 투데이**, 12(4).

______(2012). **평생교육을 위한 리더십프로그램 개발 연구**. 한국성인교육학회 편. 서울 : 학지사.

김종명 외(2014). **사회복지 프로그램 개발과 평가**. 경기 : 양서원.

김종숙 외(2013). 2012년 여성인력패널조사 : 여성관리자패널조사(KWMP : Korean Women Manager Panel). 서울 : 한국여성정책연구원.

김진모 · 주현미 · 장상윤(2011). 국내 리더십개발 프로그램의 효과에 관한 메타분석. **산업교육 연구**. 22권 3월호.

김진혁 · 최은수(2013). 기업체 중간관리자의 서번트 리더십, 학습조직, 조직시민행동, 조직유효성 간의 구조적 관계분석. **한국평생교육 · HRD연구**, 8(4).

김진화(2011). **평생교육 프로그램 개발론**. 경기 : 교육과학사.

김창동(2013). 학교평생교육에서의 학교장의 전략적 리더십과 프로그램 개발 과정. 숭실대학교 대학원 박사학위논문.

김태준 · 최상덕 · 장근영 · 이기홍 · 전주혜(2009). **한국의 사회적 자본 실태 분석 연구**. 서울 : 한국교육개발원.

김하나 · 유규창 · 김정은 · 이혜정(2012). 영성 리더십(Spiritual leadership)이 구성원의 소명의식을 통해 조직몰입에 미치는 영향. **조직과 인사관리연구**, 36(2), 1-31.

김한별 외(2010). **평생학습을 위한 프로그램 개발 및 평가**. 경기 : 양서원.

김화진(2009). 리더십의 새로운 패러다임. 서울대학교 과장 연수 PPT자료.

남정숙(2011). 감성리더십이 창의성과 업무성과에 미치는 영향 : 자기효능감과 직무몰입의 매개 역할을 중심으로. 성균관대학교 대학원 박사학위논문.

네이버 지식백과(2010. 3. 25). 최적 모형[最適模型, optimal model](이해하기 쉽게 쓴 행정학용어 사전, 새정보미디어).

네이버 지식백과(2009. 1. 15). 만족 모형[滿足模型, Satisficing model](행정학사전, 대영문화사)

두산백과(2016. 3. 11). http://terms.naver.com/entry.nhn?docId=1206588&cid=40942&categoryId=31911.

대니얼 골먼(2008). **EQ감성지능**. 경기 : 웅진지식하우스.

로버트 왓슨(2002). **구세군의 리더십**. 서울 : 한국경제신문사.

류근하(2012). 중등학교 교사 리더십 개발을 위한 학교장의 창의적 리더십의 개념화. **평생교육 · HRD연구**, 8(1), 133-148.

리상섭(2010). 한국 글로벌 기업 A사의 해외 법인장 코칭 프로그램 운영 사례 연구.

박동윤(2009). 제약회사 영업사원의 핵심역량과 기업이미지가 고객만족에 미치는 영향. 전북대학교 경영대학원 석사학위논문.

박민아(2011). 여성의 리더십역량이 직무 및 조직생활 만족, 경력경로 개발의지에 미치는 영향. **한국콘텐츠학회논문지**, 11(8), 289-299.

박배후(2006). 변혁적 · 거래적 리더십의 하위요인들이 조직유효성에 미치는 영향 – 임파워먼트의 조절효과를 중심으로 –. 인하대학교 대학원 석사학위논문.

박상안 외(2007). **기업의 사회적 책임 중시 경영**. 경기 : 한국학술정보(주), pp. 88-89.

박일화(2008). 변혁적 리더십과 자기희생적 리더십이 조직성과에 미치는 영향에 관한 연구. 숭실대학교 대학원 석사학위논문.

박철훈(2014). 사회적기업의 기관장 리더십이 조직효과성에 미치는 영향 연구. 세한대학교 대학원 박사학위논문.

박희택(2010). 데일리안, 2010, 7. 31. news.gb.go.kr/2015.8.3.

밥 파이크(2004). **밥 파이크의 창의적 교수법**. 경기 : 김영사.

백기복 · 박홍식 · 신제구(2004). **리더십 – 과학인가 예술인가?**(2판). 서울 : 선학사.

변상우(2011). **리더십 개발과 훈련**. 서울 : 도서출판 청람.

______(2012). **리더십 개발과 훈련**. 서울 : 도서출판 청람.

서천석 역(2007). **코칭의 기술 : Marshall J. Cook의 Effective Coaching**. 서울 : 지식공작소.

송민열 · 최은수(2008). 인적자원개발 조직에서 CLO(Chief Learning Officer)의 변혁적 리더십과 조직학습이 조직유효성에 미치는 영향. **평생교육 · HRD 연구**, 4(2), 65-89.

송영수(2000). 21세기 지식 정보화 시대에 대응하는 기업 내 HRD의 방향과 전략. **기업교육연구, 2**(1).

신강균(2008). **기업의 사회적 책임활동(CSR) 10계명**. 서울 : COMON Books.

신미식(2011). 한국 민주시민교육 활성화를 위한 평생교육의 역할. **한국동북아논총, 61**, 219-242.

신정길 · 문승헌 · 문형남(2004). **감성경영 감성리더십**. 서울 : 넥스비즈.

정무성(2006). **사회복지프로그램 개발과 평가**. 경기 : 학현사.

아시아미래기업포럼(2015. 4. 22). 아시아경제.

아시아코치센터(2008). 5R 코칭리더십 역량평가 결과지.

안현미(2011). 코칭리더십이 조직구성원의 이직의도에 미치는 영향. 고려대학교 교육대학원 석사학위논문.

여성가족부(2013). 진단하고, 소통하고, 공유하라 – 여성인재아카데미 참여 사례집. 서울 : 여성가족부 여성인력개발과.

오상신(2008). 팀장의 역할과 리더십. 교육과학기술연수원 2008 중간관리자 power up과정(제1기), pp. 33-78.

오세덕 외(2008). **행정관리론**. 대영문화사, pp. 176-180.

우수명(2004). **사회복지 프로그램 개발과 평가**. 서울 : 인간과 복지.

유귀옥(1997). 성인학습자의 자기주도성과 인구학적 및 사회심리학적 변인 연구. 서울대학교 대학원 박사학위논문.

유영만(2000). **죽은 기업교육 살아있는 디지털 학습**. 서울 : 한언출판사.

유정석 · 백윤정(2011). 창의적 인재상과 창의적 조직환경에 관한 탐색적 연구. **Journal of creative management, 49**(1).

윤옥한(2014). **평생교육 프로그램 개발론**. 경기 : 양서원.

윤형식(2000). 기업 내 성품교육 프로그램으로서 '성공하는 사람들의 7가지 습관'의 효과성에 대한 연구. 한양대학교 교육대학원 석사학위논문.

이동우(2011). 코칭리더십과 조직 유효성의 관계-자기 효능감과 환경의 불확실성 지각의 매개효과를 중심으로. 성균관대학교 대학원 박사학위논문.

이상범(2009). 창조적 리더십의 질적인 분석에 관한 연구. **디지털정책연구, 7**(4).

이석재(2006). **18가지 리더십 핵심역량을 개발하라**. 서울 : 김앤김북스.

이 성(2006). 실천중심의 리더십 개발교육 프로그램이 리더십 행동변화에 미치는 영향. **농업교육과 인적자원개발, 38**(3).

이영희 역(2002). **Elisabeth Haberleitner의 Coaching Leadership**. 서울 : 국일증권경제연구소.

이은성(2006). 한국교회 담임목회자의 변혁적 리더십 계발을 위한 사례연구. **기독교교육논총**, 13, 187-249.

이종원 · 최은수(2013). 대학교직원의 인적자원 개발을 위한 리더십 역량강화 프로그램 사례 분석. **평생교육 · HRD 연구**, 9(2), 119-140.

이주혁 외(2012). 중소기업 중간관리자의 앙트러프러너십(entrepreneurship) 역량 증진 프로그램 설계. **기업교육연구**, 14(2), 277-306.

이주희(2012). 기업조직 내 여성 리더십 특성연구. **아시아여성연구**, 49(2), 7-44.

이준우(2010). 코칭리더십이 소속원의 직무만족에 미치는 영향에 관한 연구. 호서대학교 대학원 석사학위논문.

이준형(2002). **리더와 리더십**. 경기 : 인간사랑.

이춘호(2012). 한국 명상가들의 절정 체험과 삶에 대한 현상학적 연구. 서울불교대학원대학교 박사학위논문.

이홍민(2009). **인적자본 역량모델 개발과 역량평가**. 서울 : 리드리드출판.

이화정 외(2014). **평생교육 프로그램 개발의 실제**. 서울 : 학지사.

이희수(2004). 국가인적자원개발 정책의 좌표를 찾아서. **한국교육문제연구**, 19, 59-79.

______(2006). 중소기업 인력구조 고도화 정책연구. 서울 : 중소기업청. 중소기업중앙회.

임순미(2009). 정치리더십의 오센티서티(Authenticity) 회복을 위한 윤리적 탐색. **한국시민윤리학회보**, 22(1).

임정임 · 최은수(2014). 지역사회 최고지도자 양성교육에서의 시민학습활동의 평생교육적 의미 탐색. **Andragogy Today**.

임철언(2011). 최고경영자의 전략적 리더십이 인적자원개발체제 성과에 미치는 영향. 숭실대학교 대학원 박사학위논문.

장소영(2010). 공공기관 관리자 리더십 교육 프로그램 개발을 위한 요구 분석. 중앙대학교 대학원 석사학위논문.

장예빛 · 유승호(2010). MMORPG 내 리더십 관련 경험과 오프라인 리더십의 상관관계 연구. **한국게임학회지**, 10(5), 87-94.

정무원 · 배득종 · 한상일(2005). **공무원 교육의 뉴패러다임화**. 서울 : 한국노동연구원 뉴패러다임센터.

정우일 · 박선경 · 양승범(2006). **리더와 리더십**. 서울 : 박영사.

____________________(2009). **리더와 리더십**. 서울 : 박영사.

정재완(2015). **코칭리더십 실천노트**. 서울 : 매경출판사.

정진우(2007). **코칭 리더십**. 서울 : 도서출판 아시아코치센터.

정태영(2011). 기업 관리자의 평생교육 코칭리더십과 조직구성원의 문제해결능력 및 대인관계 능력 간의 구조적 관계. 아주대학교 대학원 박사학위논문.

조경훈(2008). 윤리적 리더십이 조직몰입과 직무몰입에 미치는 영향. 인하대학교 대학원 박사학위논문.

조병남 · 박민아(2006). 리더십 핵심역량의 개발과 시행. 리더십학회 추계 학술대회 발표 논문. 리더십학회, 21-56.

존 휘트모어(2007). **성과향상을 위한 코칭리더십**. 서울 : 김영사.

최권석(2006). KMA 2009교육 평가. KMA 인재경영본부.

______(2008). KMA 2009교육프로그램. KMA 인재경영본부.

______(2009). KMA 2009국토해양부 인재개발원 제안서. KMA 인재경영본부.

최석기(2009). 교장의 감성리더십과 학교조직문화 및 교사 효능감 간의 관계. 동아대학교 대학원 박사학위논문, pp. 34-35.

최석봉 · 김인주(2014). 윤리적 리더십이 조직구성원의 태도에 미치는 영향과 리더-부하관계의 조절효과. **인적자원관리연구, 21**(1), 137-156.

최연희(2014). 글로벌 평생학습 동아리로서의 '토스트 매스터즈 인터내셔널'의 리더십 학습프로그램 분석. **평생교육 · HRD 연구, 10**(1), 41-62.

최윤미(2008). 관리자 리더십 검사 개발연구. 서울대학교 대학원 박사학위논문.

최은수(2006). 성인교육자 리더십과 리더십 개발 연구를 위한 이슈의 개념화와 이론적 틀. **Andragogy Today, 9**(3), 107-143.

______(2011). 성인교육 리더십의 새로운 패러다임으로서의 '온정적 합리주의'에 대한 개념화. **Andragogy Today, 14**(3), 61-85.

______(2014). 평생교육에서의 온정적 합리주의 리더십의 측정도구 개발 연구. **Andragogy Today, 17**(4), 205-229.

최은수 외(2013). **뉴리더십 와이드**. 서울 : 학지사.

최은수 · 김정일 · 권기술 · 신승원 · 김민서 · 진규동 · 김진혁 · 박재진 · 이미섭 · 강찬석 · 강영환 · 이 희 · 신용국 · 한우섭 · 이종원(2014). **리더십 클래식**. 서울 : 학지사.

최정임(2002). **요구분석**. 서울 : 학지사.

최종인 · 김인수(1996). 개인창의성 연구의 개념적 고찰. **경영연구, 30**(1), 통권 130호. 1996년 상반기호.

최지영(2003). 상사의 코칭이 직원 및 고객만족에 미치는 영향에 관한 연구. 수원대학교 대학원 박사학위논문.

최항석 · 이지숙(2010). 오센틱 리더십 척도의 한국기업 현장에의 타당화 연구. **평생교육 · HRD 연구(2010)**, **6**(3), 89-114.

표춘미(2011). 리더십 스타일이 조직역량에 미치는 영향－PMS 이용의 매개 효과－. 서강대학교 대학원 박사학위논문.

하태수(2007). 창조적 리더십의 필요성과 구현 방법. **한국사회연구**, **10**(1).

한국양성평등교육진흥원(2015). 2015 양성평등 교육·진흥사업 안내서.

홍성화 · 최은수(2011). 중소기업 최고경영자의 오센틱 리더십이 조직유효성에 미치는 영향. **기업교육연구**, **13**(2).

황성철(2005). **사회복지 프로그램 개발과 평가**. 경기 : 공동체, pp. 112-113.

황을호 역(2008). **셀프리더십**. 서울 : 생명의 말씀사.

휴넷(2009). http://www.hunet.co.kr/StudyLog/StudyRoom/AbilityCheck/Position.aspx.

Amabile, T. M.(1983). The social psychology of creativity : A componential conceptualization. *Journal of Personality and Social Psychology*, *45*, 357-376

______________(1988). A model of creativity and innovation in organizations. In B. M. Staw, & L. L. Cummings(Eds.), *Research in organizational behavior*. Vol. 10. 23-67. Greenwich, C T : JAI Press.

______________(1997). Motivating creativity in organizations : On doing what you love and loving and what you do. *California Management Review*, *40*, 39-58.

______________(2004). Innovation & creativity quotes. Retrieved July 27. from www.innovationtoois.com

Andrews, F. M.(1967). Creativity ability, the laboratory environment, and scientific performance. *IEEE Transactions on Engineering Management, 14*, 76-83.

Anntoinette D. L.(2001). **알기 쉬운 역량모델링**. 서울 : 피에스아이컨설팅.

Apps, J. W.(1994). *Changing with the emerging age.* Jossey-Bass Publishers.

Aspnes, A. K.(2008). Self-regulation before and after a developmental transition : A study of adaptive goal change in retirement. Unpublished doctoral dissertation. Duke University.

Astin, H. S., & Leland, C.(1991). *Women of influence, women of vision : A cross-generational study of leaders and social change*. San Francisco : Jossey-Bass.

Badal, A. A.(2000). *Leadership education : Astudy of leadership educators and employers*. University or Georgia.

Barron F. M, Harrington(1981). Creativity, intelligence and personality. Porter L. W., *Annual Review of Psychology*, *32*, 439476. Pa10 Alto, CA Annual Review Press.

Basadur, M. S.(1992). Management creativity : A Japanese model. *Academy of Management Executive*, 6(2), 29-42.

Bass, B. M.(1985). *Leadership and performance beyond expectations*. New York : The Free Press.

Bass, B. M., & Avolio, B. J.(1990). The implications of transactional and transformational leadership for individual, team, and organizational development. *Research in Organizational Change and Development*, *4*, 231-272.

Bass, B. M., & Riggio, R. E.(2006). *Transformational Leadership*(2nd ed.). Mahwah, NJ : Lawrence and Erlbaum Associates, Inc.

Blenchard, K.(1995). Points of power can help self leadership. *Manage*, *46*(3), 12-13.

Booth, C.(2014). **실천적 신앙**. 서울 : 구세군대한본영.

Burns, J. M.(1978). *Leadership*. New York : Harper & Row.

Campbell, D. T.(1960). Blind variation and selective retention in creative thought as in other knowledge processes. *Psychological Review Vol. 67*, No. 6, 380-400.

Chambers, D. E.(2000). *Social Policy and Social Programs : A Method for the Practical Policy Analyst*. Needham Heights, MA : Allyn & Bacon.

Collins, J., & Singh, V.(2006). Exploring gendered leadership. In McTavish, D. & Miller, K.(eds.), *Women in Leadership and Management*, 11-31. Cheltenham : Edward Elgar Publishing.

Covey, S.(2001). **원칙중심의 리더십**(김경섭 역). 서울 : 김영사. (원저 1995년 출판).

________(2005). **성공하는 사람들의 8번째 습관**(김경섭 역). 경기 : 김영사. (원저 2004년 출판).

Cummings, A., & Oldham, G. R.(1997). Enhancing creativity : Management work. Desjardins, C., & Brown, C. O. A new look at leadership style. *Phi Kappa Phi Journal, Winter 1991*, pp. 18-20.

Diaz-Saenz, H. R.(2011). Transformational leadership. In A. Bryman, D. Collinson, K. Grint, B. Jackson, & M. Uhl-Bien(Eds.), *The SAGE handbook of leadership*(pp. 299-310). London : SAGE Publications Ltd.

Dror, Y.(1967). The planning process : A facet design. In F. Lyden & E. Miller(Eds.), *Planning-programming budgeting*. Chicago : Markham publishing Co.

Fairholm, G.(1996). Spiritual leadership : fulfilling whole-self needs at work. *Leadership and Organization Development Journal*, *17*(5), 11-17.

Fairholm, G. W.(1997). *Capturing the heart of leadership : Spirituality and community in the new American workplace*. Westport : Praeger.

Fernando, M.(2011). Spirituality and leadership. In D. Collinson, K. Grint, B. Jackson, & M. Uhl-Bien (Eds), *The SAGE handbook of leadership*(pp. 483-494). London : SAGE Publications Ltd.

Finkelstein, S., & Hambrick, D. C.(1996). *Strategic leadership : Top executives and their effects on organizations*. St. Paul, MN : West Publishing Company.

Fry, L. W.(2003). Toward a theory of spiritual leadership. *The Leadership Quarterly, 14*(6), 693-727.

_________(2005a). Introduction to the The leadership quarterly special Issue : toward a paradigm of spiritual leadership. *The Leadership Quarterly*, *16*(5), 619-622.

_________(2005b). Toward a theory of ethical and spiritual well-being, and corporate social responsibility through spiritual leadership. In R. Giacalone, C. Jurkiewicz, & C. Dunn(Eds.), *Positive psychology in business ethics and corporate responsibility*(pp. 47-83). Greenwich, CT : Information Age Publishing.

_________(2008). Spiritual leadership : State-of-the-art and future directions for theory, research, and practice. In J. Biberman & L. Tishman(Eds.), *Spirituality in business : Theory, practice, and future directions*(pp. 106-124). New York, NY : Palgrave.

_________(2009). Spiritual leadership as a model for student inner development. *Journal of Leadership and Organizational Studies*, *3*, 79-82.

Gary. Y.(2009). **현대조직의 리더십 이론**(강정애 · 이상욱 · 이상호 · 이호선 · 차동옥 공역). 서울 : 시그마프레스. (원저 2006년 출판)

Gilbert, N., & Specht, H.(1977). *Planning for Social Welfare*. Englewood Cliffs, NJ : Prentice-Hall.

Goleman(1995). *Emotional Intelligence : Why It Can Matter More Than IQ*. Bantam Books.

Greene, J., & Grant, A. M.(2003). *Solution-focused coaching : A manager's guide to getting the best from people*. London : Pearson Education Limited.

Harper, S.(2012). *The leader coach : A model of multi-style leadership*.

Harter, N.(2006). *Clearings in the forest : On the study of leadership*. West Lafayette, IN : Purdue University Press.

Heijden, K.(2001). *Scenarios : The art of strategic conversation*. John Wiley & Sons.

Helgeson, S.(1990). *The Female advantate : Women's ways of leadership*. New York : Dobuleday.

Heslin, P. A., Vandewalle, D., & Latham, G. P.(2006). Keen to help? Managers' implicit person theories and their subsequent employee coaching. *Personal Psychology, 59*, 871-902.

Hogwood, B. W., & Gunn, L. A.(1984). *Policy analysis for the real world*. Oxford University Press.

Houghton, J. D., & Neck, C. P.(2002). The revised self-leadership questionnaire : Testing a hierarchical factor structure for self-leadership. *Journal of Managerial Psychology, 17*(8), 672-691.

Hoy, W. K., & Miskel, C. G.(1996). *Educational administration : Theory, research, and practice*(5th ed.). New York : McGraw-Hill.

Hughes, R. L., & Beatty, K. C.(2005). *Becoming a strategic leader : Your role in your organization's enduring success*. San Francisco, CA : Jossey-Bass.

Joseph, S. E. III(2010). Application of theories, principles and methods of adult learning for managers to improve workplace reactions to learning, knowledge and performance. University of Pennsylvania; Dissertation Abstracts International; 71-10A.

Keller, J. M., & 송상호(1999). 매력적인 수업설계. 서울 : 교육과학사.

Lugo, M. V.(2007). An examination of cultural and emotional intelligences in the development of global transformational leadership skills. Walden University. Doctoral Dissertation.

Manz. C. C.(1986). Self-leadership toward an expanded theory of self-influence process in organization. *Academy of Management Review, 11*(3), 585-600.

Manz, C. C., & H. P. Sims(1980). Self-management as a substitute for leadership : A social learning perspective. *Academy of Management Review*, 5, 361-367.

____________(1997). Superleadership : Beyond the myth of heroic leadership. In R. P. Vecchio(ed.), *Leadership : Understanding the dynamics of power and influence in Organizations*. Indiana : University of Notre dame Press.

Manz, C. C., & Sims, H. P. Jr.(2001). *The New Super Leadership : Leading Others to Lead Themselves*. Berrett-Koehler Publishers Inc., New York. NY.

Marsh, S. J., & Bishop, T. R.(2014). Competency modeling in an undergraduate management degree program. *Business Education & Accreditation*, 6(2), 47-60.

Maslow, A.(1954). *Motivation and personality*. New York : Harper & Row.

Maxwell. J.(2005). 리더십 21가지 법칙(홍성화 역). 서울 : 청우. (원저 1998년 출판).

Mayrhofer, W. et al.(2004). Going beyond the individual : Some potential contributions from a career field and habitus perspective for global career research and practice. *The Journal of Management Development*, *23*(9), 870-879.

McCauley(2010). *The center for creative leadership handbook of ledership development*(3rd ed.). Jossey-Bass Publishers, pp. 251-284.

McCauley, C. D., & Velsor, E. V.(Eds.)(2004). *The center for creative leadership handbook of leadership development*(2nd ed.). Jossey-Bass Publishers.

Mintzberg, H.(1990). The design school, reconsidering the basic premises of strategic Management. *Strategic Management Journal*, *11*, 171-195.

Muller, G. F., & Wiese, B. S.(2010). Selbstmanagement und selbsfuhrung bei der Arbeit. In U. Kleinbeck & K. H. Schmidt, Enzyklopadie der Psychologie, Themenbereich D, Serie 111,Bd. 1 : Arbeitspsychologie(pp. 623-667). Gottingen. Hogrefe.

Müller, G. F., & Wiese, B. S.(2010). Selbstmanagement und Selbstführung bei der Arbeit. In U. Kleinbeck & K. -H. Schmidt(Hrsg.), Enzyklopädie der Psychologie, Themenbereich D, Serie Ⅲ, Bd. 1 : Arbeitspsychologie, 623-667.

Neck, C. P., & Manz, C. C.(1996). Thought self-leadership : The impact of mental strategies training on employee cognition, behavior, and affect. *Journal of Organizational Behavior*, *17*, 445-467.

Neck, C. P., & Manz, C. C.(2004). Mastering self-leadership : Empowering yourself for personal excellence(3rd ed.). Pearson Prentice-Hall, Upper Shddle River, N.J.

Niebuhr, R.(2006). 도덕적 인간과 비도덕적 사회(이한우 역). 서울 : 문예출판사. (원저 Moral man and immoral society, 1932년 출판).

Northouse. P. G.(2013). 리더십 이론과 실제(김남현 역). 서울 : 경문사. (원저 2013년 출판).

______________(2007). *Leadership : Thoery and Practice*(4th ed.). Sage Publication, Inc. 김남현 역(2009). 리더십. 서울 : 경문사.

Oliver, J. E., Mansell, A., & Jose, P. E.(2010). A longitudinal study of the role of negative affectivity on the work stressor strain process. *International Journal of Stress Management*, *17*(1), 56-77.

Peterson, D. B., & Hicks, M. D.(1994). Coaching of higher performance. *Management Development Review*, 7(5), 19-22.

Raelin, J. A.(2003). *Creating leaderful organizations*. In Berrett-Koeler Publishers, Inc., pp. 206-240.

Rose, A. R.(1992). Visions of leadership : Understanding the research literature. In P. J. Edelson (Ed.), *Rethinking leadership in adult and continuing education*. San Francisco : Jossey-Bass, pp. 83-93.

Rosener, J. B.(1990). Ways women lead. Harvard business review. Nov.-Dec., pp. 119-125.

Rost, J.(1993). *Leadership for the twenty-first century*. New York : Praeger.

Sanders, J. E., Hopkins, W. E., & Geroy, G. D.(2003). From transactional to transcendental : Toward an integrated theory of leadership. *Journal of Leadership & Organizational Studies*, 9(4), 21-31.

Schein, E. H.(1991). *Organizational culture and leadership : A dynamic view*. San Francisco : Jossey-Bass.

____________(2004). *Organizational culture and leadership*(3rd ed.). San Francisco, CA : Jossey-Bass.

Senge, P. M.(1999). **제5세대 경영**(안중호 역). 서울 : 세종서적. (원저 The Fifth Discipline 1993년 출판)

Skidmore, R. A.(1995). *Social work administration : dynamic management and human relationships* (3rd ed.). Needham Heights, MA : Allyn & Bacon.

Social Enterprise Journal(2010). ISSN 1750-8614, Vol 6, No. 2, p. 89.

Social Entrepreneurship and Social Business(2014). Christine K. Volkmann, Kim Oliver Tokarski, Kati Ernst(Eds.), Spring Gabler, pp. 84-93.

Covey, S. R.(2001). **원칙중심의 리더십**(김경섭 역). 서울 : 김영사. (원저 1995년 출판).

__________(2002). **소중한 것을 먼저 하라**(김경섭 역). 서울 : 김영사. (원저 1995년 출판)

__________(2005). **성공한 10대들의 7가지 습관**(김경섭 역). 경기 : 김영사. (원저 1998년 출판).

Sweeney, P. J., & Fry, L. W.(2012). Character development through spiritual leadership. *Consulting Psychology Journal : Practice and Research*, 64(2), 89-107.

Taylor, F. W.(1911). *Principles of scientific management*. New York : Harper & Row.

The Science of Leadership(2014). *Julian Barling*. Oxford Univ. Press, pp. 3-20.

The Strategic Project Leader(2015)(2nd Ed.), Jack Ferraro, CRC press, pp. 297-303.

Uplifting Leadership(2014). Andy Hargreaves, Alan Boyle, Alma Harris, Jossey-Bass.

Velsor, E. V., McCauley, & Moxley, R. S(2009). Our view of leadership development. In C. D. McCauiey, R. S. Moxley, & E. V. Velsor(eds.), *The center for creative leadership handbook of leadership development*. CA : Jossey-Bass.

Velsor, E, V., McCauley, C, D., & Ruderman, M.(Eds.)(2010). *The center for creative leadership handbook of leadership development*(3rd ed.). Jossey-Bass Publishers.

Weber, M.(1947). *The theory of social and economic organization*(ed. & trans). Henderson, A. M., & Parsons, T. New York : The Free Press.

White, S. R.(2006). Spirituality and the intellectual development of college students : The New Leadership Challenge in Higher Education. *International Journal for leadership in learning*, *10*(13), 1-15.

Whitmore, J.(2002). *Coaching for performance*(3rd ed.). London : Nicholas Brealey.

Wolman, R. W.(2001). *Thinking with your soul : Spiritual intelligence and why it matters*. New York : Harmony Books.

Woods, G.(2007). The 'bigger feeling' : The importance of spiritual experience in educational leadership. *Educational Management Administration and Leadership*, *35*(1), 135-155.

Wrong, D.(Ed.)(1970). *Max Weber*. Prentice-Hall, Inc.

Zohar, D.(2005). Sprituality intelligent leadership. *Leader to Leader*, *38*, 45-51.

Zohar, D., & Marshall, I.(1999). *SQ-Spiritual intelligence : Ultimate intelligence*. London : Bloomsbury Publishing PLC.

Zust, C. W.(2008). *The compassionate leader*. http://www.emergingleader.com/article19.shtml.

Zwillick, D.(2004). Solipsism, compassionism and freedom. *International Journal of Humanities and Peace*, *20*(1), 51-55.

찾·아·보·기

인 명

내 용

저/자/약/력

■ 최은수

숭실대학교 영문과를 졸업하고, California State University, Fresno에서 언어학과 국제정치학, Indiana University에서 사회언어학을 전공하였으며, University of Southern California에서 박사학위(Ph. D. in Education)를 받았다.
현재 숭실대학교 평생교육학과 교수, CR글로벌리더십연구소장, 교육부 교육정책자문위원을 맡고 있다. 주요 경력으로 숭실대학교 교육대학원장과 인문대학장, 한국성인교육학회장 및 공동대표, 교육부 평생교육정책 자문위원 등을 역임했다.
주요 저서 및 역서로 한국교육행정의 현안문제, 평생교육정책론, 성인학습자, 뉴리더십와이드(공저), 리더십클래식(공저) 등이 있으며, 110여 편의 학술논문이 있다.

리더십 개발 프로그램
- 이론과 사례 -

|저자| 최은수

|1판 1쇄| 발행 2016년 6월 30일

|발행인| 김 동 훈
|발행처| 공 동 체

|주소| 경기도 고양시 일산동구 호수로 358-39
동문타워 I 905호(백석동)
|전화| 031) 920-8305(대표)
|팩스| 031) 920-8308
|e-mail| compub@naver.com
|출판등록| 2005년 10월 6일
|등록번호| 제396-2005-36호

|ISBN| 978-89-6352-930-1
정가 16,000원

저자와 협의하여 인지를 생략합니다.